SOBRE
A VIDA E
O VIVER

SOBRE A VIDA E O VIVER

Reflexões para descobrir o que realmente importa

**MIROSLAV VOLF, MATTHEW CROASMUN
e RYAN McANNALLY-LINZ**

SEXTANTE

Título original: *Life Worth Living*

Copyright © 2023 por Miroslav Volf, Matthew Croasmun e Ryan McAnnally-Linz
Copyright da tradução © 2024 por GMT Editores Ltda.

Publicado mediante acordo com Viking, selo da Penguin Publishing Group, uma divisão da Penguin Random House, LLC.

Todos os direitos reservados. Nenhuma parte deste livro pode ser utilizada ou reproduzida sob quaisquer meios existentes sem autorização por escrito dos editores.

tradução: Alves Calado
preparo de originais: Priscila Cerqueira
revisão: Luis Américo Costa e Tereza da Rocha
diagramação: Valéria Teixeira
capa: Jason Alejandro
adaptação de capa: Ana Paula Daudt Brandão
impressão e acabamento: Bartira Gráfica

CIP-BRASIL. CATALOGAÇÃO NA PUBLICAÇÃO
SINDICATO NACIONAL DOS EDITORES DE LIVROS, RJ

V889s

    Volf, Miroslav
        Sobre a vida e o viver / Miroslav Volf, Matthew Croasmun, Ryan McAnnally-Linz ; tradução Alves Calado. – 1. ed. – Rio de Janeiro : Sextante, 2024.
        288 p. ; 23 cm.

        Tradução de: Life worth living : a guide to what matters most
        ISBN 978-65-5564-738-9

        1. Vida. 2. Filosofia. 3. Conduta. I. Croasmun, Matthew. II. McAnnally-Linz, Ryan. III. Calado, Alves. IV. Título.

                      CDD: 113.8
23-85632   CDU: 165.745

Meri Gleice Rodrigues de Souza - Bibliotecária - CRB-7/6439

Todos os direitos reservados, no Brasil, por
GMT Editores Ltda.
Rua Voluntários da Pátria, 45 – 14º andar – Botafogo
22270-000 – Rio de Janeiro – RJ
Tel.: (21) 2538-4100
E-mail: atendimento@sextante.com.br
www.sextante.com.br

*Aos nossos alunos do curso Life Worth Living,
ministrado em Yale e mundo afora:
este livro é dedicado a vocês. Esperamos que ele
reflita o que aprendemos juntos.*

*Aos nossos leitores: sua vida vale a pena.
Esperamos que com este livro vocês valorizem ainda
mais nossa humanidade compartilhada.*

SUMÁRIO

INTRODUÇÃO   Este livro pode desordenar sua vida   9

PRIMEIRA PARTE   Mergulhando

UM   O que vale a pena querer?   31
DOIS   Onde estamos começando?   43

SEGUNDA PARTE   As profundezas

TRÊS   A quem prestamos contas?   57
QUATRO   Como é a sensação de uma boa vida?   69
CINCO   O que deveríamos esperar?   80
SEIS   Como deveríamos viver?   92

TERCEIRA PARTE   O leito rochoso

SETE   O teste da receita   115
OITO   O quadro realmente amplo   133

QUARTA PARTE   Encarando os limites

NOVE   Quando (inevitavelmente) fazemos besteira   155
DEZ   Quando a vida dói...   170
ONZE   ... e não há como consertar   183
DOZE   Quando acaba   198

QUINTA PARTE   De volta à superfície

TREZE	Por acaso temos algum trabalho a fazer	215
QUATORZE	A mudança é difícil	226
QUINZE	Fazendo funcionar	241

EPÍLOGO	O mais importante	258
AGRADECIMENTOS		261
NOTAS		265

INTRODUÇÃO

Este livro pode desordenar sua vida

Antes de se tornar o Buda, Sidarta Gautama levava uma vida bastante boa. Era um príncipe e desfrutava dos luxos e privilégios da realeza. Morava num palácio opulento, comia iguarias finas e vestia belas roupas. Seu pai zelava por ele e o preparava para um dia governar o reino. Sua esposa, uma princesa, esperava seu primeiro filho.

Sidarta tinha riqueza, poder e uma família feliz. Todo dia ele provava os frutos da boa vida. Até que tudo perdeu a graça.

Certo dia, cavalgando pelo parque real, Sidarta viu um ancião muito debilitado e ficou chocado com a trágica decadência da idade. No dia seguinte, no mesmo parque, encontrou um homem doente. E um dia depois se deparou com um cadáver em decomposição. Abalado com o sofrimento que parecia permear a existência, voltou mais uma vez ao parque, no dia do nascimento de seu filho. Dessa vez encontrou um monge viajante e foi tomado pelo impulso de renunciar à realeza.

Naquela mesma noite, Sidarta abandonou tudo para buscar a iluminação. Não parou para se despedir da esposa nem do filho recém-nascido, por medo de perder a coragem. Agora sua vida era uma busca. Tinha visto a verdade do sofrimento e não pararia de procurar enquanto não encontrasse um modo de derrotá-lo. Começou a jejuar e a disciplinar o próprio corpo, tentando alcançar a libertação através do esforço espiritual. Nada disso adiantou. Então foi procurar em outros lugares.

Vários anos depois de sair de casa, Sidarta estava sentado, imóvel, embaixo de uma figueira. Meditara por sete semanas até finalmente alcançar o conhecimento que vinha procurando: o sofrimento vem do desejo. Assim, quem se libertar do desejo será libertado do sofrimento. Dedicou o resto da vida a propagar essa ideia, entregando o dom da iluminação a qualquer um que o recebesse. Quase 2.500 anos depois, seus ensinamentos moldam a vida de milhões de budistas e incontáveis outras pessoas que encontraram valor nesse modo de vida.

Antes de se tornar conhecido como o primeiro papa, Simão era um homem comum. Vivia numa casa pequena, num vilarejo perto de um laguinho num modesto feudo de um império gigantesco. Tinha se casado com uma moça do vilarejo e morava perto dos sogros. Como muitos de seus vizinhos, ganhava a vida como pescador. Passava muitas noites no lago com seu irmão, André, procurando peixes. No sétimo dia da semana, como ordenava a lei de Deus, descansava e comparecia aos cultos na sinagoga local.

Ofício estável, família, comunidade. Não era uma vida de luxo, mas era respeitável e cheia de bondades comuns. Até que um chamado virou tudo de cabeça para baixo.

"Sigam-me." Da margem do lago, Jesus, o novo mestre vindo de Nazaré, chamou André e Simão. Fosse outro o contexto, aquilo seria loucura. Quem vai até dois sujeitos que estão trabalhando e manda largarem tudo e o seguirem? Mas Jesus falava com uma autoridade surpreendente. No povoado, diziam que suas pregações emanavam verdade, que suas palavras tinham poder, que coisas espantosas aconteciam quando ele estava presente.

Por algum motivo, Simão o seguiu. Durante três anos ele o ouviu e tentou entender o que ouvia. Admirado, testemunhou um milagre após outro. Aprendeu a chamar aquele homem não simplesmente de "mestre", mas de "Senhor". E esse Senhor, por sua vez, lhe deu um novo nome: Pedro, que significa "pedra". Acontece que Pedro muitas vezes não se comportava à altura de seu nome. Ele se equivocava, mostrava-se excessivo em seu fervor e no momento mais importante perdeu a coragem: quando as autoridades prenderam Jesus, Pedro alegou nem sequer conhecê-lo. Enquanto soldados imperiais crucificavam seu Senhor, ele apenas assistia, inerte. Tudo teria sido em vão, todo o tempo que passara seguindo Jesus. Só que no terceiro dia, espantosamente, ele reencontrou seu Senhor, ressuscitado.

A partir daí, toda a vida de Pedro foi dedicada a viver segundo os ensinamentos de Jesus, espalhando sua palavra. Comandou por anos a crescente comunidade de seguidores. Não eram muitos os pescadores que se afastavam de casa por uma distância maior do que uma peregrinação de 150 quilômetros até Jerusalém. E no entanto a missão de Pedro o levou à Síria, à Grécia e até mesmo à capital do Império, Roma. Por fim, levou-o à morte. Segundo a tradição cristã, Pedro foi crucificado em Roma. Dizem que ele insistiu em ser crucificado de cabeça para baixo, porque não era digno da honra de morrer como seu Senhor.

Antes de se tornar heroína do movimento contra os linchamentos e ícone da libertação dos negros e das mulheres, Ida B. Wells era uma jovem tentando ganhar a vida em circunstâncias difíceis. Nascida em escravidão no Mississippi e libertada na infância pela Proclamação da Emancipação, aos 16 anos Ida perdeu os pais e o irmão bebê numa epidemia de febre. Para sustentar os irmãos sobreviventes, começou a trabalhar como professora. Aos 20 e poucos anos, tinha poupado o suficiente para comprar um terço da participação num jornal que vinha crescendo, o *Free Speech*, e iniciar sua carreira no jornalismo. As coisas estavam melhorando. Até que uma injustiça terrível, ainda que previsível, mudou tudo.

Em 9 de março de 1892, Thomas Moss, Calvin McDowell e William "Henry" Stewart foram linchados nos arredores da cidade de Memphis, no Tennessee. Para Ida, esse crime foi algo pessoal: ela era madrinha da filha de Moss, Maurine.

A experiência levou Ida a perceber que havia se alimentado de uma mentira: "Como muitas pessoas que tinham lido sobre os linchamentos no Sul dos Estados Unidos, eu havia aceitado a ideia amplamente difundida: que, apesar de o linchamento ser ilícito e contrário à lei e à ordem, a raiva irracional contra o terrível crime de estupro levava ao linchamento; que talvez os criminosos merecessem a morte e a turba estivesse justificada ao tirar sua vida."[1] Mas Ida conhecia Moss, McDowell e Stewart. Eles "não tinham cometido nenhum crime contra mulheres brancas". De repente ela percebeu que o linchamento era, na verdade, "uma desculpa para se livrar de negros que estavam adquirindo riqueza e propriedades e, com isso, manter a raça aterrorizada". Poucas outras pessoas no seu tempo falariam essa verdade com tanta clareza.

Quando Ida disse isso explicitamente em letra impressa, "uma comissão de cidadãos importantes" (isto é, um grupo de justiceiros brancos) destruiu a redação do *Free Speech* e deixou um bilhete dizendo que "quem tentasse publicar aquele jornal de novo seria castigado com a morte".[2] Ida perdeu seu jornal, mas permaneceu firme na vocação de dizer a verdade sobre os linchamentos num mundo que não queria ouvir.

Ela pesquisou cuidadosamente os casos de linchamento por todo o país e publicou suas descobertas em panfletos de ampla circulação. Discursou em toda a América do Norte e na Inglaterra. Influenciou a fundação da Associação Nacional para o Progresso das Pessoas de Cor. Trabalhou incansavelmente pelos direitos das mulheres, ajudando a fundar a Associação Nacional de Clubes das Mulheres de Cor e o Clube Sufragista Alfa. Em 2020, Ida B. Wells foi homenageada postumamente com uma citação especial do Prêmio Pulitzer. Milhões de pessoas já se beneficiaram do seu trabalho incansável e do seu compromisso inflexível com a verdade.

A Pergunta

Gautama Buda: o príncipe privilegiado que se tornou o venerável fundador de uma das maiores tradições do mundo. Simão Pedro: o falho seguidor de Jesus que se tornou a pedra sobre a qual foi construída a Igreja cristã. Ida B. Wells, a professora inabalável que se tornou o ícone da verdade para a libertação dos negros e das mulheres. Três pessoas muito diferentes, com vidas muito distintas. O que suas histórias têm em comum é uma experiência que colocou seu modo de viver em perspectiva. O que antes era normal se tornou questionável. Alguma coisa – talvez tudo – precisava mudar.

Nessas experiências havia uma pergunta fundamental, difícil de ser formulada. Existem incontáveis maneiras de tentar expressá-la: O que é mais importante? O que é uma vida boa? O que seria uma vida próspera? Que tipo de vida a humanidade merece? O que é viver de verdade? O que é certo, verdadeiro e bom?

Nenhuma dessas frases captura completamente a ideia. A pergunta que elas tentam fazer é sempre maior. Sempre escapa a uma definição completa. Mas isso não a torna menos real ou menos importante. Por mais difícil que seja defini-la, ela é a Pergunta da nossa vida. A Pergunta envolve mérito, valor, bem e mal, sentido, propósito, objetivos e fins, beleza, verdade, justiça, o que devemos aos outros, o que é o mundo, quem somos nós e como vivemos. Tem a ver com o sucesso ou o fracasso da nossa vida.

Sejam quais forem as palavras usadas, quando a Pergunta aparece, ela ameaça (ou promete?) remodelar tudo. Para Sidarta, depois de sua renúncia, nada jamais foi como antes. Nem para Simão, depois do seu chamado, ou para Ida B. Wells, depois de rebelar-se contra o assassinato dos amigos. Há quem diga que a vida deles foi totalmente desordenada. Mas eles diriam que foi reorientada. É verdade que renunciaram a muita coisa. (No caso de Ida, a perda foi dupla. As coisas de que ela abriu mão vieram se somar ao que a turba de linchadores havia tomado dela.) Mas o que eles ganharam – transformação, uma orientação radicalmente nova em relação ao mundo e ao lugar deles nesse mundo, um novo impulso para a vida – foi qualitativamente mais importante. De fato, foi mais importante para cada um deles do que a própria vida.

Este livro é sobre a Pergunta.

Vamos mapear a topografia dessa Pergunta, indicar marcos e desenhar fronteiras. E vamos equipar você com alguns hábitos de reflexão especificamente adequados para acionar essa que é a pergunta mais significativa (e escorregadia) de todas. Sempre que ela surgir, você terá os recursos necessários para escutá-la e formular uma boa resposta. Pense nesta obra como um atlas e um kit de ferramentas.

Claro, ler o livro não terá o mesmo impacto que uma gigantesca experiência de vida. Perder amigos para a violência da supremacia branca, encontrar um mestre que parece corporificar o poder e a verdade de Deus, enxergar subitamente a profundeza do sofrimento humano – impactos como esses não podem ser planejados, previstos ou provocados por um livro.

Mas a Pergunta é imprevisível. Quando a verdade e o valor estão em jogo, até mesmo um livro pode levar a uma mudança drástica. Frederick Douglass (1818-1895) leu *The Columbian Orator* (O orador colombiano) quando era um jovem escravizado e encontrou não somente uma formação em retórica, mas também uma visão de liberdade e direitos humanos.[3] A Pergunta pode aparecer quando menos esperamos. Ela espreita atrás dos momentos aparentemente comuns da vida, sempre pronta para virar as coisas do avesso e nos colocar em caminhos surpreendentemente novos.

Talvez tudo isso pareça assustador. Até mesmo avassalador. Talvez você esteja com um pequenino nó na garganta. Tudo bem. Na verdade é um bom sinal. Se tudo isso parece um pouco fora da sua alçada, significa apenas que você entende os riscos. A boa notícia é que você não está só.

Encontrando alguns amigos

O pensador cristão e romancista C. S. Lewis (1898-1963) fazia uma distinção entre meros *companheiros* e *amigos* de verdade. Com nossos companheiros compartilhamos alguma atividade, seja uma religião, uma profissão, uma área de estudos ou apenas um passatempo predileto. Tudo isso é bom, mas não é *amizade* no sentido do termo para Lewis. A amizade exige algo mais: uma *pergunta* compartilhada. Aquele "que concorda conosco que alguma pergunta, pouco considerada por outros, é de grande importância pode ser nosso Amigo", diz ele. "E não precisa concordar conosco em relação à resposta."[4]

A Pergunta é grande demais para lidarmos com ela sozinhos. *Precisamos* de amigos que a encarem conosco. Então aqui vai um convite: para os propósitos deste livro, sejamos amigos. A Pergunta é de grande importância para nós, os autores. Nós nos importamos profundamente com ela. E convidamos você a fazer o mesmo. Tudo bem se encontrarmos respostas diferentes.

Uma das coisas mais fantásticas de ter amigos é que eles costumam nos apresentar a outras pessoas – pessoas que começam como amigos deles, mas com o tempo se tornam nossos amigos também.

Desde 2014, nós três ministramos na Yale College, parte da Universidade Yale, uma disciplina chamada Life Worth Living (Vida que vale a pena viver). No correr dos anos, mais de uma dúzia de colegas deram aulas conosco e centenas de estudantes participaram. Reunimos pequenos grupos de cerca de quinze alunos ao redor de mesas de discussão e nos dedicamos juntos à Pergunta. Em cada aula lemos textos de um punhado de pessoas de grandes religiões e tradições filosóficas que nos ajudam a orientar a conversa. Intermediamos conversas semelhantes com grupos de adultos em meio e fim de carreira e com um grupo de homens encarcerados numa prisão federal. Em cada contexto, tratamos o curso como uma longa conversa entre amigos do presente com a ajuda de amigos extraordinariamente perspicazes do passado.

É isso que faremos nestas páginas. À medida que as oportunidades surgirem, traremos à mesa algumas pessoas de todo o planeta e de toda a história que pensaram profundamente na Pergunta. Deixaremos que elas falem e veremos o que podem nos ensinar em relação ao que mais importa e por quê.

Ouviremos de novo o Buda e outras figuras de tradições religiosas e filosóficas (Abraão, Confúcio, Jesus e outros), mas também pessoas menos conhecidas que seguiram uma dessas tradições, e até mesmo alguns dos nossos contemporâneos. Pense neste livro como uma mesa de discussão que desafia as regras de tempo e espaço. Nessa mesa, de algum modo todos conseguimos nos sentar ao lado do pessoal mais inteligente. Como dizemos aos nossos alunos em Yale, quanto mais você se concentrar em ouvir o que seus amigos à mesa estão dizendo, mais você vai extrair da experiência.

Antes de irmos em frente, queremos fazer quatro breves alertas. Caso contrário, a mesa de discussão pode levar a alguns equívocos bastante sérios.

1. Na maior parte do tempo descreveremos o que outras pessoas pensam. Quando fizermos isso, tentaremos tornar essas perspectivas o mais convincentes possível, mas elas não serão necessariamente as *nossas* perspectivas. Não acreditamos em tudo que expomos aqui. Durante a leitura, esteja atento para ver se estamos apresentando nossos pontos de vista ou descrevendo o de outra pessoa. Isso não somente reduzirá os equívocos como também ajudará você a avaliar a conversa dinâmica de perspectivas diversas.

    Dito isso, é importante que você saiba que não somos uma espécie de guia turístico imparcial para o Reino da Boa Vida. Ninguém aborda a Pergunta a partir do nada. Todos temos crenças e bagagens. Como fazemos desde que a disciplina foi ministrada pela primeira vez, vamos dizer brevemente a posição que ocupamos no mundo: nós três somos cristãos. Mais especificamente, teólogos cristãos (isso significa que nosso trabalho é pensar na fé cristã) que moram e trabalham nos Estados Unidos. Nós nos esforçamos (por motivos especificamente cristãos) para ser equânimes no tratamento de todas as vozes ao redor da mesa. Tentamos não embaralhar as cartas a nosso favor. Mas seria desonesto não dizer de onde viemos. Faça o que quiser com essa informação.

2. Quando trazemos pessoas à mesa, não estamos supondo que elas possam falar em nome de religiões ou escolas filosóficas inteiras. Não há como resumir em poucas páginas, nem mesmo em poucos livros, o que representam milhares de anos de belas tradições. Não pretendemos que você termine a leitura achando que agora entende o confucionismo, o utilitarismo ou o judaísmo, mas que aprendeu algumas ideias fundamentais com o que pessoas específicas dessas tradições disseram e fizeram. E, se o pensamento de algum amigo à mesa realmente lhe interessar, vá descobrir mais sobre ele (nós dizemos a mesma coisa aos alunos em Yale no primeiro dia de aula).

3. Não presuma que todas as pessoas que trazemos à mesa concordam umas com as outras em relação ao que é realmente importante. Pode ser tentador pensar assim, em especial para aqueles que acham que as discordâncias religiosas e ideológicas impulsionam os conflitos sociais, culturais e políticos dos nossos dias. Um meio-termo universal com o qual todo mundo concorde poderia ser de grande ajuda, mas isso não existe. É por isso que gostamos da metáfora da mesa de discussão. Os professores de humanas não entram nas salas de aula presumindo que todos os alunos pensam a mesma coisa. Nem que todos pensarão a mesma coisa no fim do curso. Tolerar a discordância faz parte do debate.

4. Também faz parte do debate saber que, inevitavelmente, alguém fará o último comentário na conversa – o que não significa que todos decidiram a questão. Só quer dizer que a aula terminou. O mesmo acontece na nossa mesa de discussão imaginária. Alguém precisa ser o último, mas isso não significa que a pessoa deu a melhor resposta ou a resposta final. O fato de terminarmos um capítulo com uma visão específica não significa que ela seja a certa ou mesmo que achemos que é a certa.

Pois bem. Sem mais delongas, vamos ao que interessa.

Dis-pa-ra-ta-do

Por acaso cada um de nós, os autores, tem uma filha. Quando a de Ryan estava com 6 anos e aprendendo a ler, começou a experimentar palavras grandes. Palavras como *disparatado*.

Quando seus olhinhos de 6 anos olharam para DISPARATADO, viram uma fiada de letras impronunciável, ilegível, efetivamente interminável. Tudo na menina dizia para jogar a toalha. Só que, quando você é a mocinha que está lendo *O livro sem figuras* para seu irmão caçula, não dá para desistir e simplesmente entregar o livro ao papai. Afinal de contas, o negócio é sério.

Ela aprendeu que o truque é pegar essa sopa de letrinhas assustadora e dividi-la em pedaços mais administráveis: DIS-PA-RA-TA-DO. Essa, sim, é uma montanha fonética fácil de escalar.

Já dissemos que a Pergunta é assustadoramente grande. É disparatadamente grande. É o tipo de pergunta que pode dar vontade de jogar a toalha. Só que, quando você é a pessoa responsável por moldar sua vida, não dá para desistir e simplesmente entregar sua vida a outra pessoa. O negócio é realmente sério.

Gostaríamos de sugerir o mesmo truque que a filha de Ryan usou com *disparatado*: pegue a Pergunta grande e assustadora e a divida em pedaços que sejam pelo menos mais administráveis. A reflexão sobre o que mais importa na vida é mais ou menos como a fonética. Só que os pedaços mais administráveis não são sílabas – são subquestões menores, mais focalizadas, que abordam aspectos individuais da Pergunta disparatadamente grande.

Essa é a abordagem que usamos no nosso curso Life Worth Living. Ela funciona. Os estudantes chegam sem saber como começar a fazer a Pergunta ou até mesmo sem saber que existe uma Pergunta a ser feita. Sabem menos ainda como *respondê-la*. Mas saem do curso com recursos que os ajudam a voltar repetidamente a ela, com mais confiança e mais chances de chegar a algumas respostas boas.

Aqui faremos o mesmo. Em cada capítulo abordaremos uma das subquestões, veremos quem levanta a mão para oferecer uma resposta e depois discutiremos outras respostas possíveis.

O que esses capítulos não farão é responder às subquestões por você. Isso cabe a você. Ainda que seja importante ter amigos ao seu lado durante a busca, na verdade só você pode responder à Pergunta – ou mesmo aos pedacinhos mais administráveis – do seu jeito.

Só você

Até que ponto somos livres para moldar nossa vida? E quanta responsabilidade temos por ela?

Existe um jogo de baralho muito popular entre as crianças chamado jogo da guerra. No início da partida, você recebe cartas aleatórias. O mesmo acontece com todo mundo à mesa. Você não sabe quais são as suas cartas e também não pode ver as dos outros. Cada jogador vira a carta de cima da sua pilha. Quem tirar a mais alta pega todas as cartas que foram viradas e as coloca na base da sua pilha. Se dois jogadores ou mais empatarem no valor da carta mais alta, eles viram outra... e outra... e outra... até que um deles mostre uma carta de valor mais alto.

O jogo continua – inexoravelmente, implacavelmente – até que um jogador tenha todas as cartas.

Não existem decisões no jogo da guerra. Só um procedimento. Qualquer máquina capaz de reconhecer quais cartas têm valor mais alto ou mais baixo poderia jogar tão bem quanto um ser humano. Ninguém é responsável pelo resultado do jogo.

No início de uma rodada de pôquer, como no jogo da guerra, você recebe uma mão de cartas aleatória. O mesmo acontece com todo mundo à mesa. Você não pode ver as cartas dos outros, mas *pode* ver as suas. À medida que o jogo continua, os jogadores apostam e cartas são viradas na mesa para todos os jogadores combinarem com as que estão segurando. A ideia é conseguir montar a melhor mão de cinco cartas.

Existem regras que dizem quais mãos são melhores. E existem regras sobre como você pode reagir a cada momento da rodada. Pode haver limites em relação a quanto e com que frequência você pode apostar. Você não pode jamais virar cartas de outros jogadores, não pode reembaralhar as cartas aleatoriamente... Esse tipo de coisa.

Quando joga pôquer, você não está totalmente no controle. Não escolhe suas cartas. Nem as dos seus oponentes. Nem o modo como eles apostam.

Ou como eles reagem às suas apostas. Nem as regras do jogo. A maior parte dessas coisas está fora do seu controle.

Mesmo assim você é responsável pelo modo como joga. Você não pode determinar o resultado. Isso sempre depende do acaso e do desempenho dos outros jogadores. Mas você também tem alguma influência no resultado. O modo como as coisas acontecem depende em parte do que você faz com suas opções. Você é um participante. E é responsável por como participa.

O jogo da guerra e o pôquer têm uma diferença muito nítida. No jogo da guerra você aparentemente não tem escolhas nem responsabilidades, ao passo que no pôquer você tem algumas escolhas restritas e algumas responsabilidades reais. Mas o negócio é o seguinte: mesmo no jogo da guerra, você tem algum tipo de responsabilidade. Você não é responsável nem de longe pelo resultado, claro, mas é responsável pelo modo como joga. Você vai ser gentil com a menininha que está se divertindo à beça do outro lado da mesa? Ou vai se ressentir porque ela arrastou você para esse inferno determinístico? Vai seguir as regras? Ou vai disfarçadamente mudar de lugar para pegar uma pilha melhor enquanto seu oponente saiu para comer um biscoito? (Um de nós já tentou fazer isso aos 4 anos. Não deu certo.)

A vida é mais parecida com o pôquer ou com o jogo da guerra? Quanta margem de manobra as "regras" da vida nos dão? É difícil dizer. Existem bons argumentos dos dois lados. Mas, independentemente de onde está a verdade no espectro que vai do pôquer ao jogo da guerra, há dois pontos importantes. Primeiro, você tem *alguma* responsabilidade pelo formato da sua vida (e isso inclui seus ganhos, suas perdas e o modo como você joga). Segundo, essa responsabilidade não é ilimitada. É restrita. Você não determinou o lugar onde nasceu. Um mundo enorme, absurdamente complicado, está sempre moldando as situações em que você se encontra. E você não determina os resultados. (O trabalho duro e a determinação não garantem o sucesso. Isso é uma ficção. E é uma ficção nociva.)

Você não determina nem mesmo *quem* você é. Todas as pessoas passam por situações transformadoras que, se tivessem escolha, elas evitariam. Em níveis realmente importantes, simplesmente nos descobrimos sendo quem somos.

Você não é um ditador onipotente. Não dá todas as ordens. Isso é bastante óbvio.

Mas, voltando ao primeiro ponto, você também não é uma pedra.⁵ Uma pedra não reage se alguém a pega, a cinzela um pouco e a usa para enfeitar o jardim. Já você reage, de um jeito limitado mas muito real, ao que acontece com você e ao seu redor. Você joga a sua cartada.

Você também não é um hamster. Um hamster reage se alguém o pega. Talvez seja até capaz de escolher como reagir. Mas um hamster não pode perguntar como *deveria* reagir. Você pode. E, já que pode, você é responsável por fazer isso ou não.

Mesmo aqui existem restrições. Os antigos maias não podiam simplesmente decidir que o sentido da vida era buscar a iluminação, seguir Jesus ou lutar pela justiça racial. Para eles, essas possibilidades nem eram cogitáveis. Mas mesmo assim a responsabilidade era real. Só porque existe um caminho normal a seguir, isso não significa que você não seja responsável por segui-lo ou não. Só porque existe uma visão padronizada do que seria uma boa vida para alguém como você, isso não significa que você não seja responsável por adotá-la ou não.

Essa é a essência da responsabilidade restrita que caracteriza a sua vida.⁶ É a responsabilidade de discernir, do melhor modo possível, que tipo de vida realmente vale a pena buscar: a responsabilidade de enxergar a Pergunta e responder a ela.

É tão ruim quanto parece (e isso é bom)

Sem dúvida, a citação mais amada de Jesus de Nazaré nos dias de hoje é "Não julguem, para que não sejam julgados",⁷ e não somente porque alguns cristãos contemporâneos se mostram perturbadoramente dispostos a julgar os outros. Nós fugimos do julgamento – especialmente o julgamento de toda a nossa vida. Nosso maior temor quando alguém julga uma parte da nossa vida é o de que na verdade a pessoa esteja julgando o todo.

Este livro diz que nossos maiores temores são verdadeiros. Nossa vida – não somente um ou outro aspecto, mas toda ela – está sujeita a julgamentos. Quem a julga e segundo quais padrões são questões importantes. Abordaremos isso nas próximas páginas. Mas começamos com a ideia de que nossa vida como um todo pode ter sucesso ou fracassar. Algumas coisas que fazemos e deixamos de fazer indicam sucessos e fracassos não somente num ou noutro aspecto da vida, mas na nossa própria humanidade.

Só que este livro também afirma que é bom que nossa vida tenha esse tipo de risco. O sentido e a riqueza da vida como a conhecemos e a vivemos, aqui e agora, vêm em parte da seriedade que ela carrega. Um jogo de campeonato significa mais do que uma pelada improvisada porque há mais coisas em risco. De modo ainda mais fundamental, o peso da nossa vida vem do fato de ela ser insubstituível. Segundo a maioria dos relatos, temos apenas uma vida para viver. Segundo a maioria dos relatos, não existe nada mais precioso do que a vida. Ter sucesso ou fracassar em relação à totalidade da nossa vida é a coisa mais importante que podemos fazer.

Acima de tudo um arquiteto

Albert Speer (1905-1981) era um rapaz inteligente e um arquiteto brilhante. Quando Hitler lhe ofereceu o cargo de principal arquiteto do Partido Nazista, ele tinha menos de 30 anos. Achou impossível recusar a oferta. Ele era, como disse, "acima de tudo um arquiteto".[8] E Hitler lhe ofereceu a oportunidade de "projetar prédios de um tipo que nunca tinha sido visto em 2 mil anos". Uma pessoa precisaria ser "moralmente muito estoica para rejeitar essa proposta", escreveu ele anos depois. "Mas eu não era nem um pouco assim."

Portanto ele aceitou. E depois participou (mais do que jamais admitiu) de alguns dos crimes mais escandalosos da história. Serviu ao esforço de guerra alemão, usou trabalho escravo, facilitou o Holocausto. E enquanto isso, de fato, projetou prédios espetaculares.

Existe certa grandeza em Albert Speer. Ela está no fato de ele ter sido "acima de tudo um arquiteto". Essa dedicação singular à sua carreira fez dele um arquiteto excepcionalmente *bom*. Mas essa grandeza também contém a monstruosidade de sua vida, porque essa mesma dedicação singular o tornou um ser humano excepcionalmente *mau*.

É possível termos sucesso nas nossas maiores aspirações e ao mesmo tempo fracassarmos como seres humanos.

Parte da beleza de nossa humanidade é que somos capazes de fazer a

Pergunta e formular respostas a ela. Essa capacidade torna possível tanto a bondade quanto a corrupção da nossa humanidade, tanto a verdade quanto a falsidade da nossa vida.

Talvez pouquíssimos de nós algum dia enfrentem o tipo de fracasso catastrófico exemplificado por Speer. Talvez não sejamos confrontados com a questão de saber se vale a pena realizar nossas ambições pessoais colaborando com crimes contra a humanidade. E assim talvez escapemos de responder com um pavoroso "sim", como Speer. Ou talvez deixemos de alcançar nossa humanidade apenas por não aspirar a qualquer coisa particularmente importante. Mas cada um de nós precisa responder pela própria vida de um jeito ou de outro. Será que basta apostar que, se não conseguirmos viver uma vida digna, pelo menos o fracasso não será tão retumbante? Ou talvez devamos, em vez disso, abraçar a Pergunta, nos dedicar a respondê-la do melhor modo possível e procurar ser pessoas que não diriam "Eu era acima de tudo um arquiteto", mas "Eu era acima de tudo um ser humano"?

Como ler este livro

Esperamos tê-lo convencido de que vale a pena investir tempo e energia em buscar respostas. Afinal, a vida que escolhemos é coisa séria. Mas é importante esclarecer: pensar na Pergunta é uma coisa; fazer isso lendo, escrevendo e dedicando tempo de reflexão é outra. Sabemos que nem todo mundo poderá refletir sobre a Pergunta do jeito que sugerimos. Desigualdades sistêmicas e outros fatores podem impossibilitar isso. Ao longo de toda a história, a maioria das pessoas se questionou sobre o que importa e por quê, o que significa prosperar, que tipo de vida vale a pena viver... E a maioria fez isso sem contar com a leitura de livros e sem escrever seus pensamentos. Muitas fizeram isso enquanto trabalhavam e passavam por dificuldades. Milhões ainda fazem isso hoje em dia.

Também existem milhões que são incapazes de refletir sobre isso por terem deficiências intelectuais ou outras limitações. De fato, todos éramos incapazes de fazer isso no início da vida. E muitos terão essa capacidade afetada radicalmente pela demência. Não existe nenhuma questão humana que seja maior do que a Pergunta, mas isso não significa que você só será um humano completo se puder se dedicar a respondê-la.

O que tudo isso significa é que há certo privilégio no fato de você estar aqui lendo estas páginas: neste momento você tem capacidades e oportunidades que nem todo mundo tem. Queremos que você honre esse privilégio e faça bom proveito dele. Então aqui vão algumas recomendações:

1. Leia os capítulos na ordem. As cinco partes do livro seguem uma progressão, e os capítulos estão concatenados uns nos outros. Provavelmente você aproveitará a experiência ao máximo se seguir esse caminho em vez de pular para a frente e para trás em busca das perguntas mais interessantes. Dividimos a Pergunta em segmentos um pouco mais administráveis, mas isso não significa que eles devam ser analisados aleatoriamente.

2. Encontre um ritmo que funcione para você. Talvez você prefira ir devagar, mas pode ser que queira devorar um capítulo após outro. Qualquer abordagem será ótima! Saiba apenas que não servirá de nada simplesmente correr do início ao fim e depois esquecer o assunto. A Pergunta não é um item numa lista de afazeres. Não podemos simplesmente riscá-la como concluída e seguir em frente. Seja qual for o ritmo que você estabeleça, tente parar um pouco para pensar com calma nas perguntas e afirmações que encontrar. E tudo bem se precisar ler duas vezes um parágrafo, uma página ou mesmo um capítulo inteiro.

3. Experimente escrever durante a leitura. Assim você se envolverá mais com as perguntas e com as vozes que estivermos ouvindo. Escreva onde bem entender, inclusive no próprio livro (a não ser que seja emprestado, é claro). Ficaríamos honrados. Como acadêmicos, adoramos sublinhar frases, marcar trechos e fazer anotações nas margens. Ou talvez você prefira usar um caderno para ter mais espaço onde expressar suas ideias.

4. No fim de cada capítulo oferecemos uma seção chamada "Sua vez". Ali você encontrará sugestões e perguntas para organizar suas reflexões. Elas ajudarão você a trabalhar suas reações, ideias e convicções. Mas

também podem inspirar conversas enriquecedoras com outras pessoas. E isso nos leva a outra recomendação...

5. Converse sobre as ideias que você teve. Pensamos melhor sobre a Pergunta quando dialogamos com outras pessoas, quer concordem conosco ou não. O objetivo não é falar sobre o livro, mas sobre as perguntas e ideias (e, em última instância, os modos de vida) que o livro discute. Seria incrível se você conseguisse reunir algumas pessoas para refletir sobre as mesmas questões por um determinado tempo. Pense, por exemplo, em formar um grupo de leitura (on-line ou presencial) para conversas regulares. Criamos alguns materiais para facilitar esses encontros. Você pode encontrá-los em lifeworthlivingbook.com (em inglês).

6. Por fim, pegue leve. É importante enfatizar o valor que a Pergunta tem, porque nem sempre notamos. Mas também é importante não nos pressionarmos demais. Um livro não "responderá" à Pergunta por nós. A leitura deste livro (ou a escrita dele, por sinal) não se destina a isso. Pelo contrário, pretende ser parte de um processo que dura a vida inteira. (Aliás, as respostas dos autores à Pergunta foram mais uma vez questionadas e refinadas no processo de escrita.) Esperamos que este livro lhe ofereça algo mais durável do que uma resposta. Esperamos que ele ajude você a entender melhor a Pergunta e as subquestões que encontrar no caminho. Se no fim das contas você se sentir capaz de formular e discutir essas questões de um jeito mais preciso, rico e profundo, isso já será o bastante. Afinal, estamos buscando desenvolver hábitos de reflexão, além de habilidades e capacidades que tornem mais viável lidar com a Pergunta. Por fim, esperamos que você termine o livro tendo uma base para desenvolver uma resposta mais firme e convincente ao longo do tempo. O que realmente importa é começar. Então vamos lá.

SUA VEZ

Convidamos você a iniciar este processo fazendo um balanço. As perguntas a seguir servirão como um inventário de vida, para avaliar em que ponto você está agora – um vislumbre de como está reagindo implicitamente à Pergunta enquanto vive sua vida. Suas respostas servirão para exercícios futuros, portanto leve o tempo que for necessário para responder a cada uma delas com bastante calma. (E pode relaxar: os próximos exercícios serão mais curtos!)

Conforme for respondendo, perceba (sem julgar) quais respostas vêm de imediato à sua mente e quais ideias só aparecem após muita reflexão. Anote suas observações, de preferência num caderno. Você pode escrever palavras-chave, frases ou parágrafos – o que achar mais útil.

Para começar, examine o que está acontecendo com você *neste momento*. Pergunte a si mesmo:

- Como está meu corpo?
- Quais são minhas emoções dominantes?
- Que pensamentos têm ocupado minha mente?

Depois avalie alguns aspectos fundamentais da sua vida: como você investe o seu tempo, o seu dinheiro e a sua atenção? Talvez valha a pena ir direto às fontes: folheie sua agenda, examine seus gastos recentes ou olhe o seu aplicativo de notícias on-line. Considere os seguintes aspectos da sua vida:

- Tempo
  - Como é sua programação diária?
  - O que se repete a cada semana, mês e ano?
  - Quanto tempo livre você tem? Quanto tempo você investe em descanso? Em conexões sociais? Em práticas espirituais?

- Dinheiro
    - Quais são suas maiores despesas regulares?
    - Com quem você costuma gastar dinheiro?
    - Em que situações você esbanja?
    - Para que tipo de organização você faz doações?

- Atenção
    - Qual é a primeira coisa que você ouve, lê ou pensa quando acorda? Que sites você acessa?
    - Que aplicativos de celular você mais usa?
    - Que vozes e opiniões sobressaem para você? (Pense em colunistas de jornal; apresentadores de TV, podcast ou rádio; pessoas que você segue nas redes sociais.) O que elas estão dizendo?
    - Qual é a última coisa que você ouve, lê ou pensa antes de dormir?

Para cada um desses aspectos, perceba o que lhe vem à mente, sem julgar. Anote suas observações, sejam grandes ou pequenas, importantes ou aparentemente triviais. Apenas reúna os fatos.

Agora faça a mesma coisa em relação às suas emoções mais básicas (como você se sente não somente agora, mas no dia a dia, no curso regular da sua vida).

- Quais são suas maiores esperanças para si mesmo? Para a sua comunidade? Para o mundo?
- Quais são seus maiores medos?
- O que lhe traz alegria?
- Quais são suas fontes de paz?
- Que lembranças lhe provocam arrependimento ou desapontamento? Que lembranças lhe provocam satisfação ou prazer?
- O que costuma deixar você constrangido?

Certo, agora veja o quadro geral. Se alguém olhasse esse inventário (não que alguém precise olhá-lo, a não ser que você queira) e tentasse resumir sua vida, escreva como essa pessoa poderia terminar a seguinte frase: "Acima de tudo essa pessoa (isto é, *você*) foi _____."

Como você se sentiria em relação a essa resposta? Como você gostaria que a pessoa terminasse a frase?

Se houver qualquer discrepância aí, não se preocupe. Estamos no início da jornada. E pode ser muito útil, ainda que desconfortável, admitir certo grau de "hipocrisia" agora. O modo mais fácil de não ser hipócrita é baixar seus padrões para combinarem com sua vida. Precisamos ter coragem moral para manter nossos padrões elevados e ao mesmo tempo admitir que estamos aquém deles.

Se você estiver lendo este livro junto com alguém ou um grupo (acreditamos que todas as questões levantadas aqui são mais bem enfrentadas coletivamente, em comunidades que buscam a verdade), experimente compartilhar as reflexões que lhe vierem à mente.

PRIMEIRA PARTE

Mergulhando

UM

O que vale a pena querer?

É surpreendentemente difícil ter clareza sobre a Pergunta. Podemos capturá-la por um momento e, no instante seguinte, vê-la escorrer por entre os dedos. Uma conversa sobre o tipo de vida que merecemos se transforma numa conversa sobre truques e dicas para ter uma vida longa, feliz e saudável. Uma pergunta sobre a verdadeira prosperidade pode subitamente se transformar em outra sobre que tipo de vida queremos.

Dentre todas as comunidades em que tivemos essas conversas, uma se destacou por manter a Pergunta sempre cristalina. Atrás dos muros de concreto da Instituição Correcional Federal de Danbury, alunos do nosso curso, encarcerados, não têm dificuldade alguma em distinguir "o que eu quero" daquilo que "realmente vale a pena querer". Eles se reconhecem, em certo sentido, como "criminosos". (Certa vez Matt usou essa palavra para se referir a eles. Foi um deslize constrangedor, mas todos aceitaram o rótulo.) Isso significa que eles partem do pressuposto de que vinham seguindo uma visão equivocada da vida. Estavam em busca do que queriam, mas na verdade não valia a pena querer nada daquilo. Isso dá aos homens da penitenciária de Danbury uma enorme vantagem sobre todos os alunos do curso "aqui fora".

Queremos ajudar você a distinguir as várias questões diferentes que naturalmente vão se apresentar à medida que procurarmos a Pergunta que escorre com tanta facilidade entre nossos dedos.

Para isso vamos descrever quatro modos de estar no mundo, cada um com seu tipo de pergunta característico. Isso ajudará você a se orientar entre as questões com as quais trabalharemos posteriormente. Um desses modos é *irrefletido*: um estado espontâneo, naturalizado. Vamos chamá-lo de "piloto automático". Os outros três modos de estar no mundo são *reflexivos*. Nós os chamamos de "eficácia", "autoconsciência" e "autotranscendência". Cada um deles tem sua pergunta correspondente, portanto existem quatro modos e quatro perguntas. Nenhum modo é ruim por si só. Todos os quatro precisam uns dos outros.

Esses quatro modos são como "camadas" e nossa interação com eles seria como um mergulho no mar profundo. Há uma camada superficial e existem diferentes zonas embaixo d'água, cada qual com as próprias características. Como num mergulho, em geral nos movemos entre camadas adjacentes. À medida que penetramos numa reflexão mais profunda (e devemos fazer isso!), passamos para camadas mais abaixo. Quando nos movemos em direção à ação (e devemos fazer isso!), passamos para camadas mais acima.

Cada camada depende das respostas dadas às perguntas feitas nas camadas abaixo – mesmo, ou especialmente, quando essas perguntas não foram explicitamente respondidas. Mesmo se não tivermos respondido a uma dessas perguntas (talvez ela nem tenha nos ocorrido), tudo que fazemos, dizemos e pensamos mostra evidências de alguma resposta a ela. Vivemos respostas às perguntas profundas da vida mesmo quando não respondemos explicitamente. Esse é mais um motivo para mergulharmos e nos acostumarmos com as águas profundas.

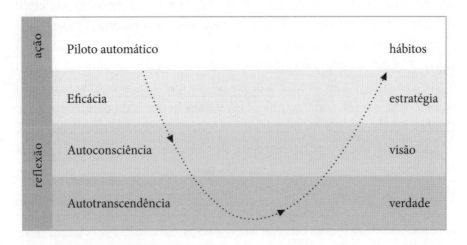

Mas seria muita grosseria simplesmente empurrar você do barco sem antes dizer o que o espera. É por isso que este capítulo apresenta a você as quatro camadas.

A vida na superfície: piloto automático

A camada superficial é a que chamamos de "piloto automático". Quando estamos vivendo apenas nessa camada, nem percebemos *por que* fazemos o que fazemos. Simplesmente agimos e pronto. Essa camada tem a ver com a prática espontânea e naturalizada: reflexo e hábito. Aqui a vida é vivida com o tipo de conhecimento que reside nos nossos músculos e ossos. O mecanismo da nossa vida – individual e coletiva – apenas continua funcionando e não perguntamos como nem *por quê*.

Boa parte da vida se passa na superfície. E é assim que deve ser. Quando a vida na superfície está correndo bem, "seguimos o fluxo" e levamos vidas dignas da nossa humanidade compartilhada. Estamos ajustados e funcionando, absortos em nossa atividade e fazendo-a bem. Na melhor das hipóteses, o que fazemos irrefletidamente nos dá os resultados que realmente queremos, e o que realmente queremos é algo que vale a pena querer. Nesse caso, nossa vida irrefletida representa nossos valores mais profundos – e representa o que é verdade independentemente dos nossos valores. Quando é assim, nos tornamos o tipo de pessoa que o filósofo grego Aristóteles (384 a.C.-322 a.C.) chamaria de sábia. Temos sabedoria prática, do tipo que um marceneiro excelente possui. A diferença é que no nosso caso não sabemos construir uma cadeira, mas uma vida.

Só que um estado de fluxo virtuoso não é o único momento em que agimos e pronto. Isso também acontece quando não somos reflexivos em relação aos nossos atos. Essa é a infame "vida não examinada" de Sócrates, que, segundo ele, "não vale a pena ser vivida".[1] Assim, essa camada também pode ser aquela em que, na nossa vida coletiva – por exemplo, na empresa em que trabalhamos –, nossa rotina não tem nenhuma justificativa mais profunda além do bom e velho "É assim que sempre fizemos". E não é necessário um pensamento coletivo para agir assim. Também podemos viver no piloto automático sozinhos. Separada de modos mais profundos de reflexão, a vida irrefletida é apenas uma rotina desprovida de pensamento. A máquina continua funcionando, mas não temos ideia do motivo – o que pode (ou deveria) ser profundamente perturbador.

Logo abaixo da superfície: eficácia

Todos provavelmente já experimentamos um modo inútil de viver no piloto automático. É provável que tenhamos nos sentido estagnados e impelidos a reavaliar nossos hábitos. E talvez tenhamos sentido alívio quando, finalmente, alguém perguntou "Mas o que estamos fazendo resulta no que queremos?" ou "Como podemos conseguir mais daquilo que desejamos?". Independentemente das palavras usadas, essa é a pergunta da eficácia. É o âmago do *design thinking*, tão na moda hoje em dia.

Quando o piloto automático não funciona, a pergunta da eficácia é *de fato* um grande alívio. Podemos dar um passo para trás e refletir sobre nossos atos, avaliar se eles estão realmente nos levando aonde queremos ir. Para as organizações e os indivíduos, esse pode ser um momento crucial que remaneja nossas rotinas cotidianas e as ajusta aos nossos objetivos.

Nessa camada, a busca pela reflexão é implacável – e muito útil. "É assim que sempre fizemos" já não serve mais. Novos processos são planejados. Novas práticas são cultivadas. Quando fazemos a coisa certa, a reflexão nessa camada simplifica nossas rotinas e direciona nossas energias. Como equipe, dizemos que agora estamos todos "remando na mesma direção". Depois de uma temporada investindo na reflexão nessa camada, podemos voltar à vida irrefletida com o conhecimento de que nossos novos hábitos produzirão os resultados que procuramos.

Mas há uma desvantagem nessa camada de reflexão: ela não se importa com os fins. Não existe preocupação em saber se os objetivos que temos são os certos – ou mesmo se são realmente nossos. Um sistema eficiente lhe traz mais daquilo que você quer, *seja lá o que for*. E isso pode ser perigoso se você não tiver pensado com muita intensidade sobre o que realmente deseja. Uma estratégia eficaz que mire apenas nos seus objetivos profissionais e negligencie seus relacionamentos mais significativos é na verdade pior para a sua vida do que uma estratégia ineficaz. Se os fins são ruins, a solução não está em meios melhores.

O exemplo de permitir que nossa vida profissional atropele nossos relacionamentos pode parecer um pouco ridículo, mas é raro nos aventurarmos mais fundo do que nessas duas camadas de cima. Hoje em dia, para muitas pessoas, a pergunta da eficácia parece ser a pergunta mais inteligente que existe. Sob seu feitiço nos maravilhamos com as pessoas capazes de dominá-la. O Vale do Silício cativa a imaginação porque suas empresas despejam produtos e serviços que podem fazer qualquer coisa. Eles são os mestres da eficácia. E assim parecem ser os mestres do que realmente importa.

Mas sejamos claros: existem questões mais profundas do que a eficácia. Uma grande mentira do século XXI é que a pergunta sobre a eficácia é a mais profunda que podemos fazer. Na verdade o que acontece é o seguinte: hoje em dia, a pergunta sobre a eficácia é a mais profunda à qual muitos de nós conseguimos responder.

Mergulhando mais fundo ainda: autoconsciência

A maioria de nós também já sentiu o vazio da eficácia. Nesses momentos percebemos que deve existir uma pergunta mais profunda. É bom saber como obter mais daquilo que queremos, porém é ainda mais importante perguntar: o que *realmente* queremos? O que estamos realmente buscando? Aonde estamos realmente tentando ir?

Essa é a pergunta da autoconsciência. Ela nos convida a um processo de introspecção. Partindo da agitação do piloto automático e do cálculo frio da reflexão estratégica, entramos num espaço privado. Olhamos para dentro. Paramos de nos distrair com o que é realizado mais facilmente e em vez disso perguntamos o que, bem no fundo, desejamos. Avaliamos o que realmente tem mais valor para nós.

A pergunta da autoconsciência pode se desdobrar em si mesma com uma velocidade incrível. "O que eu quero? Mais autoridade no trabalho. Bom, por que eu quero isso? O que eu realmente quero quando quero isso? Sentir que sou eficiente, talvez, e conquistar o respeito de pessoas importantes. Bom, o que eu estou procurando obter com a eficiência e o respeito?"

E assim por diante. Quanto mais fundo sondamos, mais percebemos que o que queremos não é um conjunto de coisas, resultados, sensações ou mesmo traços de caráter específicos. O que realmente queremos é mais holístico do que isso. O que nos impele é toda uma visão de uma boa vida. Em algum lugar, bem no fundo, temos uma visão da vida que queremos para nós, para nossa comunidade – e, talvez a mais nítida de todas, para nossos filhos e outros jovens de quem gostamos. Esse tipo de visão é muito abrangente. Quando falamos em "toda uma visão de uma boa vida", não estamos tratando de uma lista que especifique cada detalhezinho da existência de alguém. Estamos falando das grandes pinceladas: o que vemos quando imaginamos uma vida bem vivida, uma vida boa e uma vida que pareça ser como deveria.

Acontece que, mesmo no nível das grandes pinceladas, essa visão de vida implica alguma *especificidade*. Talvez o que desejemos seja uma vida de coragem. Ou talvez uma vida que, acima de tudo, acolha os outros. Talvez valorizemos uma vida de abundância. Ou talvez uma vida que tenha apenas o suficiente. Queremos uma vida de júbilo extasiado ou de serenidade pacífica? Damos importância a uma vida de independência ou de *inter*dependência? As escolhas são muitas. E são nossas.

A camada da autoconsciência pode ser um lugar solitário. À medida que sondamos as profundezas das nossas intuições e preferências, não há como escapar do fato de que essas visões de uma boa vida (e nossas razões para preferi-las) são apenas nossas. Mesmo se fizermos esse tipo de reflexão em grupo, perceberemos que nossa visão coletiva é inevitavelmente nossa. Ela pode não parecer interessante, nem mesmo compreensível, para quem está fora do grupo.

Se quisermos viver com integridade, precisaremos reorientar o restante da vida (nossas estratégias eficazes e nossos hábitos irrefletidos) ao redor dessa visão de vida que encontramos após uma reflexão mais profunda. Em outras palavras, a tarefa que nos é apresentada no nível da autoconsciência é orientar explícita e intencionalmente nossa vida em direção àquilo para o qual nosso coração sempre foi chamado (implícita e automaticamente).

O leito rochoso: autotranscendência

Uma vida intencionalmente orientada para os desejos mais profundos do nosso coração parece bastante boa. Chegar a essa autoconsciência e a essa integridade seria uma enorme realização. No entanto, mesmo se chegarmos a uma autoconsciência bastante efetiva, ainda poderemos sentir uma insatisfação incômoda e inquietante. Existem duas versões diferentes dessa experiência.

Por um lado, existe o "sucesso". Conseguimos orientar nossa vida para obter o que realmente queremos. E, em grande parte, estamos chegando lá. Só que... ainda falta alguma coisa. Ter um problema como esse é um baita privilégio, não podemos negar. É a essência das crises de meia-idade para os que tiveram a "sorte" de se afligir com elas. Muitas pessoas passam a vida toda subindo uma escada e acabam descobrindo, quando chegam ao topo, que ela estava encostada na parede errada.[2]

E a escada do sucesso não é o único caminho para essa preocupação. Também existem momentos em que nos sentimos longe de alcançar aquilo que sempre entendemos como a "boa vida": às vezes, com o nariz grudado no vidro, começamos a ponderar se aquele objeto brilhante na vitrine da loja vale tudo que investimos para obtê-lo. O jornalista e escritor Ta-Nehisi Coates expressa algo parecido quando, segundo seu ponto de vista – o de um afro-americano que cresceu nas periferias –, questiona o valor do Sonho Americano que domina tanta gente.[3]

Quer isso resulte do "sucesso" ou da frustração, ao descobrirmos que construímos nossa vida ao redor de uma visão que parece vazia, sem que necessariamente a desejássemos, chegamos a um momento de crise. Fazer a pergunta da eficácia não ajuda. Na verdade, a busca implacável do que queremos – da visão de uma boa vida que escolhemos para orientar nossos passos – parece fazer parte do problema.

E a pergunta da autoconsciência também não ajuda de verdade. Podemos tentar enfrentar a crise aplicando de modo recorrente a lição que aprendemos no nível da autoconsciência, mas isso se transforma rapidamente num ciclo interminável de ficar olhando para o próprio umbigo. Infelizmente a resposta não está dentro de nós, porque *queremos mesmo* as coisas que agora descobrimos que estão *ausentes*; não estaríamos onde estamos se realmente não as tivéssemos desejado.

Não, a única pergunta adequada a esses momentos – a pergunta que deveríamos saber antes tarde do que nunca, para não encalhar a vida no recife da autorrealização nem desperdiçá-la correndo atrás de visões de vida indignas da nossa humanidade – não é "O que queremos?", mas "O que vale a pena querer?".

Como já dissemos, o que realmente queremos não é um conjunto de coisas, experiências ou mesmo traços de caráter, mas toda uma visão de vida. O mesmo acontece aqui. Podemos fazer a pergunta "O que vale a pena querer?" e tentar responder a ela sob vários aspectos da vida: o que vale a pena querer em relação ao lugar onde eu moro e com quem moro? O que vale a pena querer em relação a uma carreira significativa? O que vale a pena querer na esfera da economia, da ecologia ou do governo? No entanto, quando se trata do que vale a pena querer, o valor que buscamos não está em um ou outro componente da nossa vida. Pelo contrário, ele será encontrado na unidade holística da vida próspera. Quando respondemos à pergunta "O que vale a pena querer?" em qualquer aspecto particular da nossa vida, as respostas dependem de uma resposta mais ampla à versão maior dessa pergunta. Algo do tipo: O que seria uma vida próspera? Essa é a Pergunta.

ação	Piloto automático	Fazemos o que fazemos porque é assim e pronto.
	Eficácia	O que estamos fazendo resulta no que queremos?
reflexão	Autoconsciência	O que realmente queremos?
	Autotranscendência	O que vale a pena querer?

A pergunta da eficácia impeliu você a traçar boas estratégias para chegar aonde quer que você esteja indo. A pergunta da autoconsciência revelou a você sua visão fundamental do que seria uma boa vida, a sua bússola. A pergunta da autotranscendência, por sua vez, questiona a *validade* dessa visão. Sua visão de uma boa vida – a que você quer para você, para sua comunidade e para o seu mundo – é verdadeira? O que você enxerga como uma vida boa é uma vida verdadeira? A sua bússola aponta para o norte verdadeiro ou está desencaminhando você?

Em outras palavras: a vida que você busca vale a pena ser buscada? Como você pode ter certeza? Você toma essa decisão com base em quê? Que coisa ou pessoa vale tanto a pena ser buscada a ponto de valer a pena organizar toda a sua vida ao redor dessa busca?

Quando chegamos a essa camada, o eu não está mais no centro da nossa busca. Nossos desejos não são mais o critério para o que importa. *Nós* não somos mais o cerne da questão. Pelo contrário: essa pergunta busca nos retirar do centro. Ela convida – talvez até exija – a autotranscendência.

Nessas profundezas podemos facilmente começar a nos perder. Aqui a pergunta não é mais sobre nossas intuições ou nossos desejos. Aqui a pergunta é sobre a verdade. Esse é um território desconhecido para a maioria de nós. Aliás, as perguntas da eficácia e da autoconsciência costumam servir como estratégias para não precisarmos lidar com questões relacionadas à verdade. Elas sugerem que, em vez disso, perguntemos se estamos obtendo o que realmente queremos, e ponto final.

Mas então aquela pergunta incômoda retorna: Vale a pena querer o que queremos?

Ao lidar com questões relacionadas à *verdade*, precisamos de um conjunto de habilidades diferentes, de um conjunto de hábitos mentais diferentes. Aqui o nome do jogo é *indagação normativa*: uma reflexão cuidadosa sobre como nós e o mundo deveríamos ser.

A boa notícia é que, embora a camada da autoconsciência seja propensa ao isolamento, na camada da autotranscendência descobrimos que, afinal de contas, não estamos sozinhos. Os outros voltam a ser vistos, porque as perguntas também precisam ter a ver com eles. Para sermos honestos, talvez nos incomodemos com os outros. As afirmações que fazemos sobre valor e verdade nessa camada não são confortavelmente privativas. Elas afetam os outros. Afirmar com o Buda que o desejo é a causa do sofrimento, com São Pedro que Jesus é o Senhor ou com Ida B. Wells que o linchamento é uma traição à nossa humanidade, tudo isso é fazer uma afirmação sobre o que é verdadeiro para todo o mundo. A verdade da nossa humanidade compartilhada é uma verdade comum a todos. E assim precisamos argumentar uns com os outros sobre qualquer afirmação que fazemos em relação à verdade, tendo em mente que nem todos chegaremos às mesmas conclusões.

Nesse nível não são apenas nossos contemporâneos que surgem. Os antigos também reaparecem. Eles estavam aqui, nas profundezas, esperando por nós. Quando começamos a fazer perguntas sobre a boa vida, descobrimos que, apesar de estarmos num território não mapeado por nós, na verdade nos encontramos no meio de conversas que as grandes tradições do mundo vêm tendo há milhares de anos. Moisés, Platão, Confúcio, Buda, Jesus, Maomé (para não falar de pensadores mais recentes, de Mary Wollstonccraft a Friedrich Nietzsche e Martha Nussbaum) estavam fazendo essa pergunta muito antes de tropeçarmos nela. As respostas deles provavelmente não podem ser as nossas sem a devida contextualização. Isso ignoraria a questão da autoconsciência, que ainda precisaremos abordar na volta à superfície. Mas as respostas deles podem nos ajudar – e o modo como eles fizeram a pergunta talvez possa nos ajudar mais ainda.

Na presença deles – e na presença uns dos outros – descobriremos que a pergunta sobre a verdade da boa vida pode ser feita. E que, com toda a humildade, podemos encontrar a resposta.

A viagem de volta

É um longo mergulho ir do piloto automático ao espaço profundo e extraordinariamente rico para o qual a autotranscendência nos leva. Não é tarefa fácil.

Mesmo assim, depois de termos sondado as profundezas, ainda precisamos voltar à superfície. Não adianta apreender a verdade da questão se não abraçarmos essa verdade como nossa. A verdade aprendida na jornada da autotranscendência precisa se transformar na nossa visão. E qualquer trabalho que façamos nesses níveis mais profundos continuará sendo um conhecimento esotérico a não ser que tenhamos estratégias eficazes para viver o que aprendemos. Podemos conduzir nossa vida cotidiana com alguma intencionalidade, mas ela é limitada. Por isso precisaremos de práticas que possam expressar essas ideias que encontramos.

O que aprendemos com nossa mente precisa ser gravado no nosso corpo, e o relacionamento entre mente e corpo não é tão simples. É um processo ao qual precisaremos voltar várias vezes. E, durante alguns mergulhos, o que precisaremos considerar lá embaixo é se nossas práticas podem ser mais inteligentes do que nossas ideias.

Muitas vezes a volta à superfície será quase literal: um retorno a um ambiente onde podemos respirar! Onde o que ganhamos lá embaixo recebe vida. Aqui a visão da boa vida se torna, pouco a pouco, uma boa vida de verdade. Se fosse tolice jamais sondar as profundezas, seria igualmente tolo tentar viver uma vida submersa para sempre. Uma reflexão interminável (se isso fosse possível) seria sufocante.

No entanto, se aprendermos a dar esses mergulhos com alguma regularidade, talvez encontremos de fato o caminho para a vida próspera.

A rota

O restante deste livro é organizado como uma visita guiada às profundezas. Cada capítulo do 2 ao 12 pega uma fatia da pergunta da autotranscendência e apresenta a você alguns colegas questionadores que podem ajudar a encontrar respostas. Em seguida passaremos à viagem de volta com mais três capítulos que permitirão a você mapear seu caminho a partir da autotranscendência, passando pela autoconsciência e pelas práticas e indo em direção a uma vida que vale profundamente a pena ser vivida. Mas primeiro precisamos fazer um balanço de algumas respostas comuns sobre as quais talvez não tenhamos pensado muito.

SUA VEZ

1. Pense sobre os seus últimos dias, sem fazer julgamentos. Que perguntas estiveram na sua mente? Anote tudo.

    Agora leia sua lista de perguntas. Nem todas vão se encaixar nas categorias deste capítulo (*Onde coloquei minhas chaves? Por que o ornitorrinco tem esse nome?*). Para as que se encaixarem (*Como posso passar menos tempo respondendo a e-mails? Por que fiquei com tanta raiva de fulano no outro dia? Será que devo parar de comer carne?*), marque-as como perguntas de eficácia, autoconsciência ou autotranscendência. O que tem mais peso para você? Por quais questões você se interessa mais?

2. Em que camada você se sente mais confortável? Onde você gosta de passar seu tempo livre? Alguma camada de reflexão lhe causa medo?

3. O que você acha da ideia de haver uma resposta *verdadeira* à Pergunta? Você tende mais a presumir que suas respostas são as verdadeiras ou a pensar que toda resposta deve ser igualmente correta?

DOIS

Onde estamos começando?

Certa vez uma aluna se aproximou de Matt com uma confissão. Sua filha adolescente a havia procurado pedindo um conselho: ela deveria aceitar o cargo de técnica de um dos times esportivos da escola?
– Bom, o que ficaria melhor no seu currículo para se candidatar a uma universidade? – respondera a mãe.
Um tanto desapontada, a filha encerrou rapidamente a conversa e foi procurar o orientador da escola. Ele fez uma pergunta diferente:
– O que deixaria você mais feliz?
Como dissemos, a mulher contou essa história como uma confissão. Enquanto falava sobre o conselho do orientador, ela desabafou, constrangida:
– O que há de errado comigo? Eu tentei ter uma vida significativa. Frequentei a igreja a vida toda. Mas, quando minha filha me procura em busca de sabedoria, eu não tenho nada a oferecer.
Reconhecemos imediatamente por que essa mãe se sentiu censurada. Sem dúvida o conselho do orientador, de priorizar a felicidade, soou melhor para a filha do que a austera estratégia de só pensar na carreira. A "sabedoria" do orientador parece vir de uma visão mais profunda, mais holística, de uma boa vida. E não é somente uma visão qualquer de uma boa vida, mas uma visão especialmente popular hoje em dia. Diante do carreirismo, do materialismo e do desejo de fama, parece algo profundo, humano e despretensioso. Mas que tipo de sabedoria é essa?

Na esquina de Feliz com Saudável

Chamamos isso de "visão Walgreens".

A rede de farmácias Walgreens, muito popular nos Estados Unidos, tinha o slogan "Walgreens: na esquina de Feliz com Saudável". Muitos diriam que é ali que a boa vida se encontra. Independentemente de qualquer outra coisa, a boa vida é feliz e saudável.

E longa também. Longa é importante. Afinal de contas, se a experiência da felicidade é boa, uma experiência da felicidade mais longa é melhor ainda. De certo modo, *saudável* é a garantia de que vale a pena desejarmos uma vida longa. Só queremos uma vida longa se ela também for saudável – e feliz. Precisamos das três coisas.

"Longa, feliz e saudável" é o slogan de uma visão curiosamente moderna da vida que vale a pena viver.

As maiores tradições do mundo não endossam uma vida "longa, feliz e saudável" sem ressalvas. Nem os bilhões de seguidores de Buda, de Jesus, dos sábios hindus ou do profeta Maomé ao redor do planeta. De fato, essas tradições problematizam muitos componentes da visão Walgreens. Então por que ela é tão popular?

Para começo de conversa, "longa, feliz e saudável" é uma ideia vendida a nós incessantemente. Por médicos, amigos bem-intencionados, anunciantes em busca de lucro – e, talvez acima de tudo, por psicólogos. É a visão recomendada nas páginas do *The New York Times* e defendida pela crescente indústria do "bem-estar" (cujo valor global é hoje estimado em 1,5 *trilhão* de dólares).[1] Leia na internet o último artigo sobre bem-estar ou consulte o estudo de psicologia mais recente e ali estará, espreitando nas entrelinhas, a vida longa, feliz e saudável. Essa é a "sabedoria" em comparação com os impulsos irrefletidos que dominam boa parte da nossa cultura.

Não temos certeza se sabemos como alcançar essa vida. Mas é aí que entram a psicologia, a economia comportamental, as picaretagens e incontáveis bens de consumo. A indústria do "longa, feliz e saudável" não se contenta em nos convencer do que seria uma boa vida. Também nos impede de avaliar se essa é a vida que vale a pena para nós, para nossa comunidade e para o mundo. É difícil parar um pouco e avaliar os *méritos* dessa visão quando estamos ocupados demais correndo atrás dela.

E não é uma venda difícil. Afinal de contas, quem *não quereria* uma vida longa, feliz e saudável? Quem, exatamente, estaria nos oferecendo uma vida curta, triste e doente?

A visão Walgreens é o hambúrguer orgânico no cardápio da boa vida. Por padrão ele vem com salada, mas você sabe que pode trocar por batata frita e ainda acrescentar bacon e queijo (a virtude não é divertida?!). O fato é que esse hambúrguer é uma permissividade – e no entanto você ainda está pedindo algo ecologicamente correto, com selo verde. Em comparação com o estilo de vida dos ricos e famosos, é um ideal bastante sensato. Você não está pedindo nada extravagante. Não quer helicópteros, iates ou 50 milhões de seguidores no Instagram. E mesmo assim a pessoa que está servindo vai elogiar sua escolha. Afinal de contas, no Bistrô da Boa Vida garantimos uns aos outros que todas as escolhas são excelentes.

Foi assim que "longa, feliz e saudável" se tornou tão dominante. É o resultado de um ciclo de retroalimentação dos nossos desejos, da nossa expectativa de que todos eles serão elogiados e de uma indústria de marketing suficientemente esperta para nos oferecer a quantidade de "virtude" ideal que nos empolgue sem nos sobrecarregar. No fim das contas, não é um produto que nos obrigaram a consumir. É uma mentira que vendemos a nós mesmos. De todo modo, talvez seja hora de pedir nosso dinheiro de volta.

A felicidade é a rainha

O slogan pode ser "longa, feliz e saudável", mas não é difícil ver quem reina suprema: a felicidade. Pode ser difícil rechaçar a ideia de que a coisa mais valiosa da vida é nos sentirmos como queremos nos sentir. E por que desejaríamos algo que não fosse a felicidade? O filósofo e matemático francês Blaise Pascal (1623-1662) talvez tenha dito isso do modo mais notável: "Todos os homens buscam a felicidade. […] Esse é o motivo para cada ação dos homens, até mesmo dos que se enforcam."[2] Afinal de contas, se você achasse que *outra* coisa iria deixá-lo feliz, você faria essa outra coisa. Bem óbvio, não? Fazemos o que fazemos porque, qualquer que seja nosso raciocínio, preferimos isso, e preferimos certas coisas porque achamos que elas nos tornarão mais felizes. No Capítulo 4 examinaremos com mais atenção como é importante sentir-se bem e discutiremos se sentir-se bem é o mesmo que estar feliz. Por enquanto basta dizer que a visão Walgreens dificulta contestar a ideia de que o que realmente buscamos é a felicidade.

Isso nos cria um problema. (Na verdade são vários problemas, mas por enquanto vamos ficar com apenas este.) Como é que a gente faz para se sentir de determinado modo? Pior ainda: suponha que você se sinta responsável por ajudar outra pessoa a encontrar a boa vida ou que você deva a felicidade a outra pessoa. Como é que você pode fazer com que *ela* se sinta de determinada maneira?

Bom, ao que parece não nos sentimos felizes sem motivo. Talvez seja possível comandar essa felicidade. Talvez pudéssemos inventar uma pílula que nos deixe felizes. Mas, pelo menos por enquanto, ela não existe. Precisamos fazer as coisas de um jeito mais indireto: organizando o mundo de modo que ele nos faça felizes. Se queremos ser felizes, precisamos que o mundo seja de determinado modo para nós. Se queremos que outra pessoa seja feliz, precisamos que o mundo seja de determinado modo para ela. Se queremos espalhar a felicidade para todos, precisamos que o mundo seja de um modo que torne todo mundo feliz.

A coisa mais importante, nesse caso, é fazer com que o mundo seja de determinado modo para que todas as pessoas sejam felizes. A "busca da felicidade", como diria Thomas Jefferson, organiza a totalidade da nossa vida – ou, mais que isso, a totalidade da vida em si. O objetivo da vida é sentir felicidade. O estado ideal do mundo é aquele que permite que as pessoas se sintam felizes. Como, então, deveríamos viver? Trabalhando duro para gerar o mundo que traga felicidade a nós e às pessoas de quem gostamos.

O emaranhado da boa vida

A promessa tripla do "longa, saudável e acima de tudo feliz" forma o cerne do que costumamos presumir que vale a pena desejar na vida. Mas o cerne não é tudo. Boa parte do poder da visão Walgreens é que ela desenvolve toda uma vida ao redor da longevidade, da felicidade e da saúde: uma carreira gratificante, ritmos diários de trabalho e descanso, uma boa dieta e exercícios, relacionamentos significativos, saúde emocional, resiliência e até mesmo virtude e algum tipo de caráter. "Longa, feliz e saudável" não é tudo que existe nessa visão da boa vida. Esses três conceitos estão mais para um pequeno nó no centro de um novelo de barbante embolado. Todo o resto se enrola ao redor.

Se você recorrer à psicologia positiva, não encontrará nenhum argumento para preferir uma vida longa, feliz e saudável. Os psicólogos teóricos são cientistas, afinal de contas. A filosofia e a teologia lidam com questões de dever. A ciência moderna tem a ver basicamente com correlações. O arremesso de uma pedra está relacionado à queda dessa pedra. A junção de hidrogênio, oxigênio e calor está relacionada a um estrondo alto. Um sono regular de sete horas toda noite está relacionado a maiores níveis de felicidade autodeclarada. O mesmo acontece com a prática da gratidão, ou da ioga. Essas práticas também estão relacionadas a saúde melhor e mais longevidade. É um emaranhado de correlações, uma teia de coisas que costumam acontecer juntas.

Os psicólogos não veem um motivo específico para você preferir estar *nesse* emaranhado de resultados correlacionados, e não em qualquer outro. Eles só tentam criar uma nuvem de correlações. Mas quem olharia para esse emaranhado de saúde, felicidade, longevidade, gratidão, ioga e amplo descanso noturno e acharia má ideia?

Além disso, há grandes benefícios em pensar na boa vida como um emaranhado ou nuvem de correlações. Como tudo que você quer é entrar no "emaranhado da boa vida", não precisa gastar muito tempo escolhendo por onde começar. Pode partir de qualquer ponto. Coma comida mais saudável. Mantenha um diário de gratidões. Comece a fazer ioga. Faça trabalho voluntário. Durma mais. Assista a uma TED Talk aleatória e ponha em prática seus ensinamentos. Desenvolva alguns relacionamentos íntimos e cedo ou tarde você encontrará o caminho para *todas* essas coisas boas. Porque todas estão emaranhadas entre si.

O emaranhado da boa vida também implica que não é possível escolher uma coisa em detrimento de outra. Tudo que vale a pena se correlaciona com todo o resto que também vale a pena. Ser feliz lhe trará saúde e vida longa. Ser mais saudável lhe trará felicidade e longevidade. Até mesmo ser uma boa pessoa tornará você mais feliz e saudável, com maior expectativa de vida! Segundo a versão mais estrita da visão Walgreens, é *por isso* que você deveria se importar em ser uma boa pessoa. Faça a coisa certa porque isso lhe trará felicidade. Ou ainda: você saberá que está fazendo a coisa certa quando, em última instância, ela tornar você feliz. Afinal de contas, é óbvio que fazer a coisa certa tornaria você feliz, não é mesmo? Tudo isso deve constar do emaranhado da boa vida. Não é possível escolher uma coisa em detrimento de outra.

Bom, pode ser que vivamos num universo onde não seja necessário escolher entre se sair bem, fazer o bem e se sentir bem. Mas pense em como isso seria um golpe de sorte. É verdade que de vez em quando todas as coisas boas que queremos parecem vir juntas. Por exemplo, quanto mais investimos em relacionamentos significativos, mais emocionalmente resilientes nos tornamos. Mas com frequência descobrimos que de fato existe a possibilidade de escolher uma coisa em detrimento de outra. Quanto mais tempo investimos na nossa vocação profissional, menos tempo temos para nossa família. E até mesmo os ciclos de retroalimentação positiva nos quais tropeçamos costumam cobrar um preço alto. Por exemplo, a resiliência emocional que obtemos com relacionamentos significativos costuma ser testada exatamente nos conflitos profundos pelos quais precisamos passar nesses mesmos relacionamentos significativos.

De todo modo, a maioria dos seres humanos que habitaram este planeta não presumiu que vivemos num universo utópico onde não existe a necessidade de optar por uma coisa em detrimento de outra. A maioria presumiu que a vida implica algumas escolhas difíceis. Muitos descobriram que se você defende o que é certo, não será necessariamente elogiado – pode, na verdade, acabar sofrendo por causa disso. Apesar da norma de "se dar bem fazendo o bem" que agitou o início deste milênio, muitas pessoas em toda a história da humanidade descobriram exatamente o oposto. Fazer o bem pode prejudicar suas chances de se dar bem. Elas descobriram que a boa vida nem sempre é longa, feliz e saudável. Muitas vidas que mais admiramos não são do tipo que estamos buscando.

Não longa

Martin Luther King Jr. (1929-1968) tinha 39 anos quando foi assassinado. Ele fora a Memphis, Tennessee, apoiar os trabalhadores em greve por condições de trabalho mais seguras e salário justo. Foi o último de uma série de gestos impopulares que ele fez desde que recebera o Prêmio Nobel da

Paz em 1964. Ele havia passado dos protestos contra a supremacia branca sulista para a oposição à segregação em cidades do norte, como Chicago. Critica com veemência a Guerra do Vietnã. Lança a Campanha dos Pobres pela justiça econômica. Nenhuma dessas ações teve apoio público majoritário e uma pesquisa descobriu que 75% dos entrevistados tinham uma visão desfavorável a seu respeito. Mas ali estava ele, em Memphis, atuando.

Na noite anterior ao assassinato, King fez um discurso aos seus companheiros manifestantes. Contou que anos antes tinha levado uma facada no peito e escapara da morte por um fio. Disse que estava feliz por ter sobrevivido. Isso havia lhe permitido participar, na década seguinte, da luta pelos direitos civis dos afro-americanos. Contou à plateia que tinha plena consciência de que sua vida continuava em perigo. Então disse o seguinte:

> Como todo mundo, eu gostaria de ter uma vida longa – a longevidade tem seu valor. Mas no momento não estou preocupado com isso. Só quero fazer a vontade de Deus. E Ele permitiu que eu subisse a montanha. E olhei por cima dela e vi a Terra Prometida. Talvez eu não chegue lá junto com vocês. Mas quero que saibam, esta noite, que nós, como povo, chegaremos à Terra Prometida![3]

King não *queria* uma vida curta. Mas decidiu não buscar uma vida longa. Poderia ter admitido que seus pontos de vista eram impopulares, abandonado a vida pública e provavelmente vivido por muitos anos mais. Viu, porém, que a luta pela igualdade importava mais do que a duração da sua vida.

Não feliz

Abraham Lincoln (1809-1865) sofria de melancolia esmagadora e persistente. Passava por períodos de depressão profunda pelo menos desde a época da morte de sua mãe, quando ele tinha 9 anos. Seus amigos temiam que ele fizesse mal a si mesmo. Quando chegou à Presidência dos Estados Unidos, um profundo sentimento de tristeza já tinha sido gravado em todo o seu caráter. Um conhecido observou que "a melancolia parecia rolar dos ombros de Lincoln e pingar da ponta dos seus dedos".[4]

Como presidente, Lincoln comandou o país durante a pavorosa violência da Guerra Civil. Esse fardo apenas intensificou sua infelicidade. "Se existe algum lugar pior do que o inferno, estou nele", lamentou.[5] No entanto, foi Lincoln quem escolheu esse lugar. Assumiu o fardo.

Claro, é possível que Lincoln não tivesse a capacidade de se sentir feliz. Talvez ele fosse inevitavelmente predisposto a uma depressão que as técnicas do século XIX não conseguiam tratar. Mas é certo que ele poderia ter gastado mais da sua energia e dos seus talentos imensos tentando ser feliz. Também é certo que ele não fez isso. É claro que Lincoln não procurava a tristeza. Mas também não fugia dela e não deixava que o medo dela o impedisse de fazer o que considerava seu dever.

E mais: a tristeza de Lincoln provavelmente colaborava para o que era mais admirável no seu caráter. Conhecer e sentir a tragédia da morte, lutar contra uma tristeza que jamais ia embora – tudo isso equipou Lincoln para governar com seriedade, persistência e significativas (ainda que imperfeitas) compaixão e honestidade.

Não saudável

O reumatismo crônico tinha enfraquecido o coração de Lady Constance Lytton (1869-1923).[6] Fisicamente falando, ela não era adequada para o extremo sofrimento de uma greve de fome. Mas era totalmente dedicada à causa do direito das mulheres ao voto no Reino Unido. E sabia que seu status elevado na sociedade atrairia mais atenção caso se juntasse a outras ativistas, conhecidas como sufragistas, rejeitando a comida enquanto estavam presas.

Quando foi presa num protesto em Newcastle, em 8 de outubro de 1909, Lady Constance se recusou imediatamente a comer e a beber. As autoridades usaram seu coração fraco como desculpa para libertá-la rapidamente e evitar o escândalo potencial de alimentar à força uma aristocrata cujo irmão fazia parte da Câmara dos Lordes. As sufragistas menos privilegiadas que tinham sido presas com ela não receberam o mesmo tratamento. Tiveram a abertura da boca forçada com o uso de instrumentos de aço. Tubos lhes foram enfiados garganta abaixo e comida líquida lhes foi bombeada diretamente no estômago enquanto elas engasgavam e sufocavam.

Lady Constance ficou furiosa. Queria divulgar o favoritismo injusto que havia recebido. Assim, fingiu que era uma costureira pobre chamada Jane Warton, participou de um protesto em Liverpool, foi presa de novo e começou outra greve de fome. Como Jane Warton, foi alimentada à força repetidamente.

Quando sua identidade foi descoberta, houve o escândalo que ela esperava. O governo negou a tortura. Mas a imprensa aumentou a pressão para uma mudança de política. Winston Churchill (que ainda não era primeiro-ministro) instituiu uma nova regra que dava às sufragistas prisioneiras os privilégios garantidos a dissidentes políticos. O irmão de Lady Constance comandou uma nova comissão na busca de um compromisso legislativo em relação ao voto. Em reação à mudança de tratamento, as greves de fome permaneceram durante vários anos.

Lady Constance jamais se recuperou totalmente do trauma da sua segunda greve de fome. No ano seguinte viajou pelo país dando palestras e fazendo protestos. Mas sofria de "ataques cardíacos" cada vez mais frequentes e períodos de doença. Nunca mais teve forças para o tipo de ativismo vigoroso que desejava.

Só em 1928 todas as britânicas maiores de 21 anos adquiriram o direito ao voto (as donas de propriedades com mais de 30 tinham ganhado esse direito em 1918). A vitória chegou muito depois das colaborações mais importantes de Lady Constance. Ainda assim ela foi a heroína central da história. É difícil olhar sua vida e não encontrar algo inspirador em sua disposição de arriscar a saúde em favor de um dos maiores movimentos de justiça do século XX.

Curta, triste e doente?

King, Lincoln e Lytton não eram heróis sobre-humanos. Não eram perfeitos. Mas não precisavam ser perfeitos para que sua vida nos fizesse parar para pensar. Talvez a visão Walgreens não seja uma resposta tão óbvia à Pergunta quanto parece ser. E talvez as coisas não sejam tão convenientes quanto o emaranhado da boa vida desejaria. Essas pessoas (e incontáveis outras como elas) pagaram preços reais, concretos, em seu esforço de viver respostas à Pergunta. Tudo isso deveria nos fazer questionar as ideias de que

(a) sabemos o que é fazer o bem quando nos sentimos bem ou alcançamos o sucesso e (b) fazer o bem automaticamente nos faz felizes e bem-sucedidos. O emaranhado da boa vida é uma hipótese falseável, não um axioma que valida a si mesmo. E à primeira vista existem evidências bastante fortes de que ela é falsa.

Bom, para esclarecer: não estamos defendendo uma vida curta, triste e doente. Pelo que sabemos, nenhuma das grandes tradições religiosas e filosóficas tampouco faz isso. Confúcio viveu até uma idade muito avançada. Sócrates tinha uma personalidade vivaz e levou uma vida alegre, mesmo diante de sua execução por parte do Estado ateniense. O Buda era conhecido por sua saúde excelente. Jesus curava pessoas em toda parte. Até mesmo os famosamente austeros estoicos diziam que – todo o resto constante – a vida longa, feliz e saudável é preferível a uma vida curta, triste e doente.

Mas essas tradições – como a vida de King, Lincoln e Lytton – sugerem que existem outras coisas pelas quais vale a pena viver, mesmo se custarem nossa saúde, nossa felicidade ou nossa vida. Elas discordam (frequentemente de modo passional) em relação a quais são essas coisas e como buscá-las, mas isso não muda o fato de negarem a suposta evidência da visão Walgreens.

A visão Walgreens não é natural nem inevitável. Talvez, em algum nível, todo mundo deseje uma vida longa, feliz e saudável, mas isso não significa que essa ideia esteja próxima do topo da lista de coisas que valem a pena desejar. Muitas pessoas que aparecerão nestas páginas pensam de modo diferente.

E a visão Walgreens não é neutra. Ela não traduz em linguagem clara o que todo mundo sempre vestiu com fantasiosos mitos religiosos e terminologias filosóficas. Ela é uma resposta à Pergunta, dentre muitas outras. E precisa ser questionada, testada e enfrentada, como todas as outras.

Assim, enquanto exploramos a Pergunta juntos, preste atenção nos modos pelos quais a visão Walgreens pode influenciar seu discernimento. Se você se pegar se inclinando automaticamente nessa direção, perceba isso e faça o máximo para se abrir às alternativas. Se no fim do processo se convencer de que uma vida longa, feliz e saudável é mesmo o que você quer e vale o empenho de seus melhores esforços porque é a medida de tudo que realmente vale a pena querer, você acreditará nisso com ainda mais confiança.

Se, por outro lado, você perceber que precisa afrouxar o domínio que a visão Walgreens tem sobre sua vida – bom, nesse caso, bem-vindo à luta.

SUA VEZ

Ainda estamos no estágio exploratório, tentando descobrir mais sobre sua resposta implícita à Pergunta. Costuma ser mais fácil esclarecer nossos valores e aspirações pensando em outras pessoas, especialmente em pessoas que achamos que estão tendo (ou tiveram) uma vida próspera.

Pense em uma ou duas pessoas que você admira profundamente. Podem ser pessoas que você conhece ou sobre quem leu ou ouviu falar. Anote os nomes.

- O que você admira nessas pessoas? Suas realizações? Seu caráter? Sua sorte? Sua felicidade?
- Até onde você sabe, "longa, feliz e saudável" descreve a vida delas?
- Até onde você sabe, "longa, feliz e saudável" descreve as respostas delas à Pergunta?

Pense em uma ou duas pessoas que você inveja. De novo, podem ser pessoas que você conhece ou não. (Tudo bem ser honesto. A inveja pode não ser uma coisa bonita, mas nos diz muito sobre nossos desejos e sonhos.)

- O que você inveja nessas pessoas?
- Até onde você sabe, "longa, feliz e saudável" descreve a vida delas?
- Até onde você sabe, "longa, feliz e saudável" descreve as respostas delas à Pergunta?

Como a visão Walgreens é tão prevalente hoje em dia, será útil avaliar o que você pensa sobre ela antes de discernir com mais clareza sua visão de prosperidade.

- O que atrai você (se é que atrai) na visão de vida "longa, feliz e saudável"?
- O que você acha que falta nela (se é que acha)? Em que ponto ela deixa você desejando algo mais profundo, mais rico ou mais pleno?
- O que você poderia valorizar mais do que uma vida longa, feliz e saudável?

SEGUNDA PARTE

As profundezas

TRÊS

A quem prestamos contas?

Na Introdução sugerimos que, para nossa consternação, nossa vida poderia ser sujeita a julgamentos. Todo este livro é impulsionado pela ideia de que podemos ou não levar uma vida que realmente *vale a pena* ser vivida – que podemos fracassar ou ter sucesso em sermos humanos.

Neste capítulo queremos saber: quem tem legitimidade para fazer esse tipo de julgamento? A quem prestamos contas?

Quando começamos a ministrar o curso Life Worth Living, essa pergunta nem sequer nos ocorreu. No entanto, no fim do primeiro semestre, uma aluna de Miroslav e Ryan – Leah Sarna, uma jovem judia que mais tarde seria uma das primeiras mulheres ordenadas rabina ortodoxa – nos mostrou quanto isso importa. Estávamos numa casa no litoral de Connecticut, num retiro do curso, num dia claríssimo de inverno. Leah ouvia com atenção um colega descrever sua abordagem à vida. Quando ele terminou, ela o encarou e lançou a pergunta:

– A quem você presta contas?

Seu colega ficou perplexo. Ele não sabia se tinha entendido direito a pergunta. Sem se abalar, Leah disse que, para ela, como judia (e como o tipo específico de judia que ela é), seguir ou não seguir a Torá não é apenas uma questão de preferência pessoal. Ela se considera responsável diante de toda a sua comunidade e do Deus que lhes proveu a Torá.[1] Se ela não conseguisse observar o sabá ou se manter *kosher*, seria um fracasso perante sua comunidade e seu Deus. Seria decepcionar todos eles. E ela afirmou que é essa responsabilidade que muda tudo. Sem algum senso de responsabilidade –

para com alguém ou alguma entidade – em viver nossa vida de determinado modo, toda a busca perde a urgência. Torna-se uma questão de preferência. E, quando se trata de vidas que valem a pena ser vividas, a preferência está perigosamente próxima do capricho. Ela foi inflexível. Antes de levarmos a sério a questão da vida próspera, precisamos refletir sobre responsabilidade.

Mas não é qualquer tipo de responsabilidade.

Responsabilidade Smokey

Por acaso, *responsabilidade* é uma daquelas palavras que usamos para descrever um punhado de coisas diferentes – nesse caso, pelo menos três. E, ainda que cada um desses três sentidos seja importante para a nossa busca, é bom distingui-los. Antes de começarmos, portanto, precisamos esclarecer um pouco a questão.

Vamos pedir ajuda ao urso Smokey, o icônico representante da prevenção de incêndios florestais nos Estados Unidos.[2] Para quem não o conhece, o urso Smokey é um personagem de desenho animado criado pelo Serviço Florestal dos Estados Unidos para suas campanhas de prevenção de incêndios florestais. Desde 1944 ele tem aparecido de calça jeans e chapéu de aba redonda em placas de estrada, propagandas impressas e anúncios de TV nos intervalos dos desenhos animados nas manhãs de sábado. Até 2001, seu bordão era "Só você pode impedir os incêndios florestais" (atualmente é "Só você pode impedir os incêndios na natureza", afinal, as pradarias também são importantes!).

Três sentidos diferentes da palavra "responsabilidade" são capturados nessa advertência ursina.

Primeiro há o "só você". Esse é o *agente* da responsabilidade, o eu responsável. Bom, Smokey não está tentando dizer que você é literalmente a única pessoa no planeta que pode impedir os incêndios florestais. Ele está falando de algo parecido com o tipo de responsabilidade por sua vida do qual falamos na Introdução. Você tem uma responsabilidade inalienável por sua vida, suas escolhas e seus atos. Inclusive pela sua fogueira de acampamento que você decide apagar ou não, já que tocamos no assunto. Mesmo que você tentasse entregar essa responsabilidade a outra pessoa, esse ainda seria um modo de exercê-la. (Afinal de contas, só você poderia tentar dar a outra pessoa a responsabilidade única pela sua vida, que é somente sua.)

E existe a parte sobre a floresta. Esse é o *escopo* da sua responsabilidade. Muitas vezes é o tipo de responsabilidade em que pensamos primeiro: somos responsáveis pelo quê? O que precisamos fazer? Devemos levar em consideração o bem-estar de quem? Para ter um entendimento completo das nossas responsabilidades, precisamos nos perguntar: Qual é o tamanho da nossa floresta? Talvez sejamos responsáveis por agir de modo virtuoso. Talvez sejamos responsáveis pela felicidade de cada ser senciente, no presente e no futuro. O escopo da nossa responsabilidade é uma questão crucial. É uma das características fundamentais de qualquer resposta que dermos a uma pergunta que encontraremos no Capítulo 6: Como deveríamos viver? Vamos guardar a responsabilidade da "floresta" para esse capítulo.

E existe o cara que está com o dedo encostado no nosso peito: o urso Smokey. Ele representa a *fonte autoritativa* da nossa responsabilidade de impedir os incêndios florestais. Ele representa *a quem* prestamos contas. Ele define as regras que nos colocam sob a obrigação de cuidar do fogo de modo responsável. Ele avalia se, de fato, estamos fazendo o que podemos e deveríamos fazer para impedir os incêndios florestais. E ele nos convoca a prestar contas quando não alcançamos a meta, chamando atenção para os padrões relevantes da prevenção de incêndios na natureza. Smokey é legislador, juiz e policial num único personagem. (Não precisamos discutir exatamente *como* ele representa a fonte autoritativa de responsabilidade nem por que a fonte é autoritativa. É para isso que serve o restante do capítulo.) Este é o tipo de responsabilidade do qual vamos tratar aqui: a responsabilidade Smokey. Vamos nos concentrar especialmente na pergunta: "De onde vem nossa responsabilidade de viver um determinado tipo de vida?"

Talvez *você* seja o urso

Muitos de nós não passam muito tempo pensando na responsabilidade Smokey. Há algo inquietante em pensar que alguém ou alguma coisa externa a nós pode estabelecer o padrão da nossa vida. Muitas vezes tentamos evitar essa ideia por completo.

Pensamos que talvez possamos ser nossos próprios Smokeys. Se toda a responsabilidade acaba sendo a de prestar contas "somente a nós mesmos", a fonte da nossa responsabilidade está simplesmente em nossas escolhas e nossos caprichos. Afinal de contas, somos livres. Somos independentes – ou pelo menos imaginamos que somos. Podemos nos comprometer com várias pessoas ou causas, mas achamos que *nós* fazemos isso por nosso próprio livre-arbítrio ou nossos motivos, independentemente de quais sejam.

O problema é que, quando prestamos contas *apenas* a nós mesmos por viver o tipo de vida que achamos valer a pena, nossa vida fica parecendo arbitrária. Se estamos ao mesmo tempo jogando as cartas e decidindo o que representa uma cartada vencedora, o jogo perde a tensão que o torna divertido. Se ao mesmo tempo cantamos uma música e decidimos sozinhos o que significa cantar bem, talvez tenhamos menos probabilidade de fracassar – mas também não é possível dizer que tivemos sucesso.[3] O problema não é somente que podemos ser juízes indulgentes (se formos perfeccionistas, seremos os juízes mais duros de todos). É mais do que isso: o perigo é que se nos considerarmos não somente os árbitros mas também as *fontes* das nossas responsabilidades, poderemos ser livres para seguir cada capricho, mas não seremos capazes de resgatar nossa vida da incômoda suspeita de que ela é simplesmente um produto desses caprichos. As maiores escolhas da nossa vida – qual carreira seguir, se vamos iniciar uma família, o que fazer na aposentadoria – podem parecer impossíveis de serem feitas. E não tanto porque é difícil lidar com as várias pressões entrecruzadas, mas porque existem muitas opções que parecem válidas, atraentes e efetivamente intercambiáveis.

Podemos ter uma responsabilidade profunda em relação a nós mesmos. Existem maneiras interessantes de abordar a Pergunta que se centralizam em determinados tipos de responsabilidade perante o eu. Vamos tratar de uma delas ainda neste capítulo (a lei interior) e de outra no Capítulo 6 (a ética da autenticidade). Mas, se quisermos evitar a ideia de que os momentos fundamentais da nossa vida são meramente escolhas de preferência no cardápio da vida, precisaremos admitir que nossas escolhas sozinhas não podem ser a fonte definitiva da nossa responsabilidade. Cada um de nós tem uma consciência – e sem dúvida deveríamos prestar muita atenção nela. Só que, para realmente fazer o seu trabalho, a consciência precisa ser uma visão internalizada de alguma fonte não arbitrária (e possivelmente externa) de responsabilidade. Caso contrário fica difícil separar a consciência de neuroses que deveríamos tentar superar (ou não – talvez gostemos das nossas neuroses; a coisa está por nossa conta, e é esse o problema).

Se quisermos que nossas escolhas sejam *significativas*, não há como escapar do urso. Precisamos de alguma fonte definitiva das nossas responsabilidades, para além das nossas escolhas. É melhor nos familiarizarmos quanto antes com essa fonte.

Não se esqueça de suas origens

Imagine Westeros, o mundo mítico da série de livros *As crônicas de gelo e fogo*, de George R. R. Martin, e do seriado *Game of Thrones*, da HBO: um poder central enfraquecido, sob pressão de forças externas, dando origem a uma confusão emaranhada de nobres vassalos que em seguida ousam se chamar de reis. Esse era o mundo do Mestre Kong (em chinês, *Kongzi*), conhecido no Ocidente como Confúcio (551 a.C.-479 a.C.).

A dinastia Zhou, estabelecida quinhentos anos antes pelo duque de Zhou, tinha sido uma realização notável: a unificação não somente de uma nação mas de uma *civilização* em uma única ordem feudal. Quando Confúcio entrou em cena, o mundo Zhou estava se despedaçando. Com aparentemente cada senhor feudal buscando e exigindo aliança, nossa pergunta – a quem prestamos contas? – era literal e prática. Só que por trás da pergunta imediata da aliança política havia uma grande quantidade de charadas mais fundamentais: Quem mantém o tecido social unido? Que forma de vida é correta, sejam quais forem os ventos políticos? Quando tudo à nossa volta parece estar em disputa, a quem prestamos contas por viver nossa vida como deveríamos?

Os seguidores de Confúcio coletaram histórias sobre ele e seus provérbios num livro conhecido como *Os analectos*. Logo no início encontramos a chave para a visão de vida de Confúcio:

> Um homem que respeita os pais e os mais velhos dificilmente estaria inclinado a desafiar seus superiores. Um homem que não seja inclinado

a desafiar seus superiores jamais fomentará uma rebelião. Um cavalheiro trabalha na raiz. Assim que a raiz está estabelecida, o Caminho [*Dao*] se desdobra. Respeitar os pais e os mais velhos é a raiz da humanidade.[4]

Tente não tropeçar na palavra *cavalheiro*. Essa é a palavra que Confúcio usa para o ser humano bem cultivado e próspero. Ainda que a palavra antiga fosse relacionada a um gênero (como o chauvinismo imbuído em nossa palavra *virtude*, que vem do latim *vir*, que significa "homem"), não precisamos lê-la desse modo. A questão aqui é a seguinte: se você quer uma vida que vale a pena – se quer seguir o Caminho –, deve trabalhar na raiz do que torna um ser humano realmente *humano*. Deve começar com sua responsabilidade para com seus pais e os mais idosos.

É exatamente assim que Confúcio se apresenta. Ainda que possamos pensar nele como o fundador do confucionismo,[5] ele insiste: "Eu mais transmito do que inovo; confio nos modos antigos e os amo."[6] Até mesmo seu compromisso em honrar o passado se baseia no modelo de sábios anteriores: "Assim posso humildemente me comparar com o Velho Peng." Ele declara: "Simplesmente amo a Antiguidade e procuro lá, diligentemente, o conhecimento."[7]

Qual a razão desse amor passional e dessa prestação de contas aos que vieram antes de nós? Não é somente nostalgia de uma idade de ouro imaginada.

As tradições nas quais nascemos não são meras *opções* que podemos escolher ou abandonar como quisermos. Passamos a existir e continuamos a viver na relação com essas pessoas.[8] Nosso próprio corpo foi gerado pelos corpos dos nossos pais biológicos e dentro deles. Durante a infância, fomos sustentados por quem cuidava de nós.

A língua que falamos também é tradição. Não a inventamos. Nem *poderíamos* tê-la inventado. Tudo que podemos é adquirir uma linguagem, e então, pelo uso criativo que fazemos dela, contribuir para a linguagem que outros adquirem. Tudo que dizemos, cada pergunta que fazemos, até mesmo cada afirmação de nosso suposto "individualismo" moderno, está trançado numa tapeçaria de linguagem em desenvolvimento constante, transmitida por gerações que já se foram.

Resumindo: não somos tão independentes quanto os ocidentais modernos às vezes imaginam. Pelo contrário, somos constituídos pelas tradições em que vivemos e pelos relacionamentos que nos deram (e dão) vida. Assim, o modo como vivemos não é arbitrário. Prestamos contas sobre a nossa vida àqueles de quem a recebemos e a todo o mundo cultural que a enche de significado. Temos responsabilidade para com aqueles que nos deram a vida. Eles medeiam para nós a ordem cósmica das coisas, o Caminho do Céu, para usar o termo de Confúcio. Todo o resto decorre dessa responsabilidade para com aqueles que vieram antes de nós. Essa é a raiz da humanidade próspera.[9] É a raiz da dignidade do eu, a paz da vizinhança, a paz de todos. É assim que o eu é cultivado. É assim que a comunidade prospera. É assim que a ordem política é estabelecida e sustentada.

Mas o que acontece se alguém rompe a conexão entre raiz e galho e se a própria raiz apodrece? A história está cheia de exemplos de lealdade à família levando a roubos, assassinatos e até mesmo ao tipo de rebelião e colapso social que Confúcio temia. E não há motivo para achar que apenas as famílias podem se desgarrar. Os governos também fazem isso. Quem pode garantir que toda a nossa civilização não virá a perder o Caminho? Para Confúcio, essas fontes locais de responsabilidade são apenas intermediárias e jamais poderão suplantar a fonte definitiva de responsabilidade: o Caminho do Céu.

Se o que realmente importa é o Céu, então não seria melhor cortar os intermediários e deixar o Céu falar por si mesmo?

A promessa mais importante que você não se lembra de ter feito

As revelações de Maomé começaram com sonhos durante a noite. Mas não eram sonhos comuns. O que ele sonhava se tornava real à luz do dia. Era uma coisa estranha, para dizer o mínimo. Então, cada vez mais, ele queria ficar sozinho. Deixava a esposa e ia para o ermo durante dias, para cultuar a Deus. E então, num desses retiros, tudo mudou. Na caverna de Hira, um anjo apareceu e ordenou três vezes: "Recite!" Como muitos profetas humildes antes dele, Maomé contestou, recusando-se duas vezes. Na terceira foi dominado. A revelação começou a chegar: "Recite em nome do seu Senhor que criou, criou o homem de um coágulo de sangue."[10]

Ao sair da caverna, Maomé estava abalado e em dúvida. "O que há de errado comigo?", perguntou à sua esposa. Cadija lhe garantiu que ele era um homem bom; Deus não iria envergonhá-lo. E o levou ao primo dela, que também o encorajou. As revelações continuaram. A vida de Maomé não era mais dele. Talvez nunca tivesse sido.

O Corão – o livro que, pelo que nos dizem, resultou dos encontros que Maomé teve com Deus durante um período de anos – contém uma história impressionante sobre a responsabilidade Smokey. Bem no início, quando Deus criou os seres humanos, antes que qualquer um deles pisasse na Terra, Deus lhes perguntou: "Não sou o seu Senhor?"[11] Absolutamente todos responderam que sim. E Deus deixou claro que ninguém que desobedecesse às Suas ordens poderia alegar ignorância.

Antes de entrarmos nesta vida, pelo que as visões de Maomé o levaram a acreditar, reconhecemos o domínio de Deus e nos comprometemos diante d'Ele a viver segundo Suas ordens. Você pode não lembrar, mas o Corão diz que isso aconteceu. E – quer você lembre ou não – a responsabilidade resultante é real. Não há como escapar dela. Esse é o xis da questão. No Dia do Juízo não será possível dizer que você não sabia.

Segundo o Corão, *não* somos agentes soberanos. Não podemos simplesmente fazer o que quisermos. Precisamos prestar contas a um juiz que tem autoridade sobre nós pela virtude de nos ter criado, uma autoridade que já reconhecemos. E mais: segundo muitas interpretações muçulmanas convencionais do Corão, de certa forma você *realmente* se lembra disso.[12] Pelo menos levemente. Sabe sua consciência? Aquele sentimento incômodo de certo e errado? É o eco fraco do compromisso esquecido que você assumiu e da sua responsabilidade subsequente de fazer o que Deus manda. Bem no fundo você sabe a quem prestar contas. Essa é uma informação e tanto. O que devemos fazer com ela?

Se nossa responsabilidade por viver de determinado modo parece um compromisso que não nos lembramos de ter assumido, provavelmente chegamos a uma ideia crucial. Essa é uma característica básica da responsabilidade Smokey. Ela surge de um lugar diferente das nossas escolhas. Ela surge sem que a gente peça. Surge mesmo quando não a queremos. Simplesmente faz parte do que significa ser humano.

Muitos de nós, como já discutimos, levam a vida presumindo que, no fim das contas, prestam contas a si mesmos. Imaginamos que somos senhores do nosso destino – pelo menos das nossas aspirações, ainda que não da realização delas. E quer tenhamos feito ou não uma promessa a Deus antes de entrar nesta vida, se levar essa possibilidade a sério ofende nosso senso de "soberania", então isso já significa muita coisa.

Todas as vezes que ministramos o curso Life Worth Living, nós nos certificamos de levar essa história a nossos alunos. E não a apresentamos apenas como uma história. Nós os encorajamos – e encorajamos você – a pensar: e se fosse verdade? E se *for* verdade? E se, em última instância, você presta contas a *Deus* pela maneira como leva sua vida? O que você precisaria fazer diferente? Assumir essa postura em relação a novos pontos de vista pode ser difícil, mas nossa experiência ministrando o curso sugere que isso vale a pena. É nesse espírito que queremos que você interprete essa passagem do Corão e cada perspectiva que apresentarmos neste livro. Convidamos você a se fazer a pergunta de novo e de novo: Se isso fosse verdade, o que eu precisaria fazer diferente?

A lei interior

Confúcio diz que prestamos contas às tradições que atravessamos. Maomé diz que prestamos contas ao Deus que nos criou. Ambos nos poupam da ameaça da arbitrariedade encontrando um Smokey fora de nós. Mas será que não haveria um modo de prestarmos contas a nós mesmos sem cair na arbitrariedade? Não existe alguma coisa confiável dentro de nós – não algo que veio dos nossos pais ou de Deus, mas alguma coisa forte que é nossa enquanto seres humanos – à qual poderíamos prestar contas?

Immanuel Kant (1724-1804) achava que sim. Ele acreditava que a razão é nossa qualidade definidora como seres humanos. E que prestamos contas à razão dentro de nós. Uma vida moral é aquela que segue as ordens da razão. Como Kant acha que a razão é universal, a responsabilidade aqui é a mesma para todas as pessoas. Não há espaço para arbitrariedade.

Segundo a visão kantiana, a razão é diferente dos sentimentos, das inclinações e dos desejos e está acima deles. Mas não está fora de você. Você é fundamentalmente um ser racional. A razão é sua. E isso significa que, quando a razão ordena alguma coisa – "Diga a verdade!" ou "Cumpra sua promessa!" –, é realmente você quem está dando a ordem a si mesmo. Na terminologia de Kant, você é "autônomo", palavra originária do grego que significa "regido por leis próprias".

A visão de Kant sobre a autonomia moral tem uma influência incrível na era moderna. Mas é claro que existem nela desafios significativos. Por um lado, afirmar que os seres humanos são essencialmente seres racionais e que a dignidade humana resulta da nossa racionalidade parece negar dignidade às pessoas com capacidades cognitivas limitadas. Por outro lado, a razão supostamente universal de Kant pode parecer um tanto restrita, a julgar pelos hábitos e inclinações de um homem europeu bem-educado e rico.

Se a ideia de responsabilidade kantiana lhe parecer interessante, você precisará encontrar boas respostas a esses desafios. Mas isso serve para qualquer resposta à pergunta sobre a quem prestamos contas. Já vimos, por exemplo, que a proposta de Confúcio enfrenta o problema das tradições deturpadas. E os que aceitam o relato do Corão precisam admitir a possibilidade de não nos lembrarmos de ter feito uma promessa primordial a Deus simplesmente porque ela jamais aconteceu.

Abraçando o urso

A responsabilidade Smokey é um assunto sério – e também desconhecido para muitos de nós. Pode ser tentador evitar esse tema completamente, mas, se somos *mesmo* responsáveis perante alguém ou alguma coisa, somos responsáveis independentemente de percebermos isso ou não. É assim que a responsabilidade funciona.

Sem um senso de responsabilidade Smokey ficamos com a ameaça da arbitrariedade. Somos "livres" para agir como quisermos, mas o que fazemos pode não ter importância. Se você sente uma pontada quando pensa nessa ameaça, então já sentiu o gostinho da Pergunta. Talvez jamais se convença de que existe uma fonte real de responsabilidade, e nesse caso a Pergunta para você é se existe um sentido a ser encontrado mesmo assim. Por outro lado, pode ser que você tenha uma forte sensação de que o que mais importa não pode ser arbitrário. Nesse caso você precisará enfrentar a ideia de uma fonte de responsabilidade. Essa fonte será algo que cada um de nós terá de aceitar individualmente (lembre-se do "só você"). Mas aceitá-la significa reconhecer que ela nos faz uma reivindicação definitiva – uma reivindicação que se faria presente mesmo se a ignorássemos. O que pensamos dessa fonte pode ter muito a ver com nossa visão geral das coisas: quem somos, quem é (ou não) Deus, de onde viemos, para onde vamos (ver Capítulo 8). Talvez precisemos voltar à questão da prestação de contas à medida que essa visão geral ficar mais clara. Enquanto isso, alguma resposta provisória fornecerá uma base para todas as demais perguntas que fizermos aqui.

É o nosso entendimento da responsabilidade Smokey que preenche a possível lacuna entre a vida que queremos e a vida que vale a pena viver. Sem ele, só restam nossos desejos. As questões de valor – de valer a pena – só aparecem quando levamos a sério a possibilidade de prestarmos contas a alguém ou a alguma coisa para além dos nossos desejos – seja a família, Deus, a razão ou uma coisa totalmente diferente. É a responsabilidade Smokey que dá força ao "deveria" das perguntas que vamos fazer.

Assim, enquanto começamos a formular seriamente a pergunta sobre a boa vida, pare um pouco e reflita: a quem, afinal, você presta contas?

SUA VEZ

1. Volte ao "inventário de vida" que você fez nas páginas 25 a 27. A pessoa que você vê nesse inventário presta contas a quem? Pode ser necessário escavar um pouco mais para perceber isso, mas que fontes de responsabilidade (no sentido da visão Smokey) parecem estar por trás da sua vida como você a vive neste momento?

2. A quem *deveríamos* prestar contas? A quem ou a que você presta contas em última instância? Quando você pensa não apenas em uma escolha ou outra, mas na sua vida como um todo, de quem são as perspectivas que servem para avaliar se está vivendo uma vida digna da nossa humanidade compartilhada?

3. Como suas respostas às perguntas 1 e 2 se alinham? Você está vivendo à luz da responsabilidade que reconhece? Se não, como sua vida seria se você vivesse assim? Tenha cuidado. Esse tipo de pergunta pode levar muito facilmente a "resoluções de ano-novo". Não é esse o objetivo. Como veremos no Capítulo 15, as resoluções estão condenadas ao fracasso se tentarmos usá-las para viver nossas ideias mais profundas sobre a Pergunta. O objetivo aqui não é escrever uma lista de coisas a fazer. É ter um vislumbre do tipo de vida que você espera viver.

QUATRO

Como é a sensação de uma boa vida?

Essa é uma pergunta meio idiota, não é? É uma sensação *boa*. Talvez uma dor ou uma dificuldade emocional tenham seu valor de vez em quando. Mas o que todos queremos é uma vida boa.

Vamos supor que isso esteja certo. Nesse caso, o que significaria se sentir bem? Parece mais uma pergunta idiota... A diferença entre sentir-se bem e sentir-se mal é como a diferença entre o dia e a escuridão da noite. É óbvia. A frase do juiz da Suprema Corte norte-americana Potter Stewart sobre pornografia é famosa: "Eu sei o que é quando a vejo." Bom, quando se trata de se sentir bem, sabemos o que é quando *sentimos*. Se o seu sentimento parecer bom para você, é isso que importa. Que outra pessoa poderia ser o juiz em relação a isso?

De todo modo seria útil ter uma palavra para descrever "a qualidade de um sentimento que faz com que ele pareça bom". Vamos chamá-la de "prazer". E vamos chamar o oposto de "dor".

Assim, parece que a boa vida tem muito prazer e o mínimo de dor possível. Mas provavelmente não queremos ter todo o nosso prazer ao mesmo tempo e depois viver o resto da vida numa monotonia chata. Queremos uma vida que seja feliz por muito tempo. Se existe uma descrição sensata para a sensação de uma boa vida, é essa. E por acaso ela conta com grandes defensores filosóficos.

Dominó e poesia

Era o verão de 1822 e Jeremy Bentham (1748-1832) queria que os governos esclarecidos do mundo soubessem que ele estava disponível. Se algum deles quisesse adotar a constituição mais avançada, logicamente coerente e filosoficamente robusta já produzida pela humanidade, ele era a pessoa indicada. E tinha as cartas de recomendação para provar.

Para divulgar a notícia, Bentham escreveu um texto com o delicioso título "Proposta de codificação, dirigida por Jeremy Bentham a todas as nações que professam opiniões liberais; ou ideia de uma proposta de um corpo de leis totalmente abrangente, com um acompanhamento de motivos". Esse pode parecer o título de uma coleção de arengas loucas, mas Bentham era um dos intelectuais mais respeitados do seu tempo – um pensador sério com um projeto sério.

Quando publicou a "Proposta de codificação", aos 74 anos, já detinha a reputação de importante reformador social (contra a escravidão, contra a pena de morte, a favor da igualdade para as mulheres) e tinha apresentado seus pontos de vista em vários livros e artigos muito bem avaliados.

A filosofia de Bentham é conhecida como *utilitarismo*. Ela ganhou um número enorme de seguidores, especialmente no mundo anglófono, e permanece muito influente até hoje. Mesmo sem saber, praticamente todo comentarista de economia na TV presume que o utilitarismo é verdadeiro. É a filosofia que está por trás de toda a maximização do crescimento que eles professam. É a filosofia que dá algumas credenciais intelectuais de peso à nossa popular ideia de qual é a sensação da boa vida.

Há um princípio simples no cerne do utilitarismo de Bentham: "O bem é o prazer ou a ausência de dor. [...] O mal é a dor ou a perda do prazer."[1] Traduzindo da linguagem do século XIX: o prazer é bom. Assim, as coisas que levam ao prazer são boas. E as coisas que nos levam a perdê-lo são ruins. Além disso, a dor é ruim e as coisas que levam à dor são ruins. E as coisas que nos levam a evitá-la são boas. Nada afora isso é bom. Nada afora isso é ruim.

Além do mais, prazer é apenas prazer. Essa ideia se opunha a um desgastado preconceito cultural daqueles tempos. Bentham vinha de uma família rica numa cultura notoriamente esnobe. Boa parte dos seus colegas considerava óbvio que alguns prazeres eram mais "elevados" do que outros. Poesia, música orquestral, pintura, jardinagem ornamental (imagine só!) – todas essas artes mais "intelectuais" e "refinadas" eram consideradas melhores do que os prazeres vulgares das massas. Bentham reagiu. "Preconceito à parte", disse ele, "o jogo de dominó tem o mesmo valor que as artes e ciências da música e da poesia."[2] Era até possível que os jogos de bar tivessem tornado as pessoas mais felizes do que a poesia jamais conseguiu. Isso era o mesmo que dizer a um cinéfilo que *Batman vs Superman: A origem da justiça* (que recebeu 63% de aprovação do público e 29% da crítica, segundo o Rotten Tomatoes, e rendeu 874 milhões de dólares em todo o mundo) é mais valioso do que *Ave, César!*, dos irmãos Coen (44% de aprovação do público e 86% da crítica, com faturamento global de 64 milhões de dólares).[3] A avaliação dos críticos não importa. O que importa é a quantidade total de prazer que todos os espectadores combinados desfrutam ao assistir a um filme. Para Bentham, um prazer é um prazer e pronto. Chamemos isso de "princípio do dominó".

Tudo isso se relaciona de perto com a visão comum que discutimos anteriormente. O que faz com que um sentimento seja bom? A experiência do prazer. Quem pode julgar? Quem está tendo a experiência. Bentham tinha até mesmo sua própria visão do princípio do "máximo possível pelo maior tempo possível". Ele oferece um cálculo simples para determinar quão boa seria uma ação: quanto mais intenso e duradouro o prazer que ela causar, melhor a ação. Ele acrescenta pontos de bonificação para ações que rendam prazer mais cedo, que garantam com mais certeza o prazer que prometem, que provavelmente provocarão prazeres futuros depois do efeito imediato e que tenham menor probabilidade de produzir dores futuras.

A abordagem utilitarista básica é de uma elegância simples. Ela reduz todas as possíveis coisas boas a uma só: a experiência do prazer. O que importa é quanto disso você pode obter. A questão da vida boa é uma questão de aritmética. Todas as coisas boas podem ser somadas e todas as coisas ruins podem ser subtraídas. O truque, quer você seja um indivíduo ou todo um país em busca de uma nova constituição, é organizar as coisas de modo a maximizar a soma. A isso Bentham chamou de "princípio da maior felicidade": faça aquilo que trouxer mais felicidade.

Qual é a sensação da boa vida? Para Bentham, assim como para muitas pessoas hoje em dia, é uma sensação boa. É uma vida de prazer com o mínimo de dor. E o lugar de onde vem o prazer é diferente para pessoas diferentes.

Só que, por mais que essa resposta possa parecer objetiva, apenas uns poucos que pensaram seriamente a respeito concordam com ela.

O olho de Subha

Dizem que há muito tempo, na época do Buda, uma monja chamada Subha estava indo à floresta estudar e meditar quando foi parada por um homem com más intenções. Ela o repreendeu e ele começou a desferir o que se poderia chamar de cantadas sofríveis no antigo Sul da Ásia. Falou sobre as flores e as joias que daria a ela, sobre os perigos da floresta e o luxo do palácio onde iriam morar, que o cheiro da cama dele era bom (!) e que uma vida de monja seria o desperdício de um corpo lindo como o dela. Foi persuasivo... só que não. Um exemplo particularmente digno de repulsa: "As árvores estão cobertas de flores como pelos corporais eriçados. Elas parecem gemer de prazer quando a brisa sopra."[4]

O cerne da sua proposta rocambolesca era: *Você teria muito mais prazer comigo do que levando uma vida de monja na floresta.* ("Que deleites de amor haverá para ti se entrares sozinha na floresta?") *Porém comigo* [uma piscadela]...

Sem se impressionar, Subha repreendeu o pretenso sedutor lembrando a ele que um corpo lindo é apenas uma coleção de partes que em algum momento vão desmoronar e perecer.

Seguindo uma longa linha de assediadores sexuais que ignoram uma rejeição muito clara, o homem tentou outra abordagem: elogiar os olhos de Subha. (Parece que isso já era cafona há 2.500 anos.)

Subha ainda não estava nem um pouco convencida. Não apenas porque não achava o tal homem atraente, mas porque tudo que ele considerava sedutor ela achava desagradável.

"Fico feliz de ir a um lugar deserto", disse a ele. O motivo era que ela não estava buscando o prazer, e sim a equanimidade, um estado de consciência que permaneceria calmo como as profundezas do oceano, não importando o que acontecesse na superfície. "Minha atenção permanece firme no meio das repreensões e dos elogios, da felicidade e do sofrimento. Enquanto isso, o senhor está risivelmente apaixonado por meus olhos. Que são simplesmente um bocado de matéria nojenta e aquosa de onde escorre muco leitoso!"

Para demonstrar seu distanciamento da dor corporal e do prazer, além do ridículo da fixação do homem em sua beleza, nesse momento – sério, é assim que a história é contada – Subha arrancou seu olho e o entregou ao galanteador, dizendo: "Se gosta tanto do meu olho, pode ficar com ele."

O homem se arrependeu na mesma hora e pediu perdão. Subha foi até o Buda e, quando o avistou com o olho que restava, seu olho perdido foi restaurado.

A história de Subha chega a nós numa coletânea de poemas sobre as primeiras mulheres budistas, o *Therīgāthā* (Poemas das mulheres antigas). Esses escritos contam as histórias e experiências de mulheres que alcançaram a iluminação através dos ensinamentos do Buda. Um tema comum é a rejeição delas a um tipo de felicidade mundana baseada no princípio de "máximo de prazer possível pelo maior tempo possível". Tentadas com sexo, riqueza, segurança e amor, as mulheres frequentemente respondiam: "As coisas que você considera prazer não o são para mim."[5]

Essas mulheres enxergavam uma forma de sentimento diferente, mais elevado: o contentamento que vem da iluminação, o estado de libertação do ciclo do desejo. Não se trata apenas de uma quantidade maior de prazer, mas de um tipo de sentimento totalmente diferente. O prazer de obter o que se deseja é quente, ardente, passional. O contentamento da iluminação é fresco, calmo, pacífico.

De fato, o contentamento da iluminação é experimentado num nível de consciência totalmente diferente daquele do prazer e da dor do desejo. É uma calma que transcende os sentimentos imediatos, uma experiência de não estarmos ligados a esses sentimentos, de não estarmos investidos neles. Não é que Subha não sinta a dor de arrancar o próprio olho. É que a dor não a perturba num nível profundo. E o problema do prazer não é que ele provoque um sentimento bom. É que ficamos investidos nele nos sentindo bem. Ele afasta nossa atenção do que realmente importa. Ele nos leva a focar demais em nós mesmos e no que vai satisfazer nossos desejos. O prazer pode até mesmo nos impelir, como impele o assediador de Subha, a enxergar outra pessoa como apenas um instrumento para satisfazer nossos desejos.

De modo crucial – e nunca é demais enfatizar isso –, o que Subha e as outras mulheres do *Therīgāthā* estão dizendo não é que elas simplesmente prefiram um tipo de sentimento bom diferente daquele que seus pretendentes, familiares e sedutores desprezíveis estão oferecendo. Não, elas estão dizendo que o sentimento de iluminação é melhor que o do prazer porque é uma reação mais adequada à condição humana.

Segundo os ensinamentos do Buda, todo o ciclo de desejar, buscar, obter o que se deseja e depois desejar de novo é "inquietante" ou "sofrido" (*duhkha*). É algo ruim. Pior ainda: está entranhado no processo do carma. As ações provocam recompensas, boas para as boas, más para as más. Quando morremos, renascemos num estado que beneficia nosso equilíbrio cármico: como um animal ou um príncipe, como um deus ou um fantasma, ou mesmo no inferno. Então morremos de novo e renascemos de novo. O ciclo continua, sem fim. Segundo o Buda, essa coisa toda é *duhkha*. Seguir o caminho do Buda e alcançar a iluminação é o único modo de superar o problema, e de uma vez por todas. Claro, podemos e devemos nos sentir bem (até mesmo ótimos!) em determinados momentos dentro do ciclo, mas isso jamais dura. Para as mulheres do *Therīgāthā*, o sentimento da boa vida é o contentamento de seguir esse caminho e, acima de tudo, alcançar a iluminação.

Algo mais maravilhoso

Em 18 de fevereiro de 1895, John Sholto Douglas, marquês de Queensberry, entrou intempestivamente no clube Albermarle, em Londres, e exigiu ver Oscar Wilde. Ao ser recusado, ele deixou um cartão com os seguintes dizeres: "Para Oscar Wilde, que posa de sondomita [*sic*]."[6] Como, na época, a chamada sodomia era crime na Inglaterra, o cartão representava uma acusação pública de um crime. Assim, ou Wilde era culpado do crime, ou Queensberry era culpado de difamação.

Furioso, Wilde processou Queensberry. O problema foi que a defesa de Queensberry conseguiu reunir provas amplas de que Wilde de fato tinha o comportamento alegado. Vários julgamentos mais tarde, Wilde foi acusado de "atos de indecência grosseira" e condenado a dois anos de trabalhos forçados. Um dos escritores mais famosos da Europa se viu subitamente na prisão com condenados comuns. A única coisa que o distinguia dos outros era que todo mundo na Inglaterra sabia que ele estava ali – e por quê.

A coisa toda havia começado por causa do relacionamento de Wilde com o filho de Queensberry, lorde Alfred Douglas. No banco frio da sua cela na cadeia de Reading, Wilde escreveu um texto longo e sinuoso. Era estruturado como uma carta para Douglas, mas Wilde pode ter pretendido que algumas partes tivessem publicação mais ampla. Na verdade o texto foi publicado após a morte de Wilde, com o título *De Profundis* (Das profundezas, em latim).

Examinando seu relacionamento com Douglas, Wilde se censurou por se deixar ser apanhado no prazer sem sentido.[7] (Um personagem numa peça de Wilde diz sobre si mesmo: "Posso resistir a tudo, menos à tentação."[8] Ficamos com a sensação de que a força de vontade de Wilde tinha uma falha semelhante.) Os dois tinham desperdiçado os dias com refeições de três horas e intermináveis garrafas de champanhe, concertos e conversa fiada.

Tudo isso se encaixava bem na filosofia de Wilde antes da prisão. Ele era um hedonista, pura e simplesmente. Vivia para o prazer. "Eu queria comer do fruto de todas as árvores no jardim do mundo", diz.[9] "Enchi minha vida até a borda com prazer, como alguém poderia encher uma taça de vinho até a borda."[10]

Pode parecer que Wilde está nos preparando para uma grande reviravolta. *Antigamente eu me dedicava ao prazer, mas agora vejo que estava errado! Abandono tudo isso – até a última gota!* Mas Wilde *não* rejeita os prazeres da vida abastada. Não nega que eles eram bons, a seu modo. "Não me arrependo nem por um instante de ter vivido para o prazer", diz.[11] "Fiz isso plenamente, como deveríamos fazer tudo que fazemos."

Dito isso, quando Wilde pensa na vida depois da prisão, não planeja voltar aos dias extravagantes e às noites loucas. Esses prazeres tiveram o seu tempo. Pertencem ao passado. De agora em diante ele ficará perfeitamente feliz tendo apenas sua liberdade, bons livros e a beleza da natureza. Ele mal pode conter a empolgação pensando nos lilases que estarão florindo quando for libertado.[12]

Existem prazeres mais silenciosos, mais calmos, porém *profundos*. Agora Wilde vê que nem todos os prazeres são iguais. Alguns são "insensatos". Esvoaçam num capricho. E, ainda que para eles possa existir um tempo e um lugar, não estão no âmago do que é uma boa vida. A felicidade que Wilde busca depois da prisão é uma felicidade que tem "sentido". É a ressonância jubilosa entre seu ser e a ordem cheia de tensão da vida. Ele afirma que o dominó não é equivalente à poesia. E, por maior que seja o prazer da fama, simplesmente não está à altura das flores no campo.

Mas Wilde vai mais longe. Tanto a cultura popular quanto Bentham e Subha concordam que, independentemente de qual seja a sensação da boa vida, de certa forma ela é uma sensação boa. Se a sensação for ruim, a vida não é boa. Wilde discorda.

Ele diz que a tristeza é a "emoção suprema" que os seres humanos são capazes de ter. O problema de sua busca total do prazer não era a parte do prazer. Era que ele ignorava a tristeza. Ele se separava dessa emoção suprema.[13]

A vida fácil e bem-sucedida de Wilde tinha despencado de vez. Quando ele examinou os destroços em sua cela de prisão, viu algo surpreendente. Viu um sofrimento profundo que perpassava as coisas: "O segredo da vida é o sofrimento. É o que está escondido por trás de tudo."[14] A vida é repleta de decepções, fracassos, relacionamentos rompidos, feridas não intencionais. E Wilde está convencido de que não é possível nos livrarmos de todo esse sofrimento. Ele está entranhado no mundo. A reação adequada a esse segredo é a tristeza. A tristeza é sagrada, porque está em contato com o sofrimento que perpassa o mundo.

Em outras palavras, a tristeza é verdadeira. Ela ecoa dentro de nós a própria realidade da vida. E a verdade é o coração da beleza. O que significa que a tristeza é linda. E é isso que a torna fundamental para a boa vida no novo entendimento das coisas para Wilde.

As últimas linhas da carta de Wilde para Douglas dizem: "Você veio a mim para aprender o prazer da vida e o prazer da arte. Talvez eu tenha sido escolhido para lhe ensinar uma coisa muito mais maravilhosa: o significado da tristeza e de sua beleza."[15]

Wilde jamais diz que a tristeza é agradável. A sensação não é boa. Mas é *maravilhosa*. E uma boa vida deve incluir uma dose considerável de dor. É por isso que para Wilde a sensação da boa vida é esta aqui: *Tudo que seja verdadeiro para a vida em todo o seu esplendor, todo o seu sofrimento e tudo que há entre uma coisa e outra.*

Então como é a sensação?

Bentham, Subha e Wilde nos dão três respostas muito diferentes para descrever a sensação da boa vida. Parece que, afinal de contas, a pergunta não é tão idiota assim. Ela exige sua atenção.

Não podemos responder a essa pergunta por você. Não podemos responder a *nenhuma* das perguntas por você. (Lembre-se do que discutimos sobre responsabilidade: "Só você...") Mas podemos oferecer alguns conselhos. Existem algumas coisas que você deve levar em consideração ao responder a cada pergunta, caso contrário deixará de perceber uma parte importante do quadro geral.

Eis o que podemos aprender com Subha e Wilde: ambos negam que nossas sensações nos dizem de modo direto qual é a sensação da boa vida. Negam que a satisfação dos nossos desejos basta. A sensação de uma boa vida tem a ver com entrar em sincronia com algo profundo relacionado ao mundo – não somente com obter o que desejamos.

Isso significa que é pelo menos imaginável que as supostas emoções negativas façam parte da boa vida. Pense nisso. Talvez ficar triste de vez em quando não seja simplesmente aceitável, mas uma coisa *boa*. Porque talvez o mais importante não seja nos sentirmos de determinado modo, mas estarmos conectados do modo certo ao mundo – por exemplo, optando por chorar com uma pessoa amiga que perdeu um ente querido.

E tudo bem discordar disso. Vá em frente. Como dissemos, você é quem sabe. Você pode apostar em Bentham. Pode dizer que tudo que importa é que a sensação seja boa. Muitas pessoas inteligentes fizeram isso. Mas, nesse caso, saiba do que você está abrindo mão: seria melhor que as experiências de tristeza jamais tivessem acontecido na sua vida. De fato, se a tristeza é simplesmente ruim, todas as causas da tristeza são ruins, o que poderia significar que você tem a enorme responsabilidade de prevenir todas as causas potenciais de tristeza. Como veremos nos capítulos seguintes, esse pode ser um impulso poderoso para uma visão exigente de vida moral. Mas sua vida emocional ideal – na verdade, a vida emocional ideal de qualquer pessoa – só estará disponível quando o mundo for perfeito.

Ou talvez não. O princípio do dominó diz que não importa nem um pouco qual seja o prazer. Não importa nem mesmo se ele *tem a ver* com alguma coisa. Se houvesse uma droga que pudesse fazer você se sentir maravilhosamente, espantosamente ótimo sem motivo algum, sem qualquer consequência negativa, isso seria tão bom quanto a alegria de segurar seu recém-nascido pela primeira vez. Ou digamos que a droga pudesse fazer você se sentir bem a longo prazo, independentemente de qualquer coisa. Assim, você se sentiria ótimo mesmo se perdesse o emprego, se seus amigos traíssem sua confiança ou se a pessoa amada perdesse um ente querido. Você teria exatamente a sensação da boa vida. Se você realmente adotar o princípio do dominó, não poderá questionar isso.

Então olhe bem para o prazer e pergunte a si mesmo se é isso que você realmente deseja. O que vale a pena querer é apenas a sensação boa? Ou os sentimentos bons que realmente valem a pena são os que *têm a ver* com algo bom? Será que um barato perfeito, engendrado quimicamente, iguala-se de fato à emoção de um primeiro beijo esperado por muito tempo, à satisfação de ter completado uma missão importante ou ao júbilo silencioso de segurar no colo um bebê adormecido?

SUA VEZ

1. Volte ao "inventário de vida" que você fez nas páginas 25 a 27.
   - Que tipos de conexão você identifica entre as circunstâncias (no mundo e na sua vida) e suas emoções principais?
   - Que reações emocionais você gostaria de mudar em si mesmo?
   - Que emoções você deseja sentir com mais frequência ou mais profundamente?

2. Que sentimentos você acha que caracterizam uma vida genuinamente boa?
   - Você acha que podemos avaliar todos os nossos sentimentos de acordo com a quantidade de prazer ou de dor que eles incluem? Por quê?
   - Em que medida é importante para você que seus sentimentos se conectem com alguma coisa verdadeira no mundo?

CINCO

O que deveríamos esperar?

Vários anos antes de vir trabalhar conosco em Yale, uma colega nossa ministrava uma disciplina de faculdade chamada A Boa Vida. Os alunos liam textos de grandes filósofos morais. Refletiam sobre vocação pessoal. Perguntavam sobre o que é certo e errado e o que é importante e fortuito na vida humana.

No fim do semestre nossa colega examinou as avaliações do curso. Como qualquer professor dedicado, ela estava buscando pontos de melhoria. Um comentário (irônico?) de um estudante sobressaiu: "Achei que nessa matéria eu aprenderia muito mais sobre iates."

O imaginário popular costuma equiparar a boa vida à vida extravagante. Quando refletimos sobre a boa vida, entramos num território de iates: mansões fabulosas (no plural!), férias inesquecíveis e barcos muito chiques. Falando assim, parece idiota. Mas existem aqui algumas questões profundas, se olharmos com atenção.

O comentário do estudante aponta para o fato de que a maioria de nós se importa com as condições materiais. Desejamos que o mundo seja de determinado modo para nós. Existe alguma coisa (talvez um monte de coisas) que a gente quer ter. Bom, sempre que temos desejos assim, podemos mergulhar até o nível da autotranscendência e nos perguntar sobre seu valor genuíno. Que circunstâncias vale a pena querer? O que significa uma vida realmente boa? E, como estamos no território de coisas que nos acontecem ou que podemos tentar provocar no mundo – coisas que não estão totalmente sob nosso controle –, esse é o território da esperança. Assim, podemos formular a pergunta do seguinte modo: o que deveríamos esperar?

Por acaso, um número muito grande de coisas que somos inclinados a valorizar entra no cesto da circunstância. Tudo está aqui, a não ser o modo como você se sente (Capítulo 4) e decide agir (Capítulo 6).

Vejamos o dinheiro, por exemplo. Em 2017, 82,5% dos estudantes pesquisados pela American Freshman Survey disseram que era "essencial" ou "muito importante" estar "muito bem financeiramente".[1] Nenhuma outra pergunta recebeu tantas respostas positivas.

O dinheiro é tão importante assim porque é um meio praticamente universal. É um recurso que você pode trocar por praticamente qualquer circunstância. Não existe muita coisa que o dinheiro não possa comprar.[2] O sociólogo Hartmut Rosa observa que nós, pessoas modernas, *realmente* gostamos de coisas como o dinheiro, coisas que são meios eficazes para praticamente tudo.[3] Talvez não tenhamos muita certeza de como responder à Pergunta, mas temos bastante certeza de que, independentemente da resposta que possamos ter algum dia, o dinheiro ajudará.

Quer uma comida deliciosa? Você pode pagar por isso. Quer uma boa educação? O dinheiro contratará professores e desenvolverá um currículo prestigioso. Quer ser saudável? Um bom serviço de saúde nem sempre é gratuito. Um corpo lindo? O dinheiro lhe dará cirurgias plásticas e um personal trainer. Você quer mesmo um iate? Precisará pagar por ele – e, se precisar perguntar quanto custa, é porque não tem o suficiente.

O poder – ou, para usar uma palavra menos agressiva, a *influência* – tem um apelo semelhante. Também é um meio supremo para alcançar qualquer fim. (De fato, o dinheiro é apenas uma forma de influência. Pedaços de papel e cartões de plástico em si não lhe dão nada. Eles induzem outras pessoas a dar ou fazer coisas para você.) Milhões de pessoas estão acumulando seguidores no Instagram e no TikTok na esperança de se tornarem influenciadoras por causa das portas que a influência pode abrir para elas. O mesmo acontece com os empresários e líderes políticos que buscam expandir suas redes. Eles querem ser capazes de mexer os pauzinhos, cobrar favores, pressionar. Isso leva as coisas a serem feitas.

Um impulso semelhante está por trás de um bocado das ideias atuais sobre educação. Em seu sentido mais crasso, a educação se torna simplesmente mais um modo de acumular dinheiro e poder. Em 2019, 33 pais abastados foram acusados de fraude e suborno por pagarem para seus filhos serem admitidos em universidades importantes. Parece que estavam ansiosos para garantir aos filhos o tipo de oportunidade que uma educação de elite supostamente oferece, em termos de ganhos, conexões e influência social no futuro. (E, sejamos honestos, não é exatamente ruim para a reputação de um pai que seu filho entre para uma dessas universidades.)

De modo menos grosseiro, a educação pode ser vista como um caminho para adquirir um conjunto de habilidades que se mostrem úteis mais tarde na vida. Só que, mesmo nesse caso, a educação não é vista como um fim em si. É um meio para (em termos ideais) toda uma variedade de fins possíveis.

Então o que deveríamos esperar? O senso comum diz: a pura eficácia. A capacidade de obter qualquer coisa que você esteja tentando obter. Sua resposta à Pergunta pode mudar, mas se você tiver influência, dinheiro e coisas do tipo, pelo menos sua capacidade de alcançar a vida que você busca permanecerá a mesma. Rosa chama isso de "visão de vida Triplo A", porque se concentra em coisas à disposição, acessíveis e alcançáveis.[4] Mas o que essa visão realmente nos traz? Uma vida quase totalmente consumida por garantir meios. Por acaso os meios têm a propensão de se disfarçar de fins.

Assim como a ideia de que a sensação de uma boa vida é boa, a visão Triplo A tem algumas afinidades (nitidamente limitadas) com pelo menos uma das grandes tradições religiosas e filosóficas. Mas, como você já deve imaginar, outras respostas notáveis lançam uma séria dúvida sobre ela.

O brilho da bem-aventurança[5]

Na adolescência, Aristóteles saiu de casa na cidadezinha de Estagira para viajar à grande cidade de Atenas em busca de sabedoria. Ele procurou a escola do famoso Platão e estudou ali durante vinte anos.[6] Era uma época de mudanças políticas e culturais sísmicas. Várias cidades-estado lutavam por influência, riqueza e prestígio. Os sistemas de governo fluíam. Ao norte, não muito longe da cidade natal de Aristóteles, um novo poder militarista estava ascendendo na Macedônia.[7]

Quando Aristóteles reuniu seus pensamentos maduros sobre a boa vida no livro que conhecemos como *Ética a Nicômaco*, a Macedônia tinha subjugado toda a Grécia. Os antigos modos de vida nas cidades estavam sendo questionados. Alexandre, o Grande, que tinha sido pupilo de Aristóteles quando era garoto, estava comandando enormes campanhas para conquistar o Império Persa no leste. O encontro, mais próximo do que nunca, da cultura grega com as civilizações da Ásia Ocidental e do Egito fazia aumentar o sentimento de incerteza e indefinição.

A Pergunta era mais premente do que nunca.

Aristóteles, como a maioria dos filósofos gregos da época, achava que a resposta mais direta poderia ser dada com uma única palavra em grego: *eudemonia*, que poderia ser traduzida como "prosperidade".[8] É claro que uma resposta tão concisa levanta imediatamente a questão: e o que é isso? A *Ética a Nicômaco* é uma resposta longa a essa pergunta. É uma extensa tentativa de dizer o que significa prosperar. Em sua essência, segundo Aristóteles, *eudemonia* é uma forma particular de atividade. Prosperar é fundamentalmente uma coisa que a pessoa faz.[9]

Mas Aristóteles não acha suficiente identificar a prosperidade apenas como um tipo de atividade. Ele diz que algo mais é necessário: "bens exteriores".[10] Afinal de contas, algumas circunstâncias tornam muito mais fácil agir bem. Coisas como amizade, dinheiro e influência política são "o equipamento adequado" para a ação de prosperidade. Até mesmo Rafael Nadal teria dificuldade para vencer um jogo de tênis sem uma raquete e um par de tênis decentes. E até mesmo a pessoa mais virtuosa acharia difícil agir bem sem os recursos certos. Se o fim vale a pena, vale a pena querer os meios para chegar lá. Assim, segundo a visão de Aristóteles, realmente vale a pena desejar amizade, dinheiro e influência.

É aí que Aristóteles se alinha com o Triplo A: as boas circunstâncias são aquelas que abrem possibilidades. Mas ele se afasta do Triplo A de duas maneiras. Primeiro, ele acha que existe um tipo de atividade muito específico que é bom poder fazer: a atividade virtuosa. Aristóteles não defende acumular meios sem um senso claro do fim para o qual eles serão usados – muito menos adquirir meios obsessivamente sem jamais pensar nos fins para os quais servem. (Embora seja isso que *nós* costumemos fazer.) Segundo, Aristóteles não para na visão das circunstâncias como *meios* de prosperar.

Aristóteles acha que algumas circunstâncias induzem diretamente à prosperidade. Elas não são meramente meios para a ação virtuosa, mas pegam a prosperidade e lhe dão algum polimento, o "brilho da bem-aventurança".

Como exemplos, Aristóteles menciona uma família bem de vida e respeitada, filhos dos quais podemos ter orgulho e beleza. Sem essas coisas, segundo ele, a pessoa terá dificuldade para prosperar. O homem feio e solitário (para Aristóteles é definitivamente um homem – em breve falaremos mais sobre isso) de uma família de má reputação não será necessariamente desgraçado. Ele ainda pode fazer o melhor possível a partir das suas circunstâncias e agir bem. Mas há um teto para sua prosperidade. Sua *eudemonia* sempre será esmagada e mutilada por suas circunstâncias infelizes.[11]

A lista de bens exteriores citada por Aristóteles é bastante reconhecível. Para ele, as coisas que valem a pena esperar são as que as pessoas sensatas numa sociedade funcional valorizam. Em geral são bens humanos sem muita extravagância: as coisas que vêm à mente quando você se pergunta que tipo de vida espera que seus filhos e sobrinhos tenham. Talvez não sejam iates, e sim uma casa confortável, dinheiro suficiente para poder ajudar os amigos e vizinhos (não o contrário), uma família saudável, uma boa reputação, bastante tempo de lazer e assim por diante.

Essas coisas são tão corriqueiras que é difícil imaginar ser contra elas. Mas o Buda fez exatamente isso.

"Surgiu um empecilho"

A perspectiva do Buda para as circunstâncias da vida mudou com o tempo. Quando ele começou a procurar a iluminação, achava que literalmente tudo na lista de Aristóteles era um empecilho para o que realmente importava. Ao descobrir a iluminação, passou a perceber que isso era um exagero. Mas ainda considerava que coisas como riqueza e poder eram distrações do que realmente importava. Para entendermos melhor como sua mente mudou e onde ele foi parar, analisemos o relacionamento do Buda com seu filho.

No dia em que Sidarta Gautama decidiu renunciar à vida principesca e buscar a iluminação, chegaram mensageiros com um anúncio jubiloso do seu pai, o rei: o filho de Sidarta havia nascido. Ao ouvir a mensagem, Sidarta observou: "Surgiu um empecilho (*rāhula*). Um vínculo apareceu."[12] Quando o rei ouviu o que o filho havia dito, decidiu dar um nome ao neto: príncipe Rāhula, o empecilho.

Veja bem, Sidarta não podia enxergar seu filho recém-nascido como uma circunstância *boa* na sua vida. Sua missão recém-encontrada era romper os vínculos do apego e alcançar a iluminação. Os filhos literalmente berram exigindo apego. Para seguir sua visão do bem, Sidarta se sentiu compelido a deixar Rāhula para trás. Até mesmo parar e dar um beijo na criança poderia abalar sua decisão e colocar sua missão em perigo.

Seis anos depois, Sidarta era o Buda. Tinha alcançado a iluminação. Agora oferecia seus ensinamentos a todos que quisessem ouvir.

Seu pai, o rei, ouviu falar daquele feito espantoso com o interesse que se poderia esperar de um pai amoroso. Mandou um mensageiro ao filho, insistindo que ele voltasse e visitasse a cidade que tinha deixado. Na verdade ele mandou o recado doze vezes. Os primeiros onze mensageiros ouviram o ensinamento do Buda, viram a verdadeira natureza da realidade, experimentaram a iluminação e deixaram de transmitir a mensagem do rei. Quando o convite finalmente chegou ao Buda, ele aceitou.[13]

No sétimo dia da estada do Buda na cidade, sua esposa, Yasodharā, mandou Rāhula vê-lo e perguntar pela grande herança que ele havia abandonado, que, por direito, pertenceria ao seu filho único. Afinal de contas, só porque Sidarta tinha deixado para trás a riqueza e o poder, isso não significava que sua família precisasse fazer o mesmo.

O príncipe Rāhula foi obedientemente ao Buda e o acompanhou pela cidade, pedindo sua herança. O Buda refletiu sobre o pedido do jovem. Era perfeitamente razoável. Por direito, a riqueza pertencia ao pai de Rāhula, portanto a herança era realmente de Rāhula. Mas o Buda também viu que essa riqueza levaria o filho ao desejo e ao sofrimento. Dá-la a Rāhula seria colocar sobre ele o fardo de um verdadeiro empecilho. Assim, em vez disso, o Buda decidiu: "Vou torná-lo herdeiro da herança transcendental" – a iluminação.[14] E ordenou o príncipe Rāhula monge.

Desde sua partida até a volta, a perspectiva de Sidarta se transforma. Ele não enxerga mais Rāhula como um empecilho para sua missão. Na verdade, ele ainda não entendia a iluminação que estava buscando, e foi exatamente por isso que vira o filho como um empecilho. Agora, do ponto de vista da iluminação, Rāhula se apresenta como o que realmente é: outro ser humano precisando de sabedoria e libertação do ciclo do sofrimento.

E a riqueza e o poder? Ainda são obstáculos. Ainda são empecilhos.

Tê-los é ruim para a sua vida. Não vale a pena ter essas coisas, quanto mais esperá-las ou buscá-las. Como uma embalagem com ovos podres, o melhor que você pode fazer é jogá-las fora.

Mas o Buda não diz simplesmente quais tipos de circunstância são ruins. Ele dá, sim, uma herança a Rāhula, só que não é a que o rapaz pedira. Em vez de riqueza e poder, o garoto recebe um lugar no mosteiro. De modo concreto, isso significa acesso à verdade (ao Buda e seus ensinamentos), a uma comunidade de outros que buscam entender e viver essa verdade, além de comida suficiente, abrigo e roupas para viver. Uma tigela, um manto, um teto. Amigos verdadeiros. Ensinamentos verdadeiros. Essas são as circunstâncias realmente boas para uma vida realmente boa.

Sidarta começa pensando em quais circunstâncias promoverão o alcance da sua iluminação. E termina preocupado com as circunstâncias não somente de Rāhula, mas de todo mundo que ele encontra. Isso levanta uma pergunta importante: exatamente de quais circunstâncias estamos falando quando perguntamos o que deveríamos esperar?

E a tripulação?

Uma vez o razoavelmente conhecido escritor Frank Conroy foi pago pela empresa Celebrity Cruises para escrever uma resenha elogiosa de um dos seus cruzeiros. A resenha foi publicada com destaque na revista da empresa em meados da década de 1990.[15] Numa passagem ele escreveu:

> Percebi que fazia uma semana que eu não lavava um prato, não preparava uma refeição, não ia ao mercado nem fazia qualquer coisa que exigisse o mínimo de esforço e pensamento. Minhas decisões mais difíceis eram se deveria ir à sessão da tarde de *Uma babá quase perfeita* ou jogar bingo.[16]

Observe o que Conroy retrata aqui como sendo atraente na experiência do cruzeiro: nada de trabalho, de tarefas domésticas, de esforços, de pensamentos. Pense por um segundo no que é necessário para dar essa experiência ao viajante do cruzeiro. Não é que os pratos não tenham sido lavados, as refeições não tenham sido preparadas, os suprimentos não tenham sido comprados... Esforço e pensamentos meticulosos foram aplicados à semana de Conroy. E onde essas coisas estão sendo feitas há pessoas fazendo-as. Não existem apenas passageiros.

As centenas de empregados num navio de cruzeiro geralmente trabalham sete dias por semana durante meses seguidos. Um típico dia de trabalho dura de 10 a 12 horas.[17] Um empregado médio ganhava menos de 20 mil dólares por ano em 2018.[18]

Nem todo mundo gosta de cruzeiros. Eles têm seus pontos negativos e, como ficou claro em 2020, são vetores quase perfeitos para vírus contagiosos. Admitindo tudo isso, a descrição do passageiro de cruzeiro feita por Conroy destila muito bem um certo conjunto de circunstâncias supostamente boas, do tipo que somente algumas pessoas podem ter.

Muitos dos "bens exteriores" de Aristóteles estão nesse cesto. Não é por acaso que Aristóteles imaginou um homem livre, dono de propriedade, quando visualizou uma vida próspera. Ele admitia e até mesmo justificava explicitamente que uma vida de lazer exigia o trabalho de muitas outras pessoas; que na sua sociedade a produção de riqueza para alguns gerava a pobreza para muitos. Que, se todo mundo receber honra, ninguém recebe honra. Resumindo: para que alguns tenham circunstâncias prósperas, outros precisam não tê-las.

Levada ao extremo, a inserção da escassez na própria estrutura das boas circunstâncias pode levar à glorificação absoluta da hierarquia, da exclusão e da competição. Considere o exemplo do filósofo Friedrich Nietzsche (1844-1900). Quando jovem, ele escreveu um ensaio como presente de aniversário para sua amiga Cosima Wagner, esposa do famoso compositor Richard Wagner. No ensaio, Nietzsche argumenta que o maior objetivo da vida é o desenvolvimento de um gênio artístico. Mas isso exige muito tempo sem se preocupar com as necessidades cotidianas da vida.

Assim, Nietzsche conclui: "Para existir um solo amplo, profundo e fértil para o desenvolvimento da arte, a maioria avassaladora precisa ser escravizada à necessidade da vida a serviço da minoria. [...] Às custas dela, através de seu trabalho extra, essa classe privilegiada precisa ser afastada da luta pela existência para produzir e satisfazer um novo mundo de necessidades", ou seja, as necessidades criativas da cultura.[19]

Mesmo se não formos tão longe quanto Nietzsche, que considerava positivo o fato de nem todo mundo ter uma vida boa, aceitar o caráter essencialmente competitivo e escasso das boas circunstâncias pode parecer sensato e realista. Podemos nos pegar dizendo: o mundo é como é. Não há nada de bom em fingir o contrário. Encarar os fatos é algo inteligente e corajoso. Negá-los, na melhor das hipóteses, é dispor-se a parar na base da pirâmide.

E se tudo isso não passar de ideologia? E se for um modo conveniente de nos livrarmos da responsabilidade, para não precisarmos pensar em como surgiram nossas boas circunstâncias ou no que acontece com os outros? E se estivermos colocando nossas esperanças num nível muito baixo quando buscamos as boas circunstâncias apenas para nós mesmos (e para nossos entes queridos e semelhantes)? E se não devêssemos estar esperando somente boas circunstâncias pessoais, mas um *mundo* bom?

O horizonte das nossas esperanças

Saulo de Tarso (século I d.C.) está fugindo por ter tido a mais famosa experiência religiosa de mudança de vida na história. Ele próprio não diz muita coisa sobre isso. Mas os Atos dos Apóstolos, um livro que narra parte da história dele, conta que Jesus apareceu a Saulo numa luz ofuscante que o derrubou do cavalo.[20] Saulo deixou de perseguir os primeiros seguidores de Jesus e passou a ser um deles. Ficou conhecido como Paulo (que significa "baixo" ou "pequeno") e é amplamente considerado a figura mais importante do início do cristianismo. Suas cartas compõem entre um sexto e um quarto do Novo Testamento, a parte da Bíblia que os cristãos acrescentaram às escrituras judaicas.

Paulo estava absolutamente convencido de que Deus perdoara seus pecados, unira-o a Jesus e dera-lhe uma vida nova, mandando-o numa missão para espalhar o evangelho por todo o Império Romano. Ainda que sua vida nova implicasse muitos problemas e dificuldades, ele estava ansioso pela própria ressurreição e pela vida "com Cristo".[21]

Parece que seria bastante fácil para Paulo simplesmente cumprir sua missão e ficar tranquilo com a salvação futura – reduzir Jesus a seu "Senhor e Salvador pessoal", como dizem alguns cristãos de hoje em dia. Mas duas coisas o impediram de fazer isso.

Por um lado, Paulo, como a maioria dos primeiros seguidores de Jesus, era judeu. Ele amava o seu povo e se preocupava vendo como poucos enxergavam Jesus do mesmo modo que ele. Será que isso significava que seu Deus tinha desistido deles ou os deixado para trás? E, nesse caso, de que adiantaria para ele desfrutar da salvação e da vida nova, se o mesmo não acontecesse com os outros? "Pois eu até desejaria ser amaldiçoado e separado de Cristo por amor de meus irmãos, [...] o povo de Israel", escreveu.[22]

Por outro lado, quando olhou em volta, Paulo viu não somente pessoas precisando de redenção, mas o mundo inteiro despedaçado e sofrendo, fora dos eixos, como um membro deslocado e ávido por transformação. Onde deveria haver paz e vida próspera havia violência, conflito e morte. Não era necessária apenas a transferência dos indivíduos para vidas novas e boas, e sim a transformação do mundo numa nova criação e no reino de Deus, onde "justiça, paz e alegria" caracterizariam tudo.[23]

Paulo não achava que tinha o poder de resolver esses dois problemas. Não era ele quem deveria resolver a fidelidade de Deus aos judeus e vice-versa. Tampouco podia curar o mundo fraturado, em decadência. Mas esses problemas ainda eram *importantes* para ele. Uma coisa vital estaria faltando nas boas circunstâncias de Paulo – de fato elas ficariam maculadas, até mesmo apodrecidas, se não estivessem dentro de um horizonte que abordasse esses problemas.

Paulo e os muitos cristãos que concordam com ele não são os únicos a pensar que as circunstâncias realmente boas só podem existir num mundo realmente bom, numa ordem em que a vida de todo mundo (na verdade, a vida de *toda coisa viva*) esteja indo bem.

Há os revolucionários e reformadores na esperança de uma ordem social justa, como Marx e sua visão do comunismo como "a solução genuína do antagonismo entre homem e natureza e entre homem e homem [...], entre existência e essência, entre objetificação e autoafirmação, entre liberdade e necessidade, entre indivíduo e espécie".[24] Ou o ex-presidente dos Estados Unidos Harry Truman e sua visão de "um mundo em que todas as nações e todos os povos estejam livres para governar a si mesmos como acharem adequado e para alcançar uma vida próspera e satisfatória".[25]

Há ativistas ecológicos na esperança de colocar em harmonia o crescimento da humanidade e a preservação do planeta.

Houve Confúcio na esperança de que o Caminho governasse de novo as questões humanas.

Houve utilitaristas a sonhar com um mundo otimizado para a felicidade de todos.

E há muitos, muitos outros, a lançar cada um suas esperanças para além da ilha da própria vida, em direção ao horizonte de um mundo melhorado, renovado ou transformado. Essas perspectivas nos desafiam – desafiam *você* – a pensar se não fomos muito mesquinhos em nossas esperanças, se é possível para algum de nós prosperar sem que todas as coisas vivas prosperem ao mesmo tempo.

Então o que *deveríamos* esperar?

Aristóteles e o Buda nos ofereceram descrições drasticamente diferentes do que seria uma circunstância boa. O relato do Buda revira um monte de intuições razoáveis na nossa cabeça. Você achava que era bom ter muito dinheiro, poder ou reconhecimento social? Pense de novo. Tudo isso não passa de correntes. "As coisas que você possui acabam possuindo você", como diz o *nada* budista Tyler Durden em *Clube da luta*.

Encare a seriedade desse desafio. Não importa se você já obteve sucesso e reconhecimento, se ainda está galgando a riqueza e a fama ou se está apenas se esforçando para pagar seus boletos, pergunte a si mesmo se as circunstâncias que você tem ou espera ter são de fato as que colaboram para uma vida próspera.

Depois que você tiver respondido a essa pergunta, ainda restará a questão do escopo das suas esperanças. Será que todo mundo pode desfrutar do tipo de circunstância que você considera boa ou é preciso haver competição? (Se estiver atrás de fama ou influência, por exemplo, você está mirando em algo competitivo por natureza.) Sua visão é como a de um cruzeiro com Frank Conroy, ignorando abençoada e insensivelmente o trabalho exaustivo da tripulação? Nesse caso, você aceita isso numa boa? Ou será que deveria esperar algo mais grandioso? E grandioso até que ponto? Se tem esperança de ver o mundo inteiro transformado – especialmente se é uma transformação que você não pode produzir –, o que você deveria esperar enquanto isso?

SUA VEZ

1. Volte ao "inventário de vida" que você fez nas páginas 25 a 27.
   - Quantas atividades em que você investe tempo são direcionadas para adquirir dinheiro, poder ou habilidades que você pode usar para alcançar seus objetivos, quaisquer que sejam?
   - Que tipos de bem circunstancial você prioriza, a julgar pelo que você consome?

2. O que *deveríamos* esperar? O que são circunstâncias genuinamente boas? Quanto dessas circunstâncias é suficiente?

3. Onde *deveríamos* estabelecer o horizonte das nossas esperanças? Em outras palavras, até que ponto as boas circunstâncias precisam ser universais para que sejam totalmente boas?
   - Se você está comprometido com um horizonte amplo, até que ponto outras pessoas precisam carecer de circunstâncias boas para que você tenha as suas? Sua visão do que deveríamos esperar acomoda um horizonte mais amplo? Se não, como ela poderia mudar?
   - Se você acha aceitável ou mesmo importante que algumas pessoas careçam de circunstâncias prósperas enquanto outras as acumulam, que argumentos sustentam seu ponto de vista?

SEIS

Como deveríamos viver?

Antes de ver seu cunhado no campo de refugiados, Mohamad Hafez seguia uma direção nítida em sua vida: para o alto.[1] Mais especificamente, acima do horizonte de Houston, no 65º andar de um arranha-céu que ele mesmo projetou. Alto assim. Nascido na Síria, criado na Arábia Saudita, formado nos Estados Unidos, contratado por uma importante firma de arquitetura e encarregado de enormes projetos para empresas gigantes, até então Hafez vinha levando uma vida de sucesso espantoso.

 Enquanto Hafez viajava confortavelmente de avião entre uma reunião e outra, milhões de seus compatriotas sírios fugiam do que restava de seus lares bombardeados. A guerra civil na Síria havia se intensificado ao mesmo tempo que a carreira de Hafez decolava. O pesar por sua terra natal assombrava seu sucesso crescente. Então veio o campo. Sem que Hafez soubesse, seu cunhado, também arquiteto, tinha saído de casa, em desespero, buscando um futuro melhor para sua família, sem saber aonde iria. Foi parar num campo de refugiados na Suécia. Assim que Hafez ficou sabendo disso e foi visitá-lo, tudo virou de cabeça para baixo. De repente a fragilidade da vida entrou em foco. Os fios que o haviam carregado por cima do Atlântico e para longe da Síria bem antes da guerra pareciam tênues agora. Um milhão de coisas poderiam ter acontecido de modo diferente e o deixado ali, refugiado também. O fato de todas aquelas coisas terem acontecido como aconteceram – o fato de ele ter a vida que tinha – parecia uma bênção, mas também uma responsabilidade, uma tarefa, até mesmo um teste.

Hafez sempre havia sido muçulmano. Sempre acreditara em Deus. Sempre praticara a religião, mas no piloto automático. Nunca tinha mergulhado de verdade na fé. A religião ainda não tinha iluminado toda a sua vida.

Depois desse momento, a situação ficou clara. O islã ensina que haverá o Dia do Juízo, em que Deus chamará todo mundo para prestar contas de como viveu. Hafez se imaginou diante de Deus naquele dia. Imaginou Deus perguntando: "Eu lhe dei segurança, educação, talento. O que você fez com tudo isso? O que fez quando a Síria estava pegando fogo?" E imaginou a resposta que teria de dar: "Construí alguns prédios reluzentes para corporações muito ricas." Era risível.

Ele sabia que precisava mudar. Sabia que o sucesso profissional não poderia determinar mais a sua vida. Precisava fazer alguma coisa que beneficiasse significativamente os outros, em especial aqueles que estivessem passando por grandes necessidades. Começou a reduzir suas horas de trabalho e a dedicar cada vez mais tempo a produzir meticulosas maquetes de locais da Síria. Algumas preservam a beleza espantosa da velha cidade de Damasco: mosaicos, pórticos antigos, portas esculpidas de modo intricado. Outras capturam a devastação provocada pela guerra: prédios bombardeados, entulho, vidro quebrado. Permanece apenas o suficiente da beleza para sublinhar a tragédia da destruição da cidade.[2] Além disso, Hafez começou a ministrar oficinas e palestras (inclusive no nosso curso Life Worth Living) e a compartilhar histórias de refugiados com plateias predominantemente ocidentais. E o islã se tornou central em cada um de seus dias, a força propulsora da sua nova missão.

Hafez ainda é arquiteto, mas não é mais o arquiteto da própria vida. Ele se considera um serviçal, um instrumento para aquele que é o Arquiteto supremo. E assim até o que permaneceu igual mudou para sempre. Sua vida ganhou direção e forma completamente novas.

Este capítulo não é sobre o que você pode fazer para ser feliz. Aqui você não vai encontrar dicas nem estudos elegantes mostrando que oito horas de sono toda noite aumentam o bem-estar em relação à vida. "O que vai me fazer feliz?" é uma pergunta sobre meios, sobre como chegar a um fim já determinado: a felicidade. Por outro lado, "Como devo viver minha vida?" é uma questão de propósito. Indaga quais fins você *deveria* buscar. Se você pular direto para a pergunta sobre os meios, responderá automaticamente à do propósito (isto é, "Eu deveria viver de qualquer maneira que me torne feliz").

Este capítulo também não ensina a solucionar dilemas morais. Não pede que você imagine bondes indo a toda a velocidade na direção de pedestres nem barcos salva-vidas vazando. Focar apenas nas situações difíceis nos distrai da visão mais ampla. A vida não é uma série de crises que exigem Feitos Morais Heroicos. Na maior parte do tempo, é uma série de decisões e não decisões aparentemente insignificantes. É composta por hábitos, suposições e mudanças gradativas. Não construímos nossa vida nem a nós mesmos como se fôssemos Stonehenge. Não empilhamos pedras enormes uma sobre as outras. Somos construídos com o tempo, tijolo por tijolo.

Este capítulo também não é sobre o seu plano de vida. Sobre qual carreira você deve seguir. Ou quando e onde você deve se aposentar. Ou se você deve ter filhos. Todas essas decisões são importantes. De verdade. Mas elas só fazem sentido como parte de uma visão mais ampla do tipo de vida que vale a pena planejar. E, além disso, elas são particulares demais – têm muito a ver com os detalhes da *sua* vida – para que um livro como este as aborde diretamente. Elas não têm uma resposta que sirva para todo mundo.

Em vez disso, este capítulo é sobre a direção e a forma da nossa vida. É isso que estamos buscando quando nos perguntamos com honestidade: "Como devo viver minha vida?" Estamos nos perguntando sobre os ideais mais amplos, sobre os valores mais profundos e sobre como eles penetram nos pequenos detalhes. Estamos nos perguntando sobre a noção que temos de uma vida bem vivida, uma vida ideal. Estamos nos perguntando sobre o caminho que trilhamos com todas as nossas atividades – sobre nosso norte verdadeiro. E estamos nos perguntando sobre o cerne de tudo que fazemos – o que o romancista e ensaísta James Baldwin (1924-1987) chamava de nosso "centro moral".[3]

É aí que o "só você" ganha verdadeira importância. É isso que o seu urso Smokey está lhe perguntando quando cutuca seu peito com o dedo. Dentre as grandes perguntas, essa é uma das maiores. E é grande demais para um capítulo de livro, com certeza. Grande demais para um livro inteiro. Provavelmente grande demais para uma biblioteca. É mais ou menos do tamanho de uma vida. Enquanto você puder agir e refletir sobre seus atos, essa pergunta

– a pergunta sobre como você deveria agir – estará com você. Você jamais terminará de responder a ela. Mas precisa começar de algum jeito.

Está pronto?

Alquimia moral

James Madison (1751-1836) tinha um problema. Uma década se passara desde que as treze colônias britânicas da América do Norte haviam declarado independência e quatro anos desde que haviam vencido a guerra que aconteceu em seguida. A primeira tentativa de um novo governo estava fracassando e era necessária uma alternativa. Assim, Madison reuniu 54 outros delegados na Filadélfia para pensarem numa proposta.

O problema era o seguinte: como é possível formar uma boa sociedade a partir de um povo que não é especialmente bom? Os americanos não eram anjos. Madison não tinha essa ilusão. Eram tão indignos de confiança quanto qualquer outro povo, igualmente propensos a mentir, enganar e ferir uns aos outros. (Isso estava claro até mesmo para um homem como Madison, que era moralmente cego a ponto de possuir escravos.) De fato, os americanos nem conseguiam concordar em relação ao que *significaria* ser bom para os outros seres humanos (a escravatura serve de exemplo mais uma vez).

Depois de quase quatro meses de debate, a convenção na Filadélfia conseguiu esboçar uma nova constituição para os Estados Unidos, que tentava enfrentar esse problema com "freios e contrapesos".

Não seriam necessários anjos para fazer o sistema funcionar. Seres humanos comuns, egoístas, serviriam. De fato, o sistema *contaria* com o egoísmo deles. A ambição iria se contrapor à ambição. O Congresso defenderia seus privilégios e impediria o presidente de sair dos trilhos. Cada região do país impediria as outras de sequestrar o interesse nacional. Os eleitores ficariam de olho nos representantes para garantir que não houvesse comportamentos desonestos. Resumindo: "interesses opostos e rivais" fariam o serviço que não poderia ser feito apenas com o bom caráter, na opinião de Madison.[4] Todo mundo simplesmente representaria os seus papéis e a coisa toda funcionaria por si só.

Como pessoas modernas, adoramos esse tipo de solução. Ela promete uma espécie de "alquimia moral". Pegue o material básico do interesse pessoal e o transforme no ouro de uma sociedade funcional – talvez até de uma sociedade "justa".

E é possível perceber esse tipo de movimento em todos os lugares. Veja o problema do valor, por exemplo. Seria dificílimo se precisássemos descobrir o que as coisas *realmente* valem e concordar em relação a isso. Não saberíamos nem por onde começar. Dizem que o mercado resolve o problema para nós. O dinheiro converte incontáveis formas diferentes de valor – conforto, utilidade, segurança, nutrição, beleza – numa medida única, eminentemente contável, e o funcionamento complexo de oferta e procura resulta nos preços. Tudo pode ser comparado. A questão deixa de ser "Quanto isso vale?" e passa a ser "Quanto isso custa?". Nenhum de nós precisa saber o que qualquer coisa realmente vale. Tudo que precisamos fazer é comprar o que se adéqua às nossas preferências e ao nosso orçamento. Da confusão de interações do mercado surge um preço – que não é o mesmo que valor, mas serve.

A alquimia moral também está imbuída no nosso sistema judicial. O trabalho de um advogado de defesa não é buscar a verdade, e sim representar o interesse do seu cliente, mesmo que esse cliente seja culpado. Ele não é diretamente responsável por discernir a verdade. O *processo* deveria investigar a verdade – pelo menos com frequência suficiente para nos sentirmos bem em relação a ele.

A mesma ideia está por trás da política dos grupos de interesse. O seu trabalho como eleitor não é discernir o que é certo e justo para a sua sociedade e para o mundo – é representar seus interesses. As autoridades eleitas, por sua vez, estão lá para lutar pelo que os distritos querem. E o processo deveria transformar isso em algo parecido com equidade e justiça.

É fácil ver por que o processo da alquimia moral é tão atraente. A responsabilidade do tipo "só você" pode ser assustadora. Como poderíamos ser capazes de discernir o bem (valor, verdade, justiça) enquanto a vida nos joga o tempo todo na labuta cotidiana, para não mencionar as crises, as dificuldades e os dilemas que brotam com mais frequência do que desejaríamos?

O problema é que nossa confiança na alquimia moral pode ser infundada, e depender dela pode nos deixar incapazes de fazer o que é preciso quando o sistema falha. Hoje em dia existem muitos motivos para duvidar de que os sistemas democráticos e os livres mercados possam produzir virtude apesar das ações nefastas de participantes malignos. Um mundo ocidental que antigamente acreditava que a linha entre o bem e o mal corria entre a democracia e a autocracia agora se preocupa com autocratas eleitos democraticamente.[5] Cada vez mais vemos que discernir a verdade deixando pontos de vista opostos discutirem não funciona se os dois lados não tiverem algum tipo de compromisso básico com a busca pela verdade. E os livres mercados costumam deixar de perceber componentes cruciais da equação do valor, como as emissões de CO_2 que estão destruindo o planeta. Infelizmente, quanto mais nos apoiamos na alquimia moral, mais nos tornamos dependentes dela. Nossos músculos do discernimento moral se atrofiam. E, exatamente quando precisamos discernir o que é justo ou verdadeiro ou avaliar valores para nós mesmos, descobrimos que nós e a sociedade somos incapazes disso.

Confiar na alquimia moral é uma decisão. É um exercício da sua responsabilidade. Você tem certeza de que é uma decisão boa? Será que não vale a pena pelo menos se fazer algumas perguntas? Por exemplo, como deveria ser uma vida bem vivida? O que seria digno da nossa capacidade de ação (restrita e dependente, é verdade, mas mesmo assim real)?

Não deixe rastros

Um estudante do curso Life Worth Living, em Yale, procurou Matt para falar sobre sua dissertação final. Depois de receber a tarefa de articular sua visão de uma vida que vale a pena ser vivida, o estudante pensara num slogan conciso e inspirador para encapsular tudo: "Não deixe rastros."

O mantra vinha do Serviço Florestal dos Estados Unidos. Se o seu objetivo é manter a natureza intacta, "Não deixe rastros" faz muito sentido. Não dirija veículos recreativos em frágeis dunas de areia. Não pesque num lago até que os cardumes fiquem exauridos. E assim por diante. O aluno queria aplicar essa ética a toda a vida.

Segundo a argumentação dele, os seres humanos são gigantescos drenos de recursos. Nós mineramos mais de 2,5 bilhões de toneladas de minério de ferro e derrubamos 15 bilhões de árvores por ano.[6,7] Levamos à extinção um número incontável de espécies. Nivelamos ecossistemas inteiros para construir nossas cidades e fazendas. Nas interações uns com os outros, competimos e traímos, provocamos privação, dor e trauma. Causamos muito mal.

Friedrich Nietzsche disse que "viver e ser injusto é a mesma coisa".[8] Ele queria dizer que a vida depende inerentemente da destruição de outras vidas. Peixes pequenos comem plâncton. Peixes grandes comem peixes pequenos. Focas comem peixes grandes. As grandes baleias-brancas comem focas. E as bactérias se alimentam das carcaças de todos eles. Para o trigo prosperar num campo não pode haver árvores. A competição e a conquista estão em toda parte.

Nietzsche achava que deveríamos aceitar – até mesmo abraçar – esse caráter "injurioso, violento, explorador e destrutivo" da vida.[9]

Nosso aluno pensava diferente. Ele queria sair disso. Olhou em volta, viu todo o dano que poderia causar e achou que o melhor modo de viver sua vida seria manter esse dano num nível mínimo.

Ele estava dando voz a uma intuição cada vez mais comum. O que nos dá o direito de abrir caminho pelo mundo extraindo, extraindo e extraindo? O que nos torna tão especiais, afinal de contas? A intervenção é perigosa. Tende a causar danos. Talvez devêssemos limitar nossa intervenção, ou pelo menos seus efeitos. Talvez a melhor coisa que possamos fazer com nossa vida seja deixar que os outros existam.

Esse foi o raciocínio de Arjuna, o guerreiro que está no centro do Bhagavad Gita, um texto hindu escrito no primeiro milênio antes de Cristo. O Gita é um diálogo bastante filosófico entre Arjuna e a divindade Krishna. Mas o diálogo acontece dentro de uma cena dramática. Arjuna está para entrar em batalha pelo destino do mundo, no estilo Vingadores. Está lutando do lado do bem contra as forças do mal. É a guerra mais justa que pode existir.

Mas mesmo assim é uma guerra. E, enquanto examina o campo de batalha, Arjuna vê membros da sua família do outro lado. Para vencer a batalha ele precisará matar seus primos. E assim ele desanima da possibilidade de agir com justiça.

Krishna, disfarçado de condutor da carruagem de Arjuna, não se contém: "Por que essa covardia num momento de crise, Arjuna?"[10] O conselho de Krishna começa com um convite simples, mas intimidante: "Olhe o seu dever."[11] Em seguida vêm diversas outras questões (que dão vida aos dezessete ensinamentos seguintes do Gita). Mas por enquanto a resposta simples de Krishna nos desafia: o dever exige que encontremos a coragem para agir mesmo quando o mundo está confuso e os resultados não são claros.

"Não deixe rastros" tem certa lógica. Mas seria espantoso descobrir que a vida que vale a pena é aquela que, pelo menos em termos de impacto, chega o mais perto possível de jamais ter sido vivida. Arjuna aprende a agir de acordo com o dever. No fim das contas, o aluno de Matt seguiu uma direção diferente com sua dissertação. E, se nós também ficarmos insatisfeitos com o "Não deixe rastros", precisaremos responder a duas perguntas. Primeira: como podemos agir do modo correto? Segunda: quem deveríamos levar em conta enquanto fazemos isso? Vamos abordar uma de cada vez.

Sobre consequências, comandos e caráter

Jeremy Bentham (lembra dele?) tem um modo bastante direto de responder à pergunta sobre como podemos agir do modo correto. Ele diz que o prazer e a ausência da dor são as únicas coisas boas em si. Se isso for verdade, uma vida bem vivida é aquela que aumenta o prazer e reduz a dor.

A lógica é bastante simples. Os seres humanos agem de modo a fazer as coisas acontecerem. Boas ações humanas fazem coisas boas acontecerem. Existe algo que é bom em si (o prazer). Quanto mais prazer existe, melhor – não importa de quem ele seja. Essa coisa boa nunca é demasiada. Assim, a atividade humana é boa na medida em que aumente o prazer para o máximo de pessoas possível. Aja de modo a maximizar o prazer do mundo e minimizar sua dor e, *voilà*, você estará vivendo uma vida moral.

Uma característica fundamental dessa abordagem é que ela se concentra nos resultados. O que importa é quanto prazer e quão pouca dor você provoca. No fim das contas é isso que vale. Os filósofos chamam esse tipo de ética de "consequencialista", porque se preocupa com as consequências das nossas ações.

Há uma coisa realmente atraente no consequencialismo: ele não tem tempo para a autojustificação. Você não recebe crédito pelas suas boas intenções.

Você recebe crédito pelo bem verdadeiro que produz. E precisa aceitar a culpa pela dor que provoca.

Um problema do consequencialismo é que, num mundo complexo como o nosso, as consequências não estão conectadas tão facilmente com as causas. Mesmo depois do ocorrido, pode ser difícil identificar qual fator provocou um resultado específico (bom ou ruim). Antecipadamente pode ser quase impossível saber quais serão as consequências dos nossos atos. Corremos o sério risco de ficar paralisados diante de tanta análise.

Pior ainda: na visão consequencialista, você é responsável pelas consequências da sua paralisia. O tempo que você passa tentando desesperadamente descobrir como maximizar sua colaboração para o prazer geral do mundo poderia ser gasto fazendo alguma coisa (qualquer coisa) que aumentasse de fato o prazer no mundo. Mas então o que você deveria ter passado o tempo fazendo? Essa é uma espiral que nos suga muito rapidamente.

Talvez seja melhor encontrarmos um jeito de não precisarmos pesar antecipadamente as consequências das nossas ações. E existem algumas opções, é claro. Vamos avaliar duas: (1) fazer o que manda o Deus de Abraão e (2) nos tornarmos virtuosos.[12]

A HISTÓRIA DO POVO JUDEU começa assim: "O Senhor disse a Abraão: 'Saia da sua terra, do meio dos seus parentes e da casa de seu pai, e vá para a terra que eu lhe mostrarei.' [...] Partiu Abraão, como lhe ordenara o Senhor."[13]

Uma palavra de Deus (uma ordem) e uma ação correspondente por parte de um ser humano (obediência). Deus dá a ordem com algumas promessas: bem-aventurança, boa reputação e muitos descendentes. Mas não explica muito mais que isso.

O tempo todo na história de Abraão (no caminho Deus lhe dá esse nome), Deus instrui e Abraão escuta; Deus lidera e Abraão segue.

Vários séculos depois, segundo a Bíblia, os descendentes de Abraão estavam acampados ao pé de uma montanha no deserto. Deus os havia libertado da escravidão no Egito e agora o líder deles, Moisés, estava no topo da montanha, envolto em nuvens escuras e trovejantes e escutando a voz de Deus. O que ele ouviu foi uma lei, um conjunto de mandamentos (tradicionalmente contados como 613 no total) para todo o povo. Daí em diante, uma vida bem vivida para eles seria uma vida em conformidade com esses mandamentos, na fidelidade a Deus.

Isso mexe com o modo como muitos de nós entendem a religião. Se os mandamentos de Deus abrangem tudo, desde como comemos, o que vestimos, como tratamos o jumento do nosso inimigo, a religião não pode ser apenas uma esfera da vida, na qual ticamos alguns itens e seguimos em frente com outras coisas.[14] Ela abarca a vida inteira. Tudo deve ser moldado pela obediência. "Dê a Ele o que é d'Ele, pois você e os seus são d'Ele", diz o antigo rabino judeu Eleazar de Bartota (séculos I e II d.C.).[15] (Aqui há uma ressonância com a história do Corão sobre a autoridade de Deus que discutimos no Capítulo 3.) Nenhuma circunstância e nenhum projeto humano podem ter prioridade sobre Deus e as instruções d'Ele.

A obediência é exigida "quer todas as coisas estejam sorrindo ao nosso redor ou nuvens escuras nos obscureçam sob suas sombras", reflete a romancista judia Grace Aguilar (1816-1847).[16] Em certo sentido, a obediência em si tem prioridade até mesmo sobre o conteúdo da ação. Diz-se que aquele que recebe a ordem de fazer algo justo e faz é um ser humano maior do que aquele que faz sem receber ordem alguma.[17]

Muitos cristãos também colocaram muito peso em viver em resposta à ordem ou à vontade de Deus. (O cristianismo começou como um movimento judeu marginal. Jesus era judeu. Assim como todos os seus primeiros seguidores.) Paulo, um dos primeiros a tentar converter não judeus ao caminho de Jesus, escreveu a um grupo de cristãos gregos: "O que importa é obedecer aos mandamentos de Deus."[18]

Por que alguém desejaria uma vida assim?

Para começo de conversa, você não precisa deduzir antecipadamente quais serão as consequências dos seus atos. Você pode ser um "não consequencialista". Não precisa deduzir o que produzirá melhores resultados. (Ufa! Que alívio!) O seu trabalho é seguir e deixar o resto por conta de Deus.[19]

Por mais estranho que possa parecer para muitas pessoas modernas, viver sob as ordens de Deus pode provocar um profundo sentimento de liberdade. Os mandamentos dados a Moisés teriam sido gravados em tábuas de pedra. Como nos antigos textos hebraicos só eram escritas as consoantes, a palavra para "gravada" (*charut*) parecia exatamente a mesma que significa "liberdade" (*cherut*). Brincando com essa curiosidade linguística, o rabino

Joshua ben Levi (século III d.C.) disse que deveríamos ler o texto como "liberdade", porque ninguém é realmente livre a não ser que estude a lei de Deus – e obedeça a ela.

Essa não é a liberdade de poder fazer tudo que você quiser. Em vez disso, é a liberdade de *não* ter a ameaça das arbitrariedades, o senso incômodo de que você acabou de decidir, por pura veneta, o que é bom fazer. Nem tudo está por sua conta. Deus, o criador de tudo que existe, estabelece os termos. E é liberdade viver como você deve viver, como você foi criado para viver. Assim, a ordem de Deus pode não somente aliviar o fardo impossível que é calcular as consequências dos nossos atos; ela também pode dar mais peso aos nossos atos do que nossa escolha arbitrária jamais seria capaz de dar.

Esse modo de viver não é fácil. Ele vem à custa (potencial) dos nossos desejos. Considere o exemplo cristão paradigmático. Na noite anterior à sua morte, pouco antes de ser preso, Jesus rezou. Ele sabia o que viria. Sentia que a fidelidade a Deus levaria à morte. Mas não queria morrer. Por isso rezou. "Pai, tudo te é possível. Afasta de mim este cálice; contudo, não seja o que eu quero, e sim o que tu queres."[20] Tudo – até mesmo o desejo intenso, bom, totalmente compreensível, de sobreviver – está subordinado a cumprir a vontade de Deus.

E mais: esse modo de viver é arriscado. Uma das histórias mais perturbadoras da Bíblia começa com outra ordem súbita a Abraão. "Tome seu filho, seu único filho, Isaque, a quem você ama, e vá para a região de Moriá. Sacrifique-o ali como holocausto num dos montes que lhe indicarei."[21] Só para esclarecer: Deus mandou Abraão *matar o próprio filho*.

Isaque era o filho que Deus tinha prometido. Abraão havia obedecido à ordem de Deus e recebido o que o Senhor prometera. E agora Deus estava dizendo: "Devolva-o." O que é realmente incrível é que Abraão vai até Moriá. Chega a levantar a faca, antes de um anjo intervir e mostrar a ele uma ovelha para ser sacrificada no lugar do rapaz.

Bom, essa história levanta todo tipo de questão. Será que Deus pode simplesmente decidir que é bom sacrificar um filho? As ordens de Deus estão acima de outras regras morais confiáveis? As novas ordens de Deus suplantam as anteriores? (Nesse momento da história humana já existia o mandamento divino de não matar.) Abraão estava realmente certo em obedecer? Nesse caso, por quê?

Para nossos propósitos, o ponto importante é o risco inerente a esse modo de vida. E se Abraão tivesse feito o sacrifício e por acaso estivesse errado? E se Deus não tivesse dado essa ordem? O pensamento é horrível.

O risco de entender mal a ordem de Deus enfatiza como o discernimento será fundamental para qualquer modo de vida que coloque as ordens divinas acima de tudo. Precisaremos de práticas que nos afinem com Deus e suas ordens. Quase com certeza elas serão comunitárias. Será uma questão de como discernir juntos, como uma igreja, uma sinagoga, um pequeno grupo de amigos ou um povo inteiro.

Nem mesmo a confiança num conjunto de mandamentos fixos, como os 613 revelados na montanha, pode afastar o risco do discernimento. Sempre haverá a necessidade de interpretação. Afinal de contas, nenhum conjunto de leis pode abordar antecipadamente cada circunstância. De certo modo, os últimos 2 mil anos da tradição judaica são um exercício longo e rico dessa interpretação. Existem estudos e debates, e depois estudos dos debates e debates sobre os debates. Tudo isso em busca de entender os mandamentos de Deus e o que eles significam para a vida num determinado lugar e numa determinada época.

Assim, para muitos que pertencem às tradições judaicas e cristãs (e do islã, cujas raízes também remontam a Abraão), o cerne de uma vida bem vivida é discernir a vontade de Deus e em seguida cumprir essa vontade.

QUANDO O GRANDE SÁBIO CONFUCIANO Mêncio (em chinês, Mengzi; c. 372 a.C.-289 a.C.) olhava um ser humano, via um campo fértil. Quatro brotos surgiam do solo.[22] Se tudo corresse bem, esses brotos cresceriam e virariam árvores fortes e prósperas. A pessoa se tornaria um jardim florido.

Os brotos de Mêncio representavam quatro sentimentos que ele achava que todos os seres humanos possuem de nascença:

1. O sentimento de compaixão.[23] Se você vê uma criança prestes a cair num poço, sente angústia. O problema da criança exige algo da sua parte. Isso é compaixão.

2. O sentimento de vergonha e aversão. Quando era criança, um dos

autores deste livro (não vamos dizer quem) perdeu o privilégio de ver TV justo no dia da semana em que passava *Tartarugas ninja*. Quando chegou a temida meia hora de privação, ele teve uma brilhante ideia. Se ligasse a TV e sua mãe reclamasse, ele poderia simplesmente dizer que tinha se esquecido do castigo. Se ela não reclamasse, ele poderia assistir às doces artes marciais de répteis antropomórficos. A TV foi ligada. É isso aí, malandro. A mamãe não disse nada – até mais tarde, quando ela perguntou calmamente por que ele achava certo se comportar daquele modo. Isso arrancou todo o ar dos seus pulmões. O sentimento de não ter estado à altura de quem ele deveria ser é algo parecido com o que Mêncio chama de vergonha e aversão.

3. O sentimento de modéstia e respeito. Trata-se da nossa tendência a nos submetermos às pessoas que detêm autoridade ou status. As crianças obedecem aos adultos. Nós deixamos a médica fazer a maior parte das perguntas durante uma consulta. Esse tipo de coisa.

4. O sentimento de certo e errado. Todos temos um sentimento básico de "deveria" e "não deveria". Tente tomar o bichinho de pelúcia de um bebê na frente da irmã de 4 anos. Você ouvirá uma reclamação passional, indignada e extremamente alta. Isso é o senso de certo e errado atuando.

Mêncio acha que cada um desses sentimentos cresce para se tornar uma virtude correspondente (ou seja, uma qualidade de caráter). A compaixão se torna *benevolência*, ou atenção ao bem-estar daqueles por quem somos responsáveis. Vergonha e aversão produzem *retidão*, que é a disposição para ações que se encaixam numa determinada circunstância. A modéstia e o respeito amadurecem tornando-se *urbanidade*, que é o modo adequado de realizar interações sociais. E o sentimento de certo e errado floresce em *sabedoria*, o discernimento correto sobre nosso caráter e o dos outros.

Compaixão → Benevolência
Vergonha e aversão → Retidão
Modéstia e respeito → Urbanidade
Certo e errado → Sabedoria

Segundo Mêncio, é da natureza dos seres humanos ter todos os quatro brotos. Mas não há garantia de que o broto chegue à maturidade. (Olhe ao redor. Todo mundo é benévolo, correto, cortês e sábio? Acho que não.) Se você expõe um broto ao sol por tempo demais, deixa ervas daninhas crescerem por cima ou não dá água suficiente, ele vai murchar e morrer. O mesmo acontece aqui, diz Mêncio. Se não cuidarmos dos nossos brotos – se não os alimentarmos nem dermos as coisas de que eles precisam para crescer –, eles não se tornarão virtudes.

O que os brotos mais precisam é de atenção. Precisamos notar esses sentimentos e reforçá-los. Precisamos olhar em volta e ver como eles se aplicam em lugares novos e surpreendentes. Precisamos pensar em suas implicações. Se, em vez disso, simplesmente andarmos por aí fazendo o que der na telha, os brotos vão murchar.

Assim, uma vida bem vivida é aquela que cultiva os brotos para se tornarem virtudes. É uma vida que busca, estabelece e depois segue um determinado tipo de caráter. O objetivo não é minimizar o impacto negativo dos nossos atos. Não é tentar viver sem deixar nenhum rastro. Também não é saber antecipadamente quais serão as consequências de tudo que fizermos. Pelo contrário, o objetivo é nos tornarmos o tipo de pessoa em cujas ações podemos confiar; o tipo de pessoa que sabemos que se comportará bem.

Mêncio focaliza especialmente as virtudes que ele acha que sustentam os bons relacionamentos sociais. Cada ser humano é o que é em sua relação com outras pessoas. As crianças existem em relação aos pais, avós, irmãos e assim por diante. Os agricultores existem em relação a comerciantes, soldados e políticos, e vice-versa. A vida humana é uma rede de relacionamentos. Você pode avaliar a qualidade de uma vida pela qualidade desses relacionamentos. Então como deveríamos viver? Sendo o tipo de pessoa que colabora para bons relacionamentos.

Como fazem tipicamente os confucianos, Mêncio inicia em casa. Viver de modo virtuoso começa por agirmos virtuosamente com quem está mais perto de nós. Em outras palavras, o sentimento de Mêncio sobre como deveríamos agir corresponde ao sentimento dele, como confuciano, de nossas responsabilidades: círculos concêntricos que começam com nossos pais e se estendem a partir daí. Isso nos traz de volta à segunda pergunta feita no início do capítulo: independentemente do que achamos que signifique agir do modo certo, quem deveríamos ter em mente ao fazer isso? Voltando à imagem do urso Smokey, precisamos saber: que tamanho deve ter nossa "floresta"?

Qual o tamanho da sua floresta?

Imagine que você está caminhando para o trabalho numa bela manhã. Passa perto de uma lagoa e vê uma criança pequena lutando para não se afogar. A lagoa não é funda. Você pode entrar facilmente e salvar a criança sem nenhum risco para a sua segurança. O que você faz?

Ajuda, não é? *Claro que ajuda! É uma criança!* Seria errado não ajudar. Essa resposta – esse *claro!* instintivo – significa que outras pessoas têm lugar na sua floresta. Não é só você. Sua responsabilidade se estende para além de você, pelo menos um pouco. Para um experimento mental tão dramático, até que a conclusão é bem tranquila.

Mas Peter Singer, o utilitarista australiano que formulou esse experimento mental (influenciado ou não pelo exemplo de Mêncio, da criança caindo no poço), acha que o buraco é muito mais embaixo.

Se somos obrigados a salvar a criança que encontramos em perigo, somos igualmente obrigados a fazer o possível para salvar as pessoas em todo o mundo que estão morrendo de doenças preveníveis e de fome. Por que deveria fazer diferença se elas estão longe de nós? Por que elas deveriam ter menos importância do que alguém próximo? Como a proximidade geográfica pode ser moralmente relevante?

O que Singer está vendo aqui é uma crença utilitarista central: a felicidade de todo mundo tem a mesma importância. Não importa de quem seja. John Stuart Mill (1806-1873), aluno de Bentham, achava que essa imparcialidade pura decorre diretamente da ideia de que o prazer é bom e a dor é ruim. Prazer é prazer, não importando de quem seja, o que significa que o prazer de uma pessoa é tão valioso quanto o de qualquer outra. O único pressuposto é que "as verdades da aritmética são aplicáveis à avaliação da felicidade, assim como todas as outras quantidades mensuráveis".[24] Em outras palavras, se você puder somar e subtrair quantidades de felicidade, não haverá desculpa para privilegiar a felicidade de uma pessoa em detrimento da de outra.

Singer e Katarzyna de Lazari-Radek apresentaram muito bem esse princípio: "Maximizar o bem com imparcialidade."[25] Em outras palavras, o mundo inteiro é a sua floresta. Se você pode afetar uma coisa, você é responsável por ela. Ao discernir como viver sua vida, você deve levar em conta o prazer e a dor de cada ser senciente neste universo, desde agora até o fim dos tempos.

Esse é um ideal poderoso e exigente. Muitas pessoas o sentem hoje em dia. Reconhecemos que o modo como vivemos impacta vidas ao redor do mundo, e não somente vidas humanas. Vemos imagens de sofrimento em partes do mundo que jamais visitaremos. Em seguida somos impelidos pelo sentimento de que não podemos ignorar nosso impacto no mundo, de que deveríamos levar isso em conta, de que não podemos nos privilegiar só porque, por acaso, somos quem somos. Afinal de contas, você se sente realmente à vontade para dizer que – objetivamente, no grande esquema das coisas – tem mais importância do que outra pessoa?...

E no entanto... pode ser difícil afastar o sentimento de que você tem, sim, uma responsabilidade especial em relação a si mesmo.

É claro que não são muitas as pessoas dispostas a defender um egoísmo absoluto, sem reservas. Não vamos deixar a criança se afogar. Mas esse tipo de egoísmo não é o único modo de você se tornar o centro da sua floresta. Também existe o que o filósofo canadense Charles Taylor chama de "ética da autenticidade". É a visão de que cada um de nós é irredutivelmente único e deveria viver de acordo com essa especificidade. A boa vida não é do tipo "tamanho único". Cada um de nós tem um modo de ser humano.[26] (O tamanho único nunca serve para todo mundo, não é mesmo?) A ética da autenticidade está por trás de slogans como "Seja fiel a si mesmo" e "Sua vida é você quem faz". Ainda que seja fácil desconsiderar alguns defensores da autenticidade como rasos (e sem dúvida alguns são), o ideal em si não pode ser descartado com tanta facilidade. Ele exige que cada um de nós enfrente a responsabilidade moral de contribuir para o mundo com aquilo que somente nós podemos.

Muitos estudantes nossos se sentem divididos entre essas duas respostas à pergunta da floresta. O altruísmo total *versus* a realização pessoal. Uma floresta ilimitada ou uma árvore central. É tentador buscar sintetizá-las.[27] Mas como você poderia viver de acordo com as duas? Como poderia se realizar em toda a sua especificidade e se dedicar imparcialmente ao bem de todo mundo? E, no entanto, aceitar apenas uma dessas respostas pode ser algo difícil de engolir. A preocupação universal pode representar um peso esmagador e, por outro lado, a autenticidade sozinha pode parecer rasa e pequena.

Por acaso, esse não é um impasse totalmente novo.

No tempo de Mêncio, dois filósofos desfrutavam de grande popularidade na China. Yang Zhu (*c.* 440 a.C.-*c.* 360 a.C.) ficava do lado do egoísmo. Mozi (*c.* 470 a.C.-*c.* 391 a.C.) defendia a preocupação com toda a sociedade. Alinhando-se a Confúcio, Mêncio buscava algo diferente. Ele colocava a coisa do seguinte modo: "Yang Zhu é 'por si só'. Isso é o mesmo que não ter um governante. Mozi 'se importa imparcialmente'. Isso é o mesmo que não ter um pai. Não ter um pai e não ter um governante é o mesmo que ser um animal."[28]

Se existe apenas por si só, você não pertence a uma comunidade mais ampla que faz reivindicações válidas a você. É isso que significa dizer que você não tem um governante. E se você se importa de modo imparcial, ninguém pode fazer reivindicações *especiais* a você. Todo mundo tem a mesma importância. Um estranho é tão importante quanto seu pai. Daí, "importar-se imparcialmente" significa não ter pai. Segundo Mêncio, qualquer das duas opções é animalesca. O risco aqui não é que ao seguir Mozi você possa se importar com as pessoas erradas, mas que, ao tentar se tornar alguém que se importa imparcialmente – alguém que tenta adotar o ponto de vista do universo –, você pode diminuir sua humanidade.

Mas qual modo poderia ser mais humano?

Uma vez o governante de uma província se aproximou de Confúcio e alardeou: "No meu povo há um homem que chamamos de 'Gong, o Correto'. Quando o pai dele roubou uma ovelha, ele o denunciou às autoridades." Talvez perplexo, Confúcio respondeu: "No meu povo, as pessoas que consideramos 'corretas' são diferentes disso: os pais encobrem os filhos e os filhos encobrem os pais. É aí que a 'correção' deve ser encontrada."[29]

Para Confúcio, as pessoas íntegras não agem com *imparcialidade*. Isso seria não ter pai. A integridade confuciana não busca ser imparcial, e sim ser *corretamente parcial*. O escopo de preocupação começa em casa, com as pessoas que nos trouxeram ao mundo.

Mas a floresta *não termina* com seus pais. A ideia é que você não pode ser um bom cidadão sem ser um bom filho, pai, irmão ou uma boa mãe, sobrinha, tia. Sua floresta de responsabilidades se irradia a partir do núcleo de relações íntimas até alcançar o mundo inteiro. Mas você jamais pula por cima das relações familiares. E nunca as deixa para trás. A floresta de Mêncio é vasta (talvez até universal), mas sempre tem um centro – e se orgulha disso.

Na seção anterior abordamos três visões alternativas do que significa viver bem a vida: maximizar a felicidade, cultivar nossas virtudes inatas e seguir o Deus de Abraão. Até agora, nesta seção, vimos uma resposta utilitarista à pergunta sobre a floresta e a resposta confuciana de Mêncio. Adotando a visão abraâmica, podemos esperar que a decisão de viver segundo os mandamentos de Deus teria o benefício de responder à pergunta sobre a floresta. (E, quem sabe, a todas as demais perguntas.) Mas o Deus de Abraão dá uma ordem como "Ame seu próximo". E você precisa saber: bom, quem é o meu próximo?

A milhares de quilômetros e a alguns séculos de distância da China de Mêncio, um especialista em lei religiosa fez exatamente essa pergunta a Jesus.

Jesus respondeu com uma história.[30] (Ele tinha esse hábito.) Contou sobre um homem que havia sido roubado e espancado por bandidos numa estrada próxima. Enquanto ele estava agonizando, surgiu um sacerdote que o ignorou. Então outro devoto religioso passou por ali e fez a mesma coisa. Por fim surgiu uma terceira pessoa. Esse homem era diferente. Era movido pela compaixão e ajudou o ferido, a um custo pessoal significativo. Além disso, ele fazia parte de um grupo étnico e religioso diverso, conhecido como samaritanos. Em outras circunstâncias, o homem ferido provavelmente desprezaria seu salvador.

Jesus encerrou a história com uma pergunta para o homem da lei:

– Qual desses três você acha que era "o próximo" para o homem que caiu nas mãos dos assaltantes?

– O que demonstrou misericórdia – disse o homem da lei.

Então Jesus disse a ele:

– Vá e faça o mesmo.

Essa é uma abordagem à pergunta sobre a floresta diferente da adotada pelos utilitaristas, por Mêncio ou pela ética da autenticidade. O samaritano não tem relacionamento prévio com o homem ferido. Parece que ser "próximo" não depende de uma categoria social fixa. É algo que você pode fazer, e deve fazer, por qualquer um que atravesse o seu caminho – ou cujo caminho você atravesse. Isso pode reduzir o risco de concentrar sua floresta de modo muito estreito em volta da sua família e ignorar pessoas diferentes.

Ao mesmo tempo, a preocupação do samaritano não é exatamente universal. O samaritano é responsável por cuidar *daquela* pessoa, não de descobrir o melhor uso possível do tempo dele para o mundo como um todo. Isso talvez ajude a aliviar o caráter esmagador de uma floresta universal.

No entanto, a abordagem do bom samaritano não deixa de ter suas questões. Singer poderia observar que, com a tecnologia moderna, somos igualmente capazes de ajudar uma criança desnutrida na Guatemala – onde metade das crianças tem o crescimento prejudicado por causa da desnutrição – como se estivéssemos diante de uma pessoa ferida na beira do caminho.[31] Então isso quer dizer que a abordagem do bom samaritano acaba sendo igual à de um utilitarista? Por outro lado, não é ao menos possível que nossos relacionamentos próximos precisem ganhar prioridade em relação aos estranhos? As belas histórias sobre heroísmos incomuns, raros, são mesmo incríveis, mas como agir na vida cotidiana?

Não existe resposta fácil. Bentham e Singer dizem que todo mundo deveria fazer parte da floresta. A ética da autenticidade diz que você é sua responsabilidade mais importante. Mêncio e Confúcio dizem que sua floresta começa com um conjunto específico de seres e só continua em direção aos outros depois disso. Jesus sugere que (potencialmente) qualquer pessoa poderia pertencer à sua floresta. Nenhuma dessas respostas deixa de ter seu custo. E você, o que acha?

Então como *deveríamos* viver?

A esta altura você já deve saber que não vamos lhe dar uma resposta pronta. Mais do que nunca, cabe a você o trabalho de encontrar a melhor resposta para o seu caso. (Nós, os autores, também estamos nos esforçando para responder à pergunta, cada um à sua maneira.)

Mas o que você pode aprender com as vozes que ouviu neste capítulo?

Primeiro, fique de olho nos fins. Pense seriamente sobre o que é uma vida bem vivida. Não presuma que isso tem a ver com felicidade. Não presuma que ela busca *qualquer* consequência no mundo. Talvez uma vida bem vivida seja aquela que obedeça à lei de Deus, independentemente do que resultar disso. Ou talvez o caráter da pessoa tenha mais importância do que suas realizações (até mesmo suas realizações como uma pessoa que pratica o bem).

Segundo, certifique-se de responder à pergunta sobre a floresta. O modo como você a responde pode mudar drasticamente as implicações da sua resposta para a pergunta sobre os fins. Suponha que você esteja convencido de que as boas ações maximizam a felicidade. Uma floresta autocentrada faria de você um narcisista em busca do prazer, ao passo que uma floresta universal faria de você um humanitarista radical. Ou suponha que Mêncio tenha convencido você de que as boas ações cultivam virtudes que em seguida sustentam bons relacionamentos. Bem, nesse caso você deveria tentar promover a virtude de quem? Apenas a sua? A sua e da sua família? A de todo mundo? E que conjunto de relacionamentos as virtudes deveriam sustentar?

Terceiro, permita-se ter dúvida. Qualquer dessas opções deixará você num impasse sobre como deveríamos viver. Quer otimizar as consequências dos seus atos? Boa sorte em prever o impacto de qualquer coisa que você fizer neste mundo louco. Quer tentar viver em obediência à vontade de Deus? Prepare-se para ter muito discernimento; acostume-se ao sofrimento. Busca cultivar a virtude? Nem sempre é simples separar seus brotos morais das ervas daninhas que tentam sufocá-los. Até mesmo a fidelidade a nós mesmos implica discernir um eu mais verdadeiro, "autêntico", escondido nas profundezas. Jamais lidaremos com precisão.

Por fim, você não pode dar uma boa resposta à pergunta sobre como viver sem responder às perguntas feitas nos outros capítulos. Se o Buda estiver certo e a riqueza for mesmo um empecilho, você vai precisar viver sua vida de um modo muito diferente de como viveria se considerasse a abundância material um requisito básico para a prosperidade. Se Wilde estiver certo e a tristeza fizer parte da boa vida, não haverá sentido em querer eliminar toda e qualquer dor. As perguntas se enrolam umas nas outras e puxam umas às outras, como os fios de uma corda. E é o entrelaçamento dessas perguntas e respostas que nos ajuda a criar uma *visão* real da vida verdadeira e próspera.

SUA VEZ

1. Releia suas respostas sobre o "inventário de vida" nas páginas 25 a 27.
   - Que fins você parece estar buscando ao escolher agir como age?
   - Que padrões parecem guiar sua conduta?
   - O que, em termos práticos, você considera que é sua floresta?

2. Como *deveríamos* viver?
   - Que fim (ou fins) *deveríamos* buscar por meio das nossas ações?
   - Que padrão (ou padrões) deveríamos manter?
   - Quem e o que está na sua floresta?

3. Suas respostas aos itens 1 e 2 se alinham? Você está vivendo em busca dos fins e segundo os padrões que reconhece como dignos da sua humanidade? Pense com calma. Como já dissemos, seria um erro deixar esse tipo de pergunta nos levar a "resoluções de ano-novo". Como veremos no Capítulo 15, as resoluções estão condenadas a não ser realizadas se tentarmos usá-las para pôr em prática nossas ideias mais profundas sobre a Pergunta. Neste exercício você não deve redigir uma lista de coisas a fazer. Deve, em vez disso, vislumbrar o tipo de vida que deseja viver.

TERCEIRA PARTE

O leito rochoso

SETE

O teste da receita

Durante vários capítulos pegamos a Pergunta disparatadamente grande e a dividimos em subquestões ligeiramente mais administráveis. O risco dessa estratégia é que ela pode começar a parecer uma lista de perguntas sucessivas sem qualquer relação entre si.

Mas não é bem assim. Por maior que seja, a Pergunta é uma questão unificada. Tem a ver com o aspecto da nossa vida e do nosso mundo como um todo.

Nossas respostas às várias subquestões andam de mãos dadas. São mais como uma receita do que como uma lista de compras e podem se encaixar como os ingredientes de uma boa receita formando respostas à Pergunta – ou não. Claro, você pode bolar uma receita que combine salsicha italiana, sorvete de menta com flocos de chocolate, aspargos e ovos em conserva. Talvez essas comidas até sejam suas prediletas. Mas será que tudo junto fica saboroso? Nem de longe.

Assim, parte da sua tarefa não é somente dar as melhores respostas possíveis às perguntas feitas em cada capítulo, mas também testar como essas respostas combinam entre si. A ideia é encontrar uma visão coerente da vida próspera. Chame isso de "teste da receita".

Também sabemos que, quando cozinhamos, nosso objetivo não é simplesmente criar algo delicioso. A nutrição também importa. Quando planejamos uma refeição, talvez antes mesmo de pensarmos em quais ingredientes combinam, pensamos nos grupos alimentares. Proteínas. Frutas e legumes. Grãos e farinhas. O equilíbrio que desejamos entre os grupos é produto de nossos objetivos nutricionais. Se estivermos fazendo uma dieta cetogênica, os grãos e farinhas podem não ter lugar no nosso prato; precisaremos procurar uma receita que funcione sem isso. Numa dieta Atkins levada ao extremo, talvez só haja proteína.

Quando se trata da boa vida, nossos "grupos alimentares" são os três aspectos da vida em que estivemos pensando nos últimos três capítulos. Nossas respostas a essas perguntas cobrem, em pinceladas amplas, nossa visão positiva para tudo que há na vida. "Como deveríamos viver?" é uma pergunta sobre conduta, ação, comportamento; sobre nossa presença ativa no mundo. "O que deveríamos esperar?" abarca o restante do mundo, as circunstâncias da nossa vida. E "Como é a sensação de uma boa vida?" aborda o que sentimos e como reagimos ao mundo que percebemos.

Essas perguntas têm a ver com três modos de estar no mundo: ativo, passivo e, em termos de emoções, os dois aspectos juntos. Se desconsiderarmos qualquer um deles, nossa visão da vida que vale a pena permanecerá incompleta – ou pelo menos precisaremos explicar por que um ou dois podem ser deixados de fora. Chamamos isso de "teste de nutrição".

Conduta, circunstância e sentimento são os três grupos básicos de uma boa vida. É difícil encontrar na vida humana uma característica que não esteja pelo menos em um desses cestos. Claro, existe muito mais a ser perguntado além dessas questões, mas o centro de gravidade está aqui. Faz uma grande diferença não somente o modo como você responde a essas perguntas, mas também como as reúne.

Isso é verdadeiro não somente porque algumas receitas não funcionam (ou seja, algumas respostas não combinam), mas também porque muitas coisas que são excelentes candidatas a fazer parte de uma boa vida implicam uma síntese de conduta, circunstância e sentimento.

Vejamos a amizade, por exemplo. Pensadores de Aristóteles a Mary Wollstonecraft consideraram que ela é fundamental para uma vida próspera.[1] É claro que ter amigos é uma questão de circunstância, de a vida correr bem. Sem outra pessoa para ser sua amiga, você não tem uma amizade. No entanto, a amizade não se encaixa totalmente no cesto das circunstâncias. Ter uma amizade também implica ser amigo. Sua conduta, isto é, seu modo de agir, é essencial. Se você não retribui e não age como amigo, talvez tenha um admirador, um lacaio ou um benfeitor, mas não um amigo. E os sentimentos também importam para a amizade. Uma amizade sem sentimento ainda terá algo de bom – vocês podem se ajudar de vez em quando, por exemplo. Mas, se isso sempre parecer um sacrifício, é sinal de que falta algo essencial aí. Não seria uma amizade verdadeira.

Então podemos dizer que essa coisa boa, a amizade, reúne conduta, circunstância e sentimento. Ela tem ingredientes de todos os "grupos alimentares" que compõem a boa vida. Exige que eles estejam entrelaçados. E isso faz sentido. Afinal de contas, a vida não vem apenas em pedacinhos organizados de pura conduta, pura circunstância e puro sentimento. É um amálgama complexo de todas essas coisas. Mesmo enquanto distinguimos as três, não deveríamos perder de vista as maneiras pelas quais elas se influenciam e se condicionam mutuamente. Apesar de serem distintos, cada um desses três aspectos da vida já contém os outros dois, por assim dizer.

Primeiro, *conduta não é algo absoluto*. Não estamos falando de onipotência, de autonomia absoluta. Não importa o que os adultos nos tenham dito na infância, não podemos fazer qualquer coisa que quisermos. O que podemos fazer e quem podemos ser são coisas profundamente moldadas e restringidas por nossas circunstâncias e nossa vida afetiva. Um monarca britânico do século XIV tinha um poder de escolha muito diferente do de um antigo camponês egípcio ou de uma jovem canadense de classe média hoje em dia – afinal, as circunstâncias eram muito diferentes. E o sentimento também influencia a ação. Uma emoção como o medo torna mais provável agirmos de determinado modo, e a simples resistência à emoção é capaz de moldar nossa atitude.

Segundo, *sentimento não é apenas sentimento*. Nossos sentimentos e emoções são influenciados pelas circunstâncias e por nossa conduta. A primeira relação é mais óbvia. Nossos sentimentos são, em grande medida, reações às circunstâncias que experimentamos. Olhamos para um penhasco e sentimos medo. Ou recebemos um bilhete de encorajamento e sentimos gratidão e força de vontade. O que talvez seja um pouco mais surpreendente é que nossa conduta também molda nossa vida emocional. Dentro de limites que os pesquisadores só estão começando a entender, é possível tomar atitudes que mudam não somente o modo como nos sentimos em alguma circunstância específica, mas também o modo como tendemos a nos sentir em determinados tipos de situação. Por exemplo, comecemos distinguindo duas reações emocionais ao sofrimento de outra pessoa: sofrimento empático (você sente a dor da pessoa com uma intensidade avassaladora) e compaixão (você se preocupa com o sofrimento dela e se sente motivado a ajudar). Pesquisas recentes sugerem que a prática da meditação amorosa e gentil inspirada no budismo pode aumentar nossa disposição a sentir mais compaixão do que sofrimento empático.[2]

Por fim, *circunstância não é apenas circunstância*. Pode parecer que as circunstâncias são imunes aos outros dois aspectos da vida; que são algo estabelecido; que são a realidade obstinadamente factual, a realidade implacável de um mundo que nos confronta como ele é, com uma desconsideração absoluta pelas nossas preferências. Mas não é bem assim. Como indivíduos e como comunidade, agimos de modo a influenciar nossas circunstâncias, às vezes até a transformá-las. Essa influência não é absoluta. Nem sequer é confiável ou previsível. Mas é real. De um modo mais sutil e indireto, nossas emoções e nossos sentimentos também interferem nas nossas circunstâncias. Nosso local de descanso predileto (um parque, por exemplo) pode incorporar de tal forma sentimentos de paz e serenidade que consideramos esses sentimentos parte do lugar – da própria circunstância. Nossos sentimentos mudam o que o lugar significa para nós.

Assim, circunstância, conduta e sentimento estão bem embolados. Quando pensamos no tipo de vida que desejamos ter, esse fato sublinha a importância da receita e dos testes de nutrição. Uma visão misturada de qualquer jeito será menos vivível do que uma visão combinada. Precisamos acertar nossas receitas.

O restante deste capítulo se destina a ajudar você a se virar na cozinha, por assim dizer.

Vamos nos concentrar na ênfase. Algumas boas receitas de vida realçam um grupo alimentar em detrimento dos outros. Elas olham para a vida e dizem: "O que temos aqui é um bife. Por que ficar colocando um monte de ingredientes desnecessários? Só precisamos de uma pitada de sal e pimenta e já podemos grelhar." Ninguém vai confundir um bife bem temperado com um prato composto de sal e pimenta e um pouquinho de carne de acompanhamento. No grupo alimentar há um ingrediente que impulsiona toda a receita. Mas há outras receitas menos extremas, que enfatizam um ingrediente, mas não tanto. No frango *kung pao*, por exemplo, o amendoim, a pimenta-malagueta e a pimenta-chinesa são essenciais para tornar o prato o que ele é, mas ainda assim o prato é *frango*. Outras abordagens buscam um equilíbrio quase perfeito entre diversos ingredientes. Pense numa *paella*, num cozido, numa sopa de legumes – esse tipo de coisa.

Tudo isso para dizer que visões diferentes da boa vida costumam enfatizar diferentes aspectos da boa vida. Algumas enfatizam a conduta; algumas, o sentimento; outras, as circunstâncias. E também variam em grau de ênfase. Algumas são bastante extremas, outras são mais sutis. Em alguns casos é difícil dizer o que é enfatizado. Uma visão pode ser equilibrada a ponto de qualquer dos três aspectos ser tratado como uma janela para o todo.[3]

Vejamos três exemplos de visões da boa vida, cada um centrado num aspecto diferente. Vamos começar com um foco bastante rigoroso na conduta (estoicismo), depois consideraremos um foco ligeiramente mais suave no sentimento (utilitarismo) e terminaremos com um foco bastante sutil na circunstância (confucionismo).

Antes de começarmos, porém, queremos relembrar a advertência que fizemos na Introdução: não podemos fazer relatos definitivos dessas visões em poucas páginas. Precisamos deixar de lado quase toda a rica complexidade e as discordâncias internas sobre o assunto. O objetivo aqui é dar uma ideia geral das possibilidades exemplificadas por essas visões.

Você só precisa de virtude

O filósofo grego Crisipo (279 a.C.-206 a.C.) escreveu um livro em vários volumes chamado *Sobre os meios de vida*.[4] A obra deveria responder à pergunta: "Como um homem sábio deve ganhar a vida?" Mas, por acaso, Crisipo achava que havia uma pergunta mais importante: "Por que ganhar a vida?"

Essa pode parecer uma pergunta estranha. Ganhamos a vida para desfrutar dela, ora essa... Mas Crisipo discorda. Segundo ele, o prazer é "indiferente". É uma coisa do tipo "pegar ou largar". Não é um bom motivo para fazer qualquer coisa. (Engole essa, Jeremy Bentham!)

Digamos que concordemos com Crisipo. Podemos até pensar: deveríamos ganhar a vida para sobreviver. Mas Crisipo diz que até mesmo a sobrevivência é uma questão de "pegar ou largar". Assim como o prazer, "viver é uma coisa indiferente". Simplesmente não se qualifica como motivo para fazer algo.

Viver é uma coisa indiferente. Isso parece... bobagem. Se existe alguma coisa que representa um bom motivo para nós, é a sobrevivência. Só que Crisipo pensa de outro modo – e não está sozinho.

Crisipo era um estoico. Para os estoicos, a conduta (especificamente, ser virtuoso) é tudo que importa para a boa vida. É até mais importante que a própria vida. Os estoicos olham o mundo ao redor, todas as coisas externas que as pessoas buscam (dinheiro, fama, poder, sucesso, família), e veem que tudo isso é instável. Não podemos garantir que vamos obtê-las. Quando as temos, corremos sempre o risco de perdê-las. Assim, se nossa prosperidade depende dessas coisas, ela está fundamentalmente fora das nossas mãos. E os estoicos pensam: não dá para ser assim. Se alguma coisa deve estar nas nossas mãos, deve ser a bondade da nossa vida. A única solução é reconhecer que a vida boa é uma vida bem vivida. Ponto final. Ser bom e viver a boa vida é a mesma coisa. Isso tem um efeito profundo no modo como os estoicos enxergam uma vida próspera.

Certa vez o professor de Crisipo, Cleanto, foi ao teatro em Atenas e se sentou na plateia com todos os notáveis da cidade. Um poeta famoso subiu ao palco para recitar um poema e de repente lançou um insulto gratuito contra Cleanto, na frente de todo mundo. Cleanto permaneceu totalmente imperturbável, sem nenhum sinal de raiva no rosto.[5] É assim que um estoico deve responder às circunstâncias ruins.

Mas isso não é nada em comparação com a história que o famoso orador romano Cícero (106 a.C.-43 a.C.) conta sobre Anaxágoras, um filósofo muito anterior (século V a.C.). Quando alguém trouxe a Anaxágoras a notícia de que seu filho tinha morrido, ele disse simplesmente: "Eu já sabia que tinha gerado um mortal."[6]

A saúde, a riqueza e a sobrevivência dos filhos são preferíveis à doença, à pobreza e à morte deles, é verdade. Mas as pessoas podem ser virtuosas, e portanto prosperar, mesmo não tendo as coisas que preferem e mesmo se perderem todas elas. Segundo os estoicos, sempre existe a oportunidade de agir bem, em qualquer circunstância. Pode-se dizer, com isso, que as circunstâncias não têm lugar numa visão estoica do que é mais importante.

É por isso que Crisipo acha que não existe um bom argumento para ganhar a vida. Você não precisa ganhar a vida para ser virtuoso. Não precisa ser feliz para ser virtuoso. Nem precisa sobreviver. Às vezes a coisa mais virtuosa é morrer bem.

Sim, essa é uma resposta radical à Pergunta. Mas pode haver algo muito inspirador nela – especialmente se suas circunstâncias estiverem fora do seu controle. Por exemplo: um dos grandes estoicos romanos, Epiteto (c. 50-c. 135), nasceu em escravidão. E, quando ministramos o curso Life Worth Living na prisão federal de Danbury o estoicismo fez sucesso. Os alunos de lá reconheciam a força de se concentrar no que pode ser controlado. Ao se concentrarem no poder de escolha que ninguém pode tirar de nós – a capacidade de direcionarmos nossa conduta –, os alunos sentiam que poderiam encontrar dignidade em qualquer circunstância.[7]

Os estoicos assumem uma postura menos radical em relação às emoções do que em relação a valores externos, como saúde e riqueza. Como pessoas da Antiguidade, eles não usam a categoria *emoção*. Essa é uma ideia moderna. Mas falam um bocado sobre as coisas que chamamos de emoção usando a rubrica da paixão. E os estoicos consideram que as paixões são não somente irrelevantes, mas também ruins.

Coisas como medo e raiva refletem e reforçam um investimento inadequado naquilo que está fora do nosso controle. Elas nos sujeitam a ser dominados pelos caprichos do mundo. Afastam-nos das virtudes e, portanto, da boa vida. Faz sentido, você pode dizer. Afinal, quem considera o medo e a raiva partes importantes de uma vida bem vivida? Acontece que os estoicos não param no medo e na raiva. Eles colocam o que consideraríamos emoções positivas, como esperança e empolgação, exatamente na mesma categoria. Dizem que a esperança e o medo são muito parecidos. Ambos são evidências de um investimento insensato no futuro. Ambos colocam nossa felicidade fora do nosso controle. Não existe lugar para eles na boa vida. "Você deixará de ter medo se deixar de ter esperança", aconselha Sêneca, o Jovem (c. 4 a.C.-65 d.C.).[8] É uma tremenda troca: não ter esperança por não ter mais medo. Isso manterá sua "boa vida" segura, mas, se você colocar qualquer valor nos próprios sentimentos, isso retirará boa parte da cor da vida.

Dito isso, nem tudo que consideramos emoção cai no cesto das "paixões" dos estoicos. Eles afirmam que certas "boas paixões" serão subprodutos de uma vida virtuosa. Mais importante: existe o que eles chamam de "júbilo". Eles dão um significado muito específico à palavra: satisfação calma, estável, na nossa boa conduta. Sêneca aconselhou a um jovem amigo: "Olhe para o bem verdadeiro e sinta júbilo *apenas* no que vem do que é seu. O que quero dizer com 'o que é seu'? Quero dizer você e sua melhor parte."[9] O que ele quer dizer é: fique satisfeito com sua virtude.

Assim, para os estoicos, na boa vida não há nada além de viver bem a vida. Não é que a virtude seja o ingrediente "heroico" da receita da boa vida. Não é só isso. A virtude é praticamente o único ingrediente que importa, porque o único "grupo alimentar" necessário é a conduta. E, para um estoico, esse hiperfoco é uma coisa boa. Concentrar-se exclusivamente na virtude afasta nossa atenção de distrações potenciais – como as paixões e as circunstâncias – que só vão descarrilar nossa vida.

Em nome do prazer

Os filósofos utilitaristas Jeremy Bentham, John Stuart Mill e Peter Singer colocam um ingrediente diferente no centro da receita da boa vida. Todos eles priorizam inegavelmente o sentimento. Lembre-se do que Bentham disse: "O bem é o prazer ou a ausência de dor. [...] O mal é a dor ou a perda do prazer." Para esses utilitaristas uma vida boa é simplesmente aquela que é livre da dor e cheia de sentimentos bons.

Diferentemente dos estoicos, eles não dizem que nada além disso importa. Todo tipo de coisa além dos sentimentos tem importância. Mas, para esses três pensadores utilitaristas, tais coisas só importam porque promovem ou diminuem a felicidade.[10] Por exemplo, certas circunstâncias têm mais probabilidade de produzir prazer e reduzir a dor do que outras. Os utilitaristas se preocupam bastante com as coisas básicas da vida: comida suficiente, educação, cuidados com a saúde e dinheiro para adquirir bens e serviços. Tudo isso é valioso porque costuma levar a mais prazer e menos dor. Mas as circunstâncias não têm um valor em si mesmas. Elas *só* importam na medida em que aumentam o prazer ou reduzem a dor.

E, como vimos, o foco dos utilitaristas na felicidade acaba gerando um parâmetro bastante exigente de como deveríamos agir. A felicidade de todas as pessoas tem importância igual. Não há nada de especial na felicidade dos nossos filhos ou amigos. Se você estiver realmente comprometido com uma visão utilitarista do prazer e da igualdade, deveria ajudar os outros mesmo que isso seja um sacrifício. Uma vida bem vivida busca implacavelmente a maior felicidade geral, custe o que custar.

O espantoso é que, para um utilitarista, até mesmo essa vida de cuidado radical com os outros não é valiosa em si, em termos estritos. Se fosse possível ter um mundo de bem-aventurança interminável, onde ninguém precisasse se sacrificar por mais ninguém, isso seria preferível. Por acaso não vivemos num mundo assim – pelo menos por enquanto.

Mas e se pudéssemos construir um mundo assim? Essa ideia é cada vez menos absurda. Há mais de cinquenta anos o filósofo Robert Nozick (1938-2002) propôs um experimento mental. Imagine que você pudesse se conectar a uma "máquina de experiências" que lhe daria qualquer experiência que você quisesse. Enquanto estivesse conectado, você não teria consciência de estar ali. Todas as suas experiências lhe pareceriam reais. (Citando Morpheus, de *Matrix*: "O que é real?") Suponha que todas as outras pessoas também pudessem se conectar, de modo que você não precisaria ficar fora da máquina para cuidar dos outros. Nozick quer saber: "Você se conectaria? *O que mais pode ser importante para nós além de como sentimos nossa vida por dentro?*"[11]

Nozick espera que não queiramos nos conectar. O argumento dele depende disso. Queremos fazer coisas de verdade. Queremos ser de verdade. Valorizamos o contato com a realidade, não só com a experiência de sua verossimilhança. Nozick conclui: "Quando imaginamos uma máquina de experiências e concluímos que não gostaríamos de usá-la, aprendemos que alguma coisa importa para nós além da experiência."[12]

Mas a expectativa de Nozick pode estar perdendo a sintonia com o espírito dos tempos. A cada ano perguntamos aos nossos estudantes em Yale se eles se conectariam a uma máquina desse tipo, e a cada ano um número maior diz que sim. E não é necessariamente porque são utópicos da tecnologia (ainda que alguns talvez sejam!). Pode ser que um bom número deles simplesmente concorde com Bentham, Mill e Singer, no sentido de que a experiência do prazer e a ausência da dor são as únicas coisas que vale a pena querer.

Por enquanto o metaverso parece muito pouco atraente, relegando a máquina de experiências ao reino da ficção. Mas talvez nem sempre seja assim. E, ainda que esse artefato não esteja em oferta, valorizar o modo como sentimos a vida acima de todo o resto pode não ser algo que você esteja pronto para fazer. Talvez o cuidado com os outros, até mesmo o cuidado que custe caro, seja algo valioso em si. Talvez influenciar e ser influenciado pela realidade precise ter um lugar na receita da vida.

Uma receita de harmonia

Confúcio achava que existia um padrão de como o mundo deveria ser. E, como a vida não é estática, esse padrão funciona menos como um desenho e mais como uma animação. É menos como uma pose e mais como uma dança. Não é um destino, mas um caminho: *o* Caminho. A forma da vida e do mundo se coadunam e ressoam com a verdade mais profunda das coisas. Talvez *essa* seja a verdade mais profunda.

Confúcio jamais disse o que é o Caminho – pelo menos não há registros disso. Ele não deu uma definição. Não ofereceu uma descrição detalhada, ampla. Mesmo assim podemos ter uma ideia do que o Caminho é a partir do livro que reúne os ensinamentos de Confúcio e as histórias sobre ele, *Os analectos*.

Por um lado, o Caminho é um padrão para sociedades inteiras, mas também desce até os detalhes dos rituais sociais, dos relacionamentos familiares e da fala e da ação individuais. Tudo é muito bem entrelaçado. Podemos ver essa integração numa história caracteristicamente enigmática sobre Confúcio. Dizem que uma vez alguém pediu a ele que explicasse um dos tradicionais sacrifícios rituais. O Mestre disse "Não sei. Alguém que soubesse o significado entenderia todas as questões do mundo como se estivessem apresentadas aqui", e apontou para a palma da mão.[13] A ordem de como as coisas devem ser é tão coesa que, se você conseguisse entender profundamente esse único ritual, decifraria todo o resto.

Uma segunda característica importante é que o Caminho tem a ver fundamentalmente com os relacionamentos – com o modo como as pessoas e os grupos se relacionam uns com os outros e com o mundo material. Essa relação seria mais bem descrita como ordem, estrutura ou (talvez a melhor definição de todas) harmonia.

Juntas, essas duas características apontam que, segundo a visão de Confúcio, existe uma ênfase nítida nas circunstâncias. Um determinado arranjo de coisas é essencial para a prosperidade plena. É um pouco como uma fechadura. Dentro há um conjunto de pinos chamados ganchetas. Quando ao menos uma gancheta está fora do alinhamento, a fechadura está trancada. Mas quando todas se alinham – clic! – a fechadura se abre. De repente há liberdade de movimento. Todo o sistema funciona de modo diferente.

O que as pessoas sábias mais desejam é estar numa sociedade que vive de acordo com o Caminho e, portanto, prospera e tem paz. Elas não são sábios estoicos, que podem viver a boa vida mesmo na pior sociedade. Confúcio alerta os seus alunos: "Não entrem num Estado que esteja em perigo e não residam num Estado sem ordem. [...] Escondam-se quando o mundo perder o Caminho."[14] Como os estoicos preveem, se você deixar que as circunstâncias influenciem sua visão, viver uma boa vida não estará mais por sua conta. Sua prosperidade dependerá de circunstâncias fora do seu controle. Estará amarrada à prosperidade do mundo ao redor. Confúcio e os estoicos provavelmente concordariam nesse ponto. Eles discordariam é sobre se a interdependência de Confúcio é um defeito (diriam os estoicos) ou uma característica (diriam os confucianos).

No entanto, na visão de Confúcio, a circunstância de uma sociedade que viva de acordo com o Caminho não é tão dominante quanto é a virtude para os estoicos ou o prazer para os utilitaristas. O sentimento e a boa conduta têm lugares muito mais importantes na "receita" de Confúcio. Mas, como em qualquer boa receita, seus papéis não se chocam com o lado circunstancial do Caminho. Eles o complementam e colaboram para um todo coeso.

Vejamos primeiro o sentimento. Confúcio usa vários termos para descrever a sensação de uma vida boa. Um deles é particularmente esclarecedor: *alegria*. A alegria confuciana não é o prazer dos utilitaristas nem a satisfação (pessoal) dos estoicos – nem, por sinal, o contentamento de Subha. Confúcio acha que a pessoa sábia é alegre porque está afinada com o Caminho. Ela ressoa com o mundo da maneira mais fundamental, como deveria ser: o caractere chinês que traduzimos como "alegria" serve de base para o caractere de "música". O relacionamento com as boas circunstâncias está imbuído no relato de Confúcio sobre a prosperidade sentimental.

Para Confúcio, a vida sendo sentida como deveria (sentimento) também tem uma conexão interna com viver bem a vida (conduta). "Um homem sem humanidade não pode suportar a adversidade por muito tempo e não pode conhecer a alegria por muito tempo."[15] *Humanidade* é o termo usado por Confúcio para o cerne de um bom caráter. Ele está dizendo que viver bem a vida é essencial para encontrar a alegria a longo prazo.

Agora vamos olhar a relação entre conduta e circunstância. Um ponto importante fica mais nítido pelo contraste. Em algumas visões utilitaristas, é possível imaginar um mundo perfeitamente próspero sem nenhuma autonomia humana. Conectar todo mundo à máquina de experiências seria suficientemente bom. Até mesmo ótimo. Isso vai acontecer? Provavelmente não. Mas será que Bentham teria algum motivo para *não querer* que isso acontecesse? Não, não teria.

A visão de Confúcio é diferente. A imagem de um conjunto de circunstâncias coeso e harmonioso pode ser um ponto de vista esclarecedor para avaliar o Caminho. Mas lembre-se: se o Caminho é um conjunto de circunstâncias, é um conjunto de circunstâncias em movimento – um conjunto de dinâmicas que inclui inumeráveis ações humanas. Os governantes agem com virtude, sabedoria e adequação. Delegam a ministros capazes. Esses ministros servem de modo justo e pelo bem da sociedade. As crianças exibem deferência e respeito adequados pelos pais, e os irmãos mais novos, pelos mais velhos. Todo mundo participa dos rituais prescritos com respeito e alegria. E assim por diante. Todas essas coisas ajudam a criar a teia de relações sociais entrelaçadas que definem as boas circunstâncias. Como o sentimento, a conduta tem seu lugar na visão de Confúcio. O Caminho é sempre algo que é posto em prática. Está lembrado daqueles quatro brotos que Mêncio quer que você cultive na sua vida? A ideia é que aquelas virtudes ajudarão você a viver no Caminho.

Tudo isso para dizer que, pelo menos numa interpretação plausível, a visão de Confúcio da boa vida é uma receita bastante equilibrada. Nenhum grupo alimentar ocupa todo o espaço no prato, por assim dizer. O Caminho pode ser entendido, sob determinada luz, como um conjunto de circunstâncias ideais – um mundo inteiro em movimento harmonioso.

Mas, exatamente por isso, a descrição de Confúcio sobre o Caminho inclui condutas e emoções prósperas, como a alegria.

O que você vai fazer em relação a isso?

Esperamos que esses três exemplos deem uma noção de como seria cada tipo de vida se colocássemos um ingrediente de um ou outro grupo alimentar (aspectos da boa vida) no centro da nossa receita. E esperamos que eles também nos ajudem a ver que diferença faz se o ingrediente for a refeição completa ou se, em vez disso, ele compartilhar os holofotes com outros acompanhamentos. Os estoicos enfatizam rigidamente a conduta, de fato excluindo a circunstância e o sentimento. Os utilitaristas se concentram no sentimento, mas dão espaço para a circunstância e a conduta, já que elas têm impacto sobre o que sentimos. Confúcio visualiza um conjunto harmonioso de circunstâncias no qual a conduta e a ressonância emocional das pessoas são facetas importantes.

Mas há uma pegadinha aqui. Quando a situação aperta, em certo sentido, a conduta *sempre* assume o primeiro lugar. Se conseguirmos encarar a Pergunta, surgirá uma inevitável prioridade prática na questão de como viver bem a vida. Todas as outras subquestões se tornarão praticamente reflexões ociosas, a não ser que tenham implicações sobre como vivemos. Quando se trata da Pergunta, não estamos apenas procurando um mapa topográfico que mostre o terreno do que vale a pena querer. Estamos procurando um destino e uma bússola.

As grandes tradições religiosas e os grandes filósofos não costumam concordar em muita coisa. Mas por acaso concordam nisto aqui: quando a situação aperta, a faceta decisiva da Pergunta é "Como devemos viver?".

Essa ênfase prática na conduta aparece até mesmo em visões que priorizam o sentimento ou as circunstâncias. Por exemplo, por mais que Bentham e seus seguidores se sintam felizes em reduzir a boa vida ao prazer e à evitação da dor, muito do que eles *dizem* tem a ver com o que você deveria *fazer* se concordar que o importante é a felicidade. Ou seja, você deveria agir para maximizar a quantidade de felicidade e minimizar a quantidade de sofrimento no mundo. Eles argumentam de modo passional que deveríamos dar a mesma importância a cada um de nós enquanto decidimos nosso próximo passo. Afirmam que o prazer e a dor de todas as pessoas têm o mesmo valor. Ninguém tem um acordo especial. Num cálculo utilitarista, não existe multiplicador para o fato de ser rico, poderoso, muito legal ou charmoso, nem mesmo para ser *você*. Mas não é assim que pensamos normalmente. Com isso, a linha de pensamento utilitarista pode terminar defendendo que deveríamos agir de um jeito que nos pareça ao mesmo tempo profundamente razoável e tremendamente contraintuitivo. Páginas e mais páginas de livros utilitaristas pedem que paremos de ver a nós mesmos como o centro do universo e nos convidam a agir de acordo com isso.

De modo semelhante, Confúcio gasta mais energia encorajando seus ouvintes a viver bem a vida do que descrevendo uma sociedade que realiza integralmente o Caminho. Como a sociedade do tempo dele (e do nosso) não consegue seguir o Caminho, a questão fundamental para qualquer um que procure viver segundo a visão de Confúcio é como seguir o Caminho numa sociedade que se extraviou. Se o mundo não está seguindo o Caminho, as recompensas vão para as pessoas erradas. Os trambiqueiros prosperam. Os desavergonhados ficam famosos, não infames. Num mundo que deu errado, Confúcio olha para qualquer um de nós que acumulou riqueza ou ficou famoso e pergunta: este mundo está funcionando para você? Justo *este*? Se o mundo está desconjuntado e você está vivendo nababescamente, é provável que você também esteja desconjuntado. Se a sociedade em que você vive perdeu o Caminho, você só pode escolher uma das seguintes opções: viver bem sua vida ou tentar fazer com que ela seja boa. E, se você tiver de escolher, Confúcio recomenda que busque a boa conduta, independentemente do que acontecer. Ele se dispõe até mesmo a colocar a conduta acima da circunstância mais básica: estar vivo. "A pessoa humana", diz ele, "jamais tenta continuar vivendo se isso for prejudicial à condição humana. Há ocasiões em que ela sacrifica a própria vida para preservar a condição humana."[16] Para Confúcio, viver de modo justo é buscar se ajustar e colaborar para as circunstâncias ideais de um mundo que segue o Caminho. Ele dá absoluta prioridade às circunstâncias. Mas nós temos a responsabilidade de viver de acordo com o Caminho mesmo quando essas circunstâncias ideais não prevalecem. As circunstâncias têm prioridade *definitiva*, mas a conduta tem prioridade *prática*.

Como enfatizamos na Introdução, a capacidade de ação humana é fundamentalmente restrita. Nenhum de nós é onipotente. Nenhum de nós é um soberano absoluto, ainda que alguns gostem de pensar que somos. Muitos conhecem o trabalho intenso exigido para reivindicar poder de escolha dentro de sistemas sociais que marginalizam grupos inteiros. E todos somos propensos à alteração, à restrição ou, em casos extremos, à perda completa de nossa autonomia em razão de doenças ou danos físicos. Todo poder de escolha, assim como toda capacidade, é temporário.[17]

No quadro geral, existem coisas mais importantes do que o modo como cada um de nós escolhe agir. Ninguém está no centro de tudo. Mas você tem uma posição privilegiada na própria vida. Ela é *sua*, embora isso não signifique que o peso esteja todo sobre você. A responsabilidade do tipo "só você" não significa que esteja sozinho. Pode ser que uma parte essencial de usar sua (limitada) capacidade de ação seja buscar ajuda, encontrar outras pessoas com quem compartilhar a vida, admitir que você sozinho não basta.

Admitindo todas essas importantes ressalvas, ainda é certo que o modo como vivemos nossa vida terá uma premência especial, não importando quão fundamental achemos que a vida pareça boa ou seja boa. Mesmo que nossa receita busque um equilíbrio quase perfeito entre os três aspectos, descobriremos que só podemos cozinhar quando temos um sentido claro do que deveríamos fazer. Assim, enquanto montamos nossas receitas, precisamos ter em mente essa questão especial de como deveríamos viver.

Então como *deveríamos* juntar tudo isso?

A mensagem deste capítulo é simples: preste atenção em como tudo se encaixa na visão que você está criando. Se você vai adotar apenas um ingrediente, é importante pensar direitinho. Um único ingrediente só pode pertencer a um único grupo alimentar. É melhor que você acredite de verdade na teoria dietética de sua escolha. Caso contrário sua noção de vida pode fracassar no teste de nutrição. E, não importa a qual equilíbrio geral cheguemos, vale se certificar de que as várias facetas das nossas respostas à Pergunta se complementem mutuamente. Não é bom que nossos valores e ideais nos empurrem em direções contraditórias. Também precisamos passar no teste da receita.

Mas será que estamos enfatizando demais a questão da coerência? O que há de tão errado em um pouco de contradição?

No fim de cada curso Life Worth Living em Yale os alunos escrevem uma dissertação curta esboçando sua visão de uma vida que vale a pena. É uma tarefa intimidante e inegavelmente acima da alçada deles.

Também está acima da nossa alçada julgar de modo oficial a verdade ou a falsidade das visões articuladas por nossos alunos. Cada um de nós precisa estar livre para fazer o difícil trabalho de discernir o que seria uma vida próspera e formular as próprias respostas. Mas ainda assim nós somos os professores, e é nosso trabalho avaliar as dissertações dos alunos. Por isso, ao dar notas, pensamos num critério que possa garantir aos estudantes a autonomia que a responsabilidade do tipo "só você" merece. Dizemos que eles receberão as notas com base em quão coerente é sua visão como um todo. Nós os encorajamos a aplicar o teste da receita como parte do processo de escrita. A coisa toda se encaixa?

Num determinado ano, um aluno foi até Matt e, com coragem admirável, questionou esse critério. Disse que a busca de coerência é um equívoco. Por um lado, é impossível encontrá-la. Por outro, não seria muito bom encontrá-la. Ele afirmou que a vida é indisciplinada. Uma visão de vida sistemática, coerente em si mesma, desvalorizaria essa indisciplina. Faria mais mal do que bem.

Podemos aprender duas coisas com esse aluno ousado.

Primeiro, é bem provável que ele esteja certo ao dizer que a coerência completa é um ideal inalcançável. Jamais conseguiremos ter tudo em perfeita ordem. A Pergunta é grande e complexa demais para qualquer um de nós responder a ela com ampla e rigorosa coerência.

Dado que haverá incoerências nas nossas visões, a questão importante é o que faremos ao encontrá-las. Em vez de temê-las ou tentar ignorá-las, talvez percebamos que essas incoerências apresentam oportunidades. Elas nos dão a chance de mergulhar de novo no discernimento, pesar as várias facetas das nossas respostas à Pergunta e tentar levá-las a uma síntese mais rica. Jamais chegaremos lá no fim, é verdade. Mesmo assim, tornar nossas visões mais coerentes é um objetivo importante, a não ser que nossa crença seja parecida com a convicção do aluno, de que a vida é inerentemente indisciplinada.

Esse *a não ser* aponta para a próxima lição.

Nosso aluno foi surpreendentemente *coerente* em seus motivos para defender a incoerência. Ele apelou a coisas que achava verdadeiras sobre o mundo e, a partir dessas coisas, raciocinou e chegou à conclusão de que as visões de uma vida que vale a pena não buscam uma coerência completa. A abordagem do aluno aponta para uma característica importante do trabalho com a Pergunta: todas as nossas respostas ganham forma dialogando com nosso senso do quadro realmente amplo "da vida, do universo e de tudo mais" – parafraseando Douglas Adams, autor de *O guia do mochileiro das galáxias*. É aí que passamos para o próximo capítulo.

SUA VEZ

1. Reveja suas respostas aos exercícios dos últimos três capítulos.
   - Como elas se encaixam umas nas outras?
   - Onde existem tensões ou contradições? Se você precisasse solucionar esses impasses, que resposta (ou respostas) gostaria de mudar?
   - Um dos três aspectos (conduta, circunstância e sentimento) tem prioridade na sua visão ou você tenta equilibrar os três? Se você tende a priorizar um deles, quais são os motivos para isso?

OITO

O quadro realmente amplo

Toda vez que ministramos o curso Life Worth Living em Yale, há uma sessão em que discutimos a visão de Yale da boa vida. A ideia é pensarmos juntos nas várias respostas à Pergunta que permeiam nosso espaço na universidade. A cada ano a conversa é diferente, mas um tema surge sempre: *meritocracia*, a ideia de que "a vantagem deve ser merecida mediante capacidade e esforço, não herdada".[1] Nossos estudantes estão certos ao identificar a meritocracia como um ideal influente em Yale.

Eles discordam entre si em relação à coerência com que a universidade implementa seu ideal meritocrático e a quão disseminado é esse ideal na sociedade. Também não há consenso sobre o ideal ser bom ou não. Mas os alunos concordam quase invariavelmente que a meritocracia não é um absurdo. Aceitam a premissa de que o mérito é real.

Mas certo ano um estudante virou essa suposição de cabeça para baixo. Ele disse algo do tipo: "Bom, a neurociência mostra que os seres humanos não têm livre-arbítrio. Tudo que fazemos é completamente determinado, o que significa que não somos responsáveis por nossas realizações. Assim, toda a ideia do mérito não faz sentido." O mesmo, disse ele, acontece com a culpa. Em outras palavras, não somos livres. Mas responsabilidade pressupõe liberdade. Portanto, na verdade não somos responsáveis por nossos atos, nossas realizações nem nada.

Por sua vez, a recompensa e o castigo deveriam ser dados a agentes responsáveis. Mas não existe essa coisa de agentes responsáveis. Portanto, não faz sentido praticar a recompensa e o castigo. Fazer isso é agir como se uma coisa (a responsabilidade) existisse, quando na verdade não existe. Não deveríamos recompensar nem punir, concluiu o estudante. Não deveria haver meritocracia. (Nem prisões.)

Foi um momento crucial. Se a afirmação desse aluno e o argumento que ele desenvolveu fossem verdadeiros, isso embolaria toda a conversa. E não somente aquela conversa. De repente todas as nossas discussões sobre prosperidade, boa vida e coisas assim foram postas em xeque.

A visão e a Pergunta

Esse episódio em sala de aula mostra que nossas ideias sobre o quadro realmente amplo das coisas – a natureza fundamental da realidade física, a metafísica da autonomia humana e coisas assim – são importantes para nossas tentativas de abordar a Pergunta. Elas descartam determinadas respostas. (Para usar um exemplo dado no Capítulo 3: não podemos prestar contas a Deus se Deus não for real.) E nos inclinam na direção de outras.

Assim, gostemos ou não, aprender a pensar no quadro realmente amplo é uma parte importante no aprendizado para abordar a Pergunta.

Certo, há motivos para não gostar disso. É compreensivelmente tentador querer ignorar o quadro realmente amplo. Afinal de contas, ele é realmente amplo, o que o torna intimidante. Quando se trata do quadro realmente amplo, estamos de volta à mesma dificuldade de quando tentamos pela primeira vez pensar na Pergunta. Se desvendar a prosperidade é algo que está acima da nossa alçada, sem dúvida coisas para as quais os filósofos usam nomes difíceis, como metafísica, ontologia e epistemologia, também estão.

Aqui pode ser útil usar a mesma estratégia que empregamos em todo o livro: dividir uma pergunta realmente esmagadora em partes moderadamente esmagadoras. Mas seria necessário outro livro inteiro (ou dois, ou três) para analisar até mesmo uma visão superficial das subfacetas do quadro realmente amplo.

Para não perder o embalo, por enquanto vamos nos concentrar em duas perguntas (inspiradas no teólogo cristão Norman Wirzba) que resumem algumas das características mais importantes do quadro realmente amplo: *Onde estamos? Quem somos?*[2] Essas duas perguntas sintetizam a função do quadro realmente amplo de nos orientar em relação ao que está ao redor (no sentido mais amplo) e nos dar a ideia do que é exatamente uma vida humana. Em termos mais breves e mais técnicos, elas nos ajudam a articular uma *cosmologia* e uma *antropologia*, um relato do mundo e um relato dos seres humanos.

Essas perguntas nos ajudarão a pensar em algumas descrições gerais e diferentes para o quadro realmente amplo. Também nos ajudarão a ver como questões aparentemente abstratas se conectam à matéria real da vida.

Começaremos fazendo as perguntas de Wirzba ao cristianismo, a tradição dele (e nossa), antes de considerar outras tradições e perspectivas.

Uma história de tudo

Aos 30 anos, uma mulher que só conhecemos como Juliana (1343-c. 1416) estava à beira da morte em seu aposento de um único cômodo anexo à Igreja de Santa Juliana, em Norwich, Inglaterra. Com um sacerdote ao lado, ela fixou os olhos numa imagem de Jesus morrendo na cruz e rezou. Então, nos diz Juliana, ela teve uma série de visões. Pouco depois se recuperou e escreveu uma curta narrativa de sua experiência.

Como parte da primeira visão, diz ela, Deus "mostrou uma coisa pequena, do tamanho de uma avelã, na palma da minha mão, e era redonda como uma bola. Olhei para aquilo com o olho da mente e pensei: 'O que pode ser isto?' E a resposta me veio: 'É tudo que é feito.' Fiquei imaginando como aquilo poderia durar, porque era uma coisa tão pequena que achei que poderia ter desaparecido de súbito. E a resposta na minha mente foi: 'Dura e durará para sempre porque Deus a ama; e tudo existe do mesmo modo pelo amor de Deus.' Naquela coisa pequenina eu vi três propriedades: a primeira é que Deus a fez, a segunda é que Deus a ama, a terceira é que Deus cuida dela".[3]

Para Juliana, do início ao fim, a história do nosso mundo do tamanho de uma avelã é a história do amor de Deus. Tendo passado mais de quinze anos pensando e processando o significado das visões que tivera, Juliana chegou a esta epifania: "Com certeza eu vi naquilo, e em tudo, que Deus nos amava antes de nos fazer e seu amor jamais diminuiu e jamais diminuirá. E todas as

Suas obras foram feitas nesse amor, e nesse amor Ele fez tudo para o nosso desfrute, e nesse amor nossa vida é eterna."[4]

Os seres humanos têm um status especial dentro dessa criação de amor. Citando a Bíblia, Juliana diz que fomos feitos à "imagem" e "semelhança" de Deus.[5] Porém manchamos essa imagem deixando de viver bem, rompendo o relacionamento de amor que Deus pretende para nós. Juliana é dolorosamente consciente de como ficamos longe da meta.

De modo crucial, no entanto, o amor de Deus cobre até isso. Deus ama sem falta, apesar de nossos fracassos. "Ele, que fez o homem por amor, por esse mesmo amor restaurará o homem."[6] Por mais que as coisas pareçam partidas, Deus vai consertá-las e trazê-las à plenitude do amor. Juliana escuta a voz de Deus dizer numa de suas visões: "Eu posso consertar todas as coisas, consertarei todas as coisas e deverei consertar todas as coisas; e você verá por si mesma que todas as coisas ficarão bem."[7]

Que respostas a experiência de Juliana sugere para nossas perguntas principais? *Onde estamos?* No mundo frágil e vulnerável que Deus criou por amor e para o amor. *Quem somos?* Criaturas amadas, mas propensas ao fracasso, feitas à imagem de Deus e amadas sem reservas pelo Deus que promete que "todas as coisas ficarão bem".

O que um quadro realmente amplo que se concentra no amor infalível de Deus pelas criaturas pode implicar para a vida? Como isso pode impactar nossas respostas à Pergunta? É difícil, para nós, dar uma resposta curta. No nosso trabalho cotidiano como teólogos cristãos, escrevemos livros inteiros sobre isso.[8] Mas tentaremos nos conter e observar apenas duas conexões aqui.

Primeiro, não há nada a provar. Não precisamos demonstrar nosso valor sendo perfeitos, puros ou altamente impressionantes. Nosso valor não decorre do que fazemos ou de quem somos, mas d'Aquele que nos ama. E esse amor é absolutamente, invencivelmente, infalivelmente garantido. Nada "será capaz de nos separar do amor de Deus que está em Cristo Jesus, nosso Senhor".[9] E isso significa que não precisamos viver sob o peso da culpa, da vergonha ou nos esforçando para provar algo. Podemos viver em liberdade.

Segundo, como somos amados, devemos amar. E essa não é simplesmente uma coisa recíproca, amando a Deus porque Deus nos ama. Deus ama o mundo e, ao amar a Deus, deveríamos amar o que Deus ama. Assim, deveríamos amar o mundo. Uma passagem da Bíblia mostra a dedução fundamental: "Amados, visto que Deus assim nos amou, nós também devemos amar-nos uns aos outros."[10] Esse amor deveria ser um eco finito do amor infinito de Deus. Deveria ser incondicional. Como Deus nos ama apesar das nossas falhas, deveríamos amar os outros (*todos* os outros) apesar das falhas deles.

Esse é um padrão bastante alto. Os cristãos não o alcançaram. Nem chegamos perto de demonstrar universalmente o amor de Deus pelo mundo. E às vezes isso parece se dever, em parte, ao modo como pensamos sobre o quadro realmente amplo.

Os últimos a chegar à ilha Tartaruga

Mesmo após décadas de trabalho de limpeza e tratamento, a água do lago Onondaga, no estado de Nova York, continua contaminada por mercúrio.[11] Se você comer muito peixe dali, pode ver caírem seus cabelos, dentes e unhas. O fundo do lago está cheio de metais pesados tóxicos, como chumbo e cobalto, além de substâncias químicas nocivas e com nomes difíceis de pronunciar: hidrocarbonetos policíclicos aromáticos, bifenilos policlorados, clorobenzenos e muitos outros. Alguns trechos da margem têm leitos com camadas de 20 metros de lixo industrial onde deveria haver solo.[12]

Robin Wall Kimmerer, uma bióloga ambientalista de Syracuse, cidade próxima ao lago, tem motivos para suspeitar dos relatos cristãos sobre o quadro realmente amplo. Kimmerer faz parte da nação potawatomi, um povo originário cujo território tradicional ficava a leste do que hoje é o Michigan. Durante vários séculos, colonos europeus que proclamavam o cristianismo empurraram os potawatomi para o sul e o oeste, do lago Huron até o lago Michigan, e por fim forçaram sua retirada da região dos Grandes Lagos para reservas e terrenos particulares nas Grandes Planícies do Kansas.[13] Foi a sociedade que aqueles colonos construíram que devastou o lago Onondaga.

Kimmerer não é irredutível. Não rejeita peremptoriamente a indústria e a tecnologia modernas nem culpa o cristianismo pela expropriação colonial de terras ou pela devastação ambiental. Mas critica de modo implícito algumas características de um quadro cristão realmente amplo em seu importante livro *A maravilhosa trama das coisas*.

Por um lado, um quadro cristão realmente amplo parece inclinado a tratar o planeta como um todo não diferenciado. Onde estamos? Na criação de Deus. Todos os lugares são igualmente isso. Assim, pareceria que todo lugar, no quadro realmente amplo, é de fato o mesmo.

Por outro, a orientação do cristianismo para o futuro tende a pensar nos seres humanos como meros exilados na Terra, "simplesmente passando por um mundo alienígena numa estrada difícil para nosso verdadeiro lar no Céu", como diz Kimmerer.[14]

E finalmente, sugere ela, o cristianismo isola demais os seres humanos das outras criaturas ao nos dar um lugar privilegiado. A ideia de que fomos criados à imagem de Deus autoriza o poder humano de maneiras que nos separam das outras criaturas. Fatos como a incrível taxa de destruição de outras espécies neste planeta (mais de mil vezes maior do que a taxa natural esperada) sugerem que não usamos bem esse poder.[15]

Kimmerer usa tradições indígenas norte-americanas para pintar outro quadro realmente amplo. Ela trabalha principalmente com a sabedoria dos povos algonquinos, parentes de sua nação potawatomi, e das nações iroquesas, em cujas terras tradicionais no norte do estado de Nova York ela mora atualmente.

Segundo as lendas iroquesas, não existia terra aqui embaixo até que uma mulher caiu do céu.[16] Se não fossem os gansos que subiram da água para interromper sua queda, ela teria morrido. Não fosse a tartaruga que ofereceu as costas, ela teria se afogado. Não fosse o rato-almiscarado que deu a própria vida num mergulho até o fundo do oceano para trazer lama para espalhar nas costas da tartaruga, de modo que as plantas pudessem crescer e a ilha flutuante se tornasse um lar para ela, ela poderia ter morrido de fome. Graças a esses e a outros ajudantes, a Mulher do Céu não morreu. Em gratidão, ela plantou o punhado de sementes da Árvore da Vida que tinha agarrado enquanto caía do mundo lá de cima. A terra floriu e produziu frutos.

O que a história da Mulher do Céu tem a dizer sobre onde estamos? Para começo de conversa, nós, pelo menos nós que vivemos na América do Norte, estamos na ilha Tartaruga. Mas o que, exatamente, isso significa?

Observe primeiro que a comunidade dos animais ajuda a mulher em sua necessidade e sua fragilidade. Ela só pode viver aqui porque o "aqui" – na forma de criaturas vivas com seus dons e modos de vida – a recebeu e a alimentou. Em termos gerais, nós vivemos em ambientes hospitaleiros criados por diversas outras criaturas não humanas, e esses ambientes são essenciais para nossa sobrevivência e nossa prosperidade.

Mas a história da Mulher do Céu não se destina primariamente a apresentar as coisas em termos gerais. Pelo contrário, é um modo de articular o relacionamento específico entre os povos iroqueses e sua terra natal. Independentemente do que diz sobre os seres humanos e nosso mundo em termos gerais, essa é acima de tudo uma descrição narrativa de um "aqui" específico. Kimmerer enfatiza que cada um de nós está num lugar específico com seus habitantes não humanos peculiares e seus ritmos temporais. A estepe da Ásia Central é um mundo de vida muito diferente da Bacia Amazônica. Muito mais próximos um do outro, o estuário de Puget (onde fica Seattle) tem uma ecologia nitidamente diferente da baía de São Francisco.

A maravilhosa trama das coisas entrelaça uma abundância de implicações diferentes desse senso de localização ecológica. Mencionaremos duas fundamentais. Primeiro, Kimmerer conclui que deveríamos "nos tornar parte do local", "aprender a viver *aqui* como se fôssemos ficar".[17] Pouquíssimos de nós, mesmo quando moram a vida inteira na mesma casa onde nasceram, se enquadram nesse conceito radical de Kimmerer. Isto é, pouquíssimos de nós vivem segundo os padrões de reciprocidade que reconhecem e sustentam a rede específica de espécies não humanas que constitui o lugar onde vivem.

Segundo, a história da Mulher do Céu representa os relacionamentos entre as espécies como sendo fundamentalmente cooperativos. A reciprocidade, não a exploração, é a verdade básica das coisas. "Toda prosperidade é mútua", como Kimmerer decreta.[18] Buscar nosso ganho às custas daqueles que estão em volta (humanos ou não) é viver em desacordo com o caminho mais profundo do mundo.

A história da Mulher do Céu também ilustra algumas respostas de Kimmerer à pergunta sobre quem somos. A Mulher do Céu entra num mundo já povoado por seres sábios, inteligentes. Ela é uma recém-chegada que deve aprender a trabalhar com os habitantes existentes para fazer um lar no mundo. Alinhadas a isso, segundo Kimmerer, várias tradições indígenas pensam em nós, humanos, como irmãos mais novos de criaturas não humanas. Os anishinaabe (um grande grupo cultural que inclui os potawatomi) falam sobre Nanabozho, o mítico Primeiro Homem, caminhando pela Terra e aprendendo com ela e seus habitantes a viver e prosperar.[19] A postura humana que corresponde adequadamente a esse status de irmão mais novo é de humildade e aprendizado.

Ao mesmo tempo, cada criatura tem um dom particular – algo peculiar e adequado que somente ela pode oferecer aos outros – e, portanto, uma responsabilidade particular.[20] Somos chamados a organizar nossos dons, reconhecer que são dons, agradecer e depois dar aos outros conforme o que recebemos. "Qualquer que seja o nosso dom, somos chamados a dá-lo e a dançar para a renovação do mundo, em troca do privilégio de respirar."[21] A imagem dos seres humanos como criaturas com dons numa comunidade de outras criaturas com dons leva a uma resposta à Pergunta que enfatiza a gratidão e a doação recíproca.

Lembre que Kimmerer é bióloga. Gratidão e dom não são categorias típicas da biologia empírica. Kimmerer dedicou boa parte da vida a sintetizar a sabedoria que ela vê no quadro realmente amplo dos povos indígenas da América do Norte com os dados oferecidos pela pesquisa científica. Mas nem de longe Kimmerer é a única que enfrenta a questão de como a ciência empírica moderna se relaciona com nossas descrições do quadro realmente amplo. Qualquer um que reconheça o valor de descobertas que vão das ondas de rádio à penicilina precisa trabalhar com ela. A questão é mais premente ainda porque um grande número de cientistas influentes argumenta que a ciência empírica na verdade proporciona o próprio quadro realmente amplo e, assim, estabelece os termos para todas as respostas plausíveis à Pergunta.

O paraíso num pontinho azul

Daqui de baixo, a Terra parece enorme. Mas em 1990 os terráqueos puderam ver as coisas de uma perspectiva bastante diferente – a uma distância de 5,9 bilhões de quilômetros, para sermos (relativamente) exatos. A sonda espacial *Voyager 1* fez fotos a partir das fronteiras do sistema solar e as mandou de volta para a Terra. De *lá*, a Terra parece minúscula e insignificante. Um "pálido ponto azul", segundo a famosa frase do astrônomo Carl Sagan (1934-1996).[22] No quadro realmente amplo, parece que nosso planeta é uma coisinha de nada.

Se o planeta que parece tão enorme para nós é um mero pontinho, o que isso faz de nós? Sagan escreve: "Na escala dos mundos – para não falar das estrelas ou galáxias – os seres humanos não têm a menor importância; são uma fina película de vida num pedaço obscuro e solitário de pedra e metal."[23]

Então onde estamos? Os cosmólogos e astrofísicos empíricos hoje estimam haver cerca de 10 bilhões de trilhões de estrelas no universo observável, a maioria agrupada em algo como 200 bilhões de galáxias. Somos "um pedaço de pedra e metal" que orbita uma estrela muito pouco notável dentre bilhões de outras numa galáxia bastante comum.

Segundo a visão de Sagan, essa situação tem sérias implicações para a Pergunta. Ela rebaixa radicalmente as pretensões humanas de grandeza e relativiza nossas diferenças e nossos conflitos uns com os outros.

> Pense nos rios de sangue derramados por todos aqueles generais e imperadores para que, em glória e triunfo, pudessem se tornar os senhores momentâneos de uma fração de um pontinho. Pense nas crueldades intermináveis provocadas pelos habitantes de um canto desse pixel sobre os praticamente indistinguíveis habitantes de algum outro canto. [...] Talvez não exista uma demonstração melhor da tolice das presunções humanas do que essa imagem distante de nosso mundo minúsculo. Para mim, isso enfatiza nossa responsabilidade de lidar mais gentilmente uns com os outros e de preservar e valorizar o pálido ponto azul, o único lar que já conhecemos.[24]

Somos pequenos, frágeis e marginais, diz Sagan. E isso significa que deveríamos ser humildes, amáveis e gentis.

Quando damos um zoom no "pedaço de pedra e metal" de Sagan para olhar sua "fina película de vida", a astrofísica e a cosmologia dão lugar à biologia como a disciplina científica empírica mais importante. A biologia contemporânea não somente pinta uma imagem de como os organismos vivos funcionam e interagem uns com os outros; também investiga como as espécies atuais passaram a existir através de processos de seleção evolucionária sob condições de competição.

Isso acrescenta uma camada mais granulosa à perspectiva astrofísica de onde estamos. Estamos num planeta que abriga sistemas ecológicos complexos, entrelaçados e com milhões de espécies de seres vivos, todos no meio de processos contínuos de mudança evolucionária que estão acontecendo há cerca de 3,5 ou 4 bilhões de anos.

Também sugere pelo menos em parte uma resposta à segunda pergunta: Quem somos? No nível mais amplo, os seres humanos são uma dentre milhões de espécies. Somos particularmente inteligentes. Mas, como todas as outras espécies, somos herdeiros de um determinado conjunto de características genéticas que produzem tendências comportamentais que chamamos de instintos. Nossos instintos não são tão inflexíveis e específicos como, digamos, os das formigas, mas mesmo assim são verdadeiros e influentes. Cada vez mais os biólogos contemporâneos dizem que nossos instintos são produtos de dois tipos diferentes de seleção evolucionária: a seleção individual e a seleção de grupo.

A seleção individual decorre da competição por recursos e pela reprodução entre *membros* de uma espécie. É o fenômeno que dá um pouco de credibilidade à antiga visão da evolução como uma luta feroz pela sobrevivência, do tipo cada um por si e todos contra todos. E na evolução humana ela tende a favorecer as variações genéticas que oferecem força, astúcia, exploração, traição, egoísmo – qualquer coisa que dê ao indivíduo uma vantagem dentro do grupo.

A seleção de grupo, como você deve supor, decorre da competição entre diferentes *grupos* dentro de uma espécie. Assim como um time de futebol que trabalha em conjunto terá um desempenho melhor do que outro em que cada jogador esteja buscando a glória individual, os grupos cooperativos têm vantagem evolucionária sobre os que não trabalham bem coletivamente. Isso significa que a seleção de grupo tende a favorecer variações genéticas que promovem a generosidade, a honestidade, o apoio mútuo e o altruísmo – pelo menos dentro do grupo.

Como o biólogo evolucionário Edward O. Wilson (1929-2021) resume: "Dentro dos grupos os indivíduos egoístas vencem os indivíduos altruístas, mas os grupos altruístas vencem os grupos egoístas."[25] A seleção individual e a de grupo funcionaram simultaneamente na evolução humana. Com isso, temos tendências produzidas pelas duas, o que nos puxa em direções divergentes. Na frase concisa de Wilson, "arriscando-me a simplificar demais, a seleção individual promoveu o pecado, enquanto a seleção de grupo promoveu a virtude".

Um alerta importante é que a competição entre grupos promove traços que Wilson chama de "tribalismo": a tendência a pensar em seu próprio grupo como superior e a tratar os membros do grupo melhor do que trata as pessoas de fora.[26]

Assim, na visão de Wilson, quem somos? Somos "ao mesmo tempo santos e pecadores, defensores da verdade e hipócritas", puxados entre o compromisso total com a comunidade e um instinto oposto de buscar o próprio bem às custas da comunidade, e possuindo uma tendência teimosa a privilegiar nossos grupos em detrimento dos outros.[27] Ao mesmo tempo, como somos bastante inteligentes, somos a Terra tornada consciente e curiosa. Somos a galáxia que passou a se conhecer.[28]

Wilson acha que a biologia evolucionária tem muitas implicações para a Pergunta. Por um lado, não há como fugir da nossa natureza conflituosa. Os puxões concorrentes do "pecado" (egoísmo) e da "virtude" (altruísmo) são essenciais para quem somos. O melhor que podemos fazer é aprender a abafar os piores efeitos do egoísmo e desfrutar da criatividade que nossa natureza conflituosa produz. A única coisa que podemos tentar superar completamente, segundo ele, é o tribalismo. Não existe motivo racional para acreditar que nosso grupo seja melhor ou mais importante do que os outros, e as consequências dessa crença são fatais. Deveríamos, então, usar a racionalidade que a evolução nos deu para buscar uma só humanidade. Se fizermos isso, diz Wilson, em pouco mais de cem anos talvez possamos "transformar a Terra num paraíso para nós e para a biosfera que nos fez nascer".[29]

O que podemos concluir das tentativas de Sagan e Wilson de pintar o quadro realmente amplo usando a paleta de cores da ciência empírica moderna?

Uma coisa importante a observar é que Wilson e Sagan ficam diante de uma versão aguda de um problema comum: como o *é* se relaciona com o *deveria*? Em outras palavras, como as descrições de como as coisas são se relacionam com prescrições sobre como deveriam ser? Essa pergunta representa um dilema. Por um lado, só porque uma coisa é de determinado modo, isso não significa que ela deveria ser assim. ("Eu roubei sua carteira. Logo, deveria tê-la roubado." Não. Quanto mais grave é o exemplo que você escolhe, mais abominável a ideia parece.) A lacuna entre *é* e *deveria* é a única coisa que dá alguma força ao *deveria*.

Por outro lado, que *motivos* podemos dar para um *deveria* sem apelar para um ou outro *é*? Por exemplo, os utilitaristas, como Bentham e Mill, afirmam que *deveríamos* buscar a maior felicidade geral. Por quê? Porque a felicidade *é* desejável. Uma distinção nítida entre *é* e *deveria* se arrisca a transformar todo *deveria* numa expressão de mera preferência. Arrisca-se a uma versão do que os filósofos chamam de "emotivismo": a visão de que as declarações com *deveria* não são verdadeiras afirmações, e sim maneiras tortuosas de dizer: "É assim que por acaso eu quero que seja."

Um modo comum de responder a esse problema é fazer uma distinção dentro do *é*. Dizer que existe um real *mais real*, uma verdade mais profunda, algo mais fundamental do que o modo comum, cotidiano, como as coisas são e identificar esse *é* mais real, mais profundo, mais fundamental como critério para o *deveria*. Por exemplo, judeus, cristãos e muçulmanos podem apontar para a verdade de Deus ou para a vontade de Deus como a realidade definitiva e afirmar que nós, humanos, deveríamos viver de acordo com ela. No caso de Kimmerer, ela parece distinguir entre a verdade profunda da interdependência e da reciprocidade, por um lado, e por outro os verdadeiros modos como tantos de nós vivem (como se fôssemos independentes e não devêssemos nada a criaturas que não são humanas). Sua mensagem é vivermos alinhados com aquilo que somos mais profundamente.

Se esse tipo de movimento funciona ou não é uma questão filosófica espinhosa. (Suspeitamos que possa funcionar, se bem aplicado.) Mas, de qualquer modo, pelo menos ele abre algum espaço para o *deveria*, ao mesmo tempo que tenta afastar um emotivismo absoluto.

Sagan e Wilson não têm onde fundamentar esse movimento em duas realidades. Eles são enfáticos ao dizer que só existe um nível de realidade:

a realidade empírica, material, governada por leis da física e da biologia.[30] (Nem todos os cientistas empíricos compartilham dessa visão.) Sagan e Wilson parecem ficar empacados apenas com o *é*. Como um telescópio pode nos dizer o que importa? Em que sentido é melhor reagir à vastidão do universo com humildade e harmonia entre os grupos do que com desespero pela nossa insignificância, ou numa luta de unhas e dentes para se agarrar ao minúsculo pedacinho de vida e aos recursos que temos? Que motivos temos para chamar o egoísmo de "pecado" e o altruísmo de "virtude", como faz Wilson? Ambos fazem parte do que somos. E por que não deveríamos continuar rebaixando as pessoas de fora e competindo com elas? É assim que sempre foi. Quem poderia nos dizer o contrário?

Para além de (ser) carne

Talvez a pergunta aqui seja: "Quem poderia nos dizer que sempre será assim?" Talvez o quadro realmente amplo do "onde estamos" e "quem somos" não seja tão fixo quanto afirma Wilson. Talvez exista uma grande mudança por acontecer. E talvez essa mudança esteja logo ali.

O inventor Ray Kurzweil conta uma história de tudo em seis estágios.[31] Primeiro houve a origem da química como a conhecemos (átomos, moléculas e coisas do tipo), com estruturas mais complexas emergindo nos milhões de anos depois do Big Bang. Em algum momento, aglomerados de moléculas passaram a se replicar e a vida nasceu, dando início ao segundo estágio da história: o processo evolucionário como a biologia moderna entende. Depois de milhões de anos veio o terceiro estágio: a evolução de organismos com cérebro e sistema nervoso. Um desses organismos, o ser humano, alcançou a capacidade de vislumbrar possibilidades futuras (como as consequências de pegar uma brasa acesa por um relâmpago e encostá-la numa pilha de capim seco e gravetos) e agir a partir delas. Essa capacidade provocou a transição para o quarto estágio: a tecnologia humana, que se desenvolveu num ritmo cada vez maior até nos trazer, hoje, à beira do quinto estágio. Logo, segundo Kurzweil, os humanos fundirão "o vasto conhecimento embutido no nosso cérebro com a capacidade, a velocidade e a possibilidade de compartilhamento de conhecimento muito maiores trazidas por nossa tecnologia".[32] Isso provocará uma espantosa explosão de inteligência: a inteligência não biológica vai reorganizar a matéria para seus propósitos computacionais e, por fim, saturar o universo.

Resumindo:

Física e química
Biologia e DNA
Cérebro
Tecnologia
Fusão da tecnologia com a inteligência humana
O despertar do universo

Onde estamos, segundo Kurzweil? Bem no crucial ponto de transição do quarto estágio para o quinto. Ainda habitamos nosso corpo biológico e dependemos, em grande parte, da nossa inteligência biológica, mas estamos começando a poder melhorar esse corpo e ir além dos limites do pensamento cerebral. "O que estamos fazendo é transcender a biologia. [...] Estamos virando a evolução biológica de cabeça para baixo."[33] Kurzweil chama de "Singularidade" esse decisivo momento de mudança. Ela anuncia o fim de toda distinção entre humano e máquina, entre realidade física e virtual.[34]

Se um arrepio de medo desce pela sua espinha (biológica) quando você pensa nisso (com seu cérebro biológico), você não está sozinho. Kurzweil está acostumado com isso e, para tranquilizar, levanta certas informações a respeito de quem somos.

Primeiro observe que o material que compõe nosso corpo muda o tempo todo. Temos um conjunto completamente novo de partículas a cada mês, mais ou menos, até no nosso cérebro. O que faz com que sejamos nós, segundo Kurzweil, é o padrão (de uma mente dependente de corpo e cérebro) que persiste com o tempo.[35] Mas até mesmo esse padrão acaba mudando. A gente cresce, aprende, envelhece e assim por diante.[36] O padrão muda, devagar e sempre. Segundo Kurzweil, não passamos de padrões em evolução constante. Não há, portanto, nada a temer com as evoluções do nosso padrão particular que o levem para além da biologia.

Segundo, como espécie, nossa característica fundamental é o impulso de superar quaisquer limitações que tenhamos no momento. "Ser humano significa fazer parte de uma civilização que busca expandir suas fronteiras."[37] Assim, ir além do "humano como o conhecemos" é uma das coisas mais humanas que poderíamos fazer.

Não há um ponto final na história transumanista de tudo contada por Kurzweil. Físicos têm defendido que em algum momento o universo terá fim, apesar de discordarem sobre como será esse apagar das luzes. Independentemente de como aconteça, o fim do cosmo seria um final pouco feliz para a grande história de Kurzweil. Mas ele é otimista. Talvez uma inteligência formidável, trilhões de vezes mais poderosa do que todos os nossos frágeis cérebros de carne juntos, encontre um modo de evitar a morte do universo ou então faça um novo, se este não aguentar para sempre.

Kurzweil imagina – e espera – esse interminável mundo de inteligência cada vez maior obtendo o que ela quer com uma velocidade, uma eficiência e uma imaginação incompreensíveis (para nós).

Ciclos de sofrimento

– Esta... é a nobre verdade do sofrimento.

No parque dos cervos, perto de Benares (atual Varanasi, na Índia), não muito longe do rio Ganges, o Buda falou aos seus primeiros seguidores. Ele apresentou a ideia quádrupla básica da sua iluminação, um conjunto conhecido no budismo como as Quatro Nobres Verdades.[38] Elas proporcionam os quatro pilares de seu quadro realmente amplo.

Segundo as narrativas tradicionais, o Buda vivia num mundo cultural que não estranharia a perspectiva de universos sucessivos num interminável cordão de mundos. Pensava-se que o tempo prossegue em gigantescas eras cíclicas de milhões, bilhões ou mesmo trilhões de anos. Os sistemas cósmicos crescem, declinam e morrem, para um novo sistema surgir e reiniciar o ciclo.

No nível micro, os seres individuais espelham esse padrão de nascimento, morte e renascimento no processo muitas vezes chamado (às vezes equivocadamente) de "reencarnação". Impulsionando esse processo, segundo essa versão do quadro realmente amplo, existem dois princípios. Por um lado, há o carma: cada ação (i)moral tem consequências para o agente que a realiza, e essas consequências podem ecoar através de várias vidas. Por outro lado, há o que o Buda chama de "anseio": o desejo busca a própria satisfação e, quando encontra essa satisfação, surge em seu lugar um novo desejo.

O quadro geral é de um processo agitado, perpétuo, cíclico, de causa e efeito, nascimento, morte e renascimento – tanto no nível micro quanto no macro. O termo técnico para isso é *samsara*, que é um bom candidato a uma resposta curta do Buda à pergunta sobre onde estamos.

O budismo se desenvolveu a partir e ao lado de diversas outras religiões e tradições filosóficas do Sul da Ásia. Algumas dessas tradições afirmam que existe um "eu" (*ātman*) estável que persiste através das interações do *samsara*. O Buda, diferentemente, ensinava a doutrina do "não eu" (*anātman*). Somos conglomerados mutáveis de "agregados". Persistimos através do tempo, mas sem uma essência imutável.

Pode parecer que existe aqui uma visão bastante direta que podemos ter sobre a boa vida. Não precisamos nos preocupar com a morte, diria essa visão, porque ela não é o fim para nós. E mais: graças ao carma temos a oportunidade de trabalhar nosso caminho para vidas cada vez melhores. Fazer bem fazendo o bem, como dizem eles.

Mas calma lá, diz o Buda. O ciclo do *samsara*, como ele o vê, não é apenas o pano de fundo da nossa vida. É um problema. *O* problema. As duas primeiras das Quatro Nobres Verdades do Buda dizem isso. A primeira é a "nobre verdade do sofrimento [*duhkha*]": "O nascimento é sofrimento, a velhice é sofrimento, a morte é sofrimento, estar perto do que não apreciamos é sofrimento, estar longe do que apreciamos é sofrimento, não obter o que queremos e buscamos é sofrimento, o corpo é sofrimento, o sentimento é sofrimento […], a consciência é sofrimento. Em suma, os cinco *skandhas* [agregados] de apego às coisas materiais são sofrimento." O Buda vislumbrou essa virtude quando, na época em que ainda era o príncipe Sidarta, viu o velho, o doente e o cadáver e decidiu renunciar à vida régia. A ideia básica é que tudo tende à dissolução. Nada é realmente estável.

Mas isso é apenas o fato. Na segunda nobre verdade, o Buda diz que é o anseio que pega esse fato e o transforma em sofrimento. Anseio é apego passional. É o tipo de desejo que nos convence de que as coisas são de um modo, não de outro. É o desejo que não quer abrir mão de seu objeto. Mas, como nenhum objeto é estável, o anseio nos ata a coisas passageiras. E assim há um "sofrimento" trançado no tecido da nossa vida no ciclo do *samsara* – uma doença e uma inquietação.

A solução, oferecida na terceira e na quarta nobres verdades, é parar de ansiar totalmente seguindo o caminho apresentado pelo Buda. A resposta é fazer o bem de modo que coisas boas venham a você, ou só ansiar pelo que você pode conseguir, ou expandir sua capacidade de modo que você possa conseguir tudo que deseja. Todas essas abordagens nos deixariam presos na lógica do anseio. Elas nos colocariam na luta incessante, infrutífera, para afastar a tendência fundamental que as coisas têm de ser passageiras. E isso significa que, para o Buda, a Singularidade de Kurzweil não escapa do problema verdadeiro, mas se joga para dentro dele com uma entrega contente. Segundo o quadro realmente amplo do Buda, uma enorme superinteligência moldando o universo à sua imagem numa escala de tempo indefinida não é questão de esperança. É a apoteose do sofrimento samsárico.

Imagine o Buda voltando para encontrar um ser com trilhões de vezes a capacidade computacional de um cérebro humano. O que ele poderia dizer? Talvez cruzasse as pernas, respirasse calmamente e começasse:

– Esta... é a nobre verdade do sofrimento.

Absorvendo tudo

Percorremos um longo caminho neste capítulo. De Deus à reciprocidade agradecida; da Singularidade ao *samsara*. Se uma coisa é certa, é que você não saiu desse redemoinho com um quadro realmente amplo totalmente formado, metafisicamente robusto, para ajudar na sua resposta à Pergunta. Então o que podemos deduzir de tudo isso?

Correndo o risco de simplificar demais, aqui estão quatro saídas:

1. *Pense (mas não muito).* Como dissemos no início do capítulo, não há como escapar do quadro realmente amplo, então talvez possamos pensar no que consideramos verdadeiro sobre ele. Ao mesmo tempo, jamais chegaremos ao xis da questão. A obsessão de desvendar o quadro realmente amplo não é somente exaustiva – é algo que costuma nos afastar da tentativa de *viver* respostas à Pergunta. Em algum momento, cada

um de nós simplesmente precisa aceitar que algumas coisas são o que são. É inevitável.

2. *Reconheça a discordância.* Estivemos num redemoinho de cinco relatos sobre o quadro realmente amplo. A esta altura já deveria estar claro que eles não são apenas versões diferentes de algum entendimento essencialmente universal do mundo. A ciência não vai chegar a cavalo e salvar o dia. Kimmerer, Sagan, Wilson e Kurzweil estão totalmente comprometidos em aceitar as descobertas da pesquisa empírica. Assim como muitos cristãos e budistas. No entanto, suas visões do quadro realmente amplo não são mutuamente compatíveis. Eles discordam não somente em alguns detalhes, mas também em pontos centrais. Pode ser desconfortável reconhecer como essas discordâncias são profundas, mas encobri-las só servirá para nos desviar do caminho.

3. *Enfrente o dilema do é/deveria.* Isso é especialmente importante para quem é cético em relação a qualquer tipo de realidade "transcendente", a qualquer real mais real ou verdade mais verdadeira que possa prescrever como as coisas deveriam ser. Será que queremos e podemos abrir mão totalmente do *deveria*? Ou reduzir o *deveria* a *eu prefiro*? Se a resposta for não, que alternativa podemos encontrar?

4. *Não esquente a cabeça (demais).* Quando se trata do quadro realmente amplo, como acontece em relação à Pergunta, sempre haverá algum risco envolvido. Por mais que nos esforcemos, podemos entender mal algumas coisas – coisas importantes. (Dada a ampla discordância entre as pessoas, as chances são de que *a maioria* de nós entenda mal *um monte* de coisas.) Isso não significa que devamos simplesmente jogar a toalha. Mas talvez precisemos aprender a viver com o risco. Precisamos levá-lo a sério sem deixar que ele nos paralise. Em outras palavras, algo como *confiança* é essencial para buscar a Pergunta.

SUA VEZ

1. Que tradições moldaram a sua ideia do quadro realmente amplo?

2. O que você pensa sobre *onde estamos*? As seguintes perguntas podem ajudá-lo a formular sua resposta:
   - Que histórias moldam sua ideia sobre o mundo e seu lugar nele?
   - O que é o mundo para você? Um universo vasto? A criação de Deus? Uma rede de interdependência mútua? Alguma outra coisa?
   - O que você *sente* quando pensa no mundo e em seu lugar nele? Você se sente pequeno? Amado? Frágil? Responsável? Agradecido? (Todas as opções anteriores?)
   - O que você se sente compelido a *fazer* quando pensa no mundo no contexto da sua ideia do quadro realmente amplo? Que ações parecem estar sob sua responsabilidade?

3. O que você pensa sobre *quem somos*? Considere as seguintes perguntas:
   - Que histórias moldam sua ideia sobre o que é um ser humano?
   - O que são os seres humanos para você? Acidentes evolucionários? Criaturas amadas? Irmãos mais novos de espécies não humanas?
   - O que você *sente* quando pensa nos seres humanos do modo como acabou de descrever?
   - Como você entende nossos relacionamentos como seres humanos com a vida não humana?
   - O que você se sente compelido a *fazer* quando pensa nos seres humanos no contexto da ideia que você faz do quadro realmente amplo? Que ações parecem estar sob sua responsabilidade?

QUARTA PARTE

Encarando os limites

NOVE

Quando (inevitavelmente) fazemos besteira

Enquanto estava na prisão, Oscar Wilde examinou seu relacionamento fatídico com Alfred Douglas, que o fizera parar ali. O que viu o deixou consternado. Mas ele não era um criminoso penitente sentindo remorso por seus crimes. Wilde sabia que as leis e o sistema que o haviam condenado eram injustos.[1] Não se arrependia de ter violado a lei e desafiado o sistema. As leis – especialmente as injustas – eram para as pessoas de mente pequena que se preocupavam com o que os outros pensavam. O que o deixava consternado era quem ele havia se tornado no contexto do relacionamento. Seu verdadeiro crime fora contra si mesmo.

Tinha sido bastante agradável – talvez até de mais. Manhãs desocupadas e almoços preguiçosos, vendo e sendo visto. Wilde era uma raridade: um gênio reconhecido em seu tempo. (Não acredita? Leia Wilde. Ele mesmo vai lhe dizer isso!) Sem dúvida suas sobremesas voluptuosas eram merecidas. Mas a vida que ele viveu com Douglas teve um impacto terrível em sua produtividade. "Não estou recorrendo aqui a hipérboles retóricas, mas à verdade absoluta para com o fato real quando lembro a você que, durante todo o tempo em que estivemos juntos, jamais escrevi uma única linha", escreveu o brilhante dramaturgo em sua cela.[2] E no entanto, insistiu, sua censura não era principalmente a Douglas, mas a si mesmo: "Ao permitir que você [Douglas] fique persistentemente entre mim e a Arte, atribuo *a mim mesmo* a vergonha e a culpa no nível mais alto."[3]

Talvez a consternação de Wilde pareça uma reação exagerada. Todo artista passa por períodos de bloqueio criativo, não é mesmo? Só que, dentro da visão de vida de Wilde, essa ansiedade faz sentido.

Veja bem, Wilde era um individualista.[4] Acreditava que existiam incontáveis maneiras lindas e maravilhosas de ser humano. O melhor modo para uma pessoa viver seria encontrar sua expressão particular de humanidade e desenvolvê-la por completo. Wilde sabia que seu caminho, seu dom e seu gênio eram os da arte.[5] Para ele, desperdiçar sua vocação artística era um fracasso devastador. Era o mesmo que uma vida desperdiçada.

Há algo profundo e significativo no autodiagnóstico de fracasso de Wilde, não obstante toda a arrogância e a acidez que funcionavam como autoproteção. Não é que ele tenha fracassado no que desejava. Ele tinha conseguido *exatamente* o que queria – uma vida de luxo e lazer nos braços de um jovem amante – e tinha conseguido isso em grande quantidade. O problema era que, ao obter o que queria, tinha traído os próprios ideais elevados. Tinha fracassado em viver de acordo com seu melhor entendimento do tipo de ser humano que realmente valeria a pena ser.

Vamos chamar de "fracasso pessoal" o tipo de fiasco que Wilde enxergou no seu passado, porque tem a ver com quem nós somos como pessoas, não somente com o que alcançamos em nossos projetos. Tem a ver com estarmos vivendo ou não a vida que acreditamos ser digna da nossa humanidade, com o sucesso ou o fracasso como seres humanos.

A primeira coisa a saber é que vamos fracassar assim – cada um de nós. Nossos fracassos podem não ser catastróficos. Podem não ser nem um pouco espetaculares. Pequenas mentiras aqui, minúsculas promessas não cumpridas ali. Um pouco de indiferença fria onde deveria haver compaixão. Uma fileira de pequenas concessões – cada uma delas completamente compreensível – que pouco a pouco afastam você da vocação que considera importante. E em tudo isso você passa de uma visão de vida a outra que oferece um pouco mais de gratificação instantânea ou que se encaixa melhor com o que todas as pessoas estão buscando. Resumindo: um grande número de pequenos fracassos pessoais pode ir crescendo até chegar a algo muito mais difícil de engolir: o Fracasso pessoal com *F* maiúsculo.

E, quando você perceber que fez besteira – se tiver essa sorte –, isso vai doer. Você ficará desapontado consigo mesmo. E precisará saber o que fazer a respeito.

A sensação de estar errado

Em sua TED Talk de 2011, a jornalista Kathryn Schulz perguntou à plateia: "Qual é a sensação de estar errado?" As pessoas responderam de modo bastante previsível: é horrível e vergonhosa. Schulz agradeceu as respostas. Mas afirmou que todos estavam respondendo à pergunta errada. Estavam respondendo à pergunta: "Qual é a sensação de *perceber* que você está errado?"

Estar errado sem perceber dá exatamente a mesma sensação de estar certo. Esse é o problema. O mesmo acontece em relação a fazer o que é errado. Se não percebemos o erro, fazer a coisa errada nos dá a mesma sensação de fazer qualquer outra coisa. Só estamos agindo e vivendo normalmente.

Há uma perigosa armadilha aqui. Podemos ter bons valores – talvez até os valores certos – e estar vivendo insensatamente fora de compasso ou até mesmo em oposição direta ao que consideramos digno da nossa humanidade. E, assim que começamos a ir nessa direção, os incentivos para permanecermos ignorantes vão se acumulando. Afinal de contas, não sentimos que estamos errando o alvo. Achamos que estamos fazendo o que é certo. Sem saber, estamos nos enganando. E é fácil entrar nos ciclos de autoengano, mas é incrivelmente difícil rompê-los.

Alguma coisa precisa nos virar de cabeça para baixo para percebermos o erro. Pode ser uma crise como a de Wilde. Quando o fluxo regular da vida e dos relacionamentos é rompido, aí pode estar a oportunidade de vermos nossos hábitos e nossas escolhas sob uma nova luz.

Muitas vezes, o que nos tira disso é uma pessoa. Se tivermos sorte, será um amigo, ou um mentor, que nos levará a ver que não estamos vivendo à altura dos nossos padrões. Talvez como o mentor que um dia disse a Matt que o modo como ele estava tratando um dos seus amigos era "indigno" dele. Isso ainda dói. Mas as pessoas que gostam de nós costumam nos chamar a atenção para nosso bem. Elas querem nos ver crescer e viver em sincronia com nossos valores.

Com mais frequência do que gostaríamos, quem soa o alarme é alguém a quem fazemos mal. Essa pessoa dá nome ao mal e ao nosso papel nele. Talvez ela nos procure para conversar. Talvez desabafe com outra pessoa. De qualquer modo, fomos descobertos. A trama foi revelada.

Por mais doloroso que possa ser, uma coisa importante acontece nesses momentos. Estamos sendo confrontados com a verdade do nosso comportamento. E dizer a verdade é uma precondição para qualquer coisa que possamos esperar que venha em seguida.

Se é preciso sermos virados de cabeça para baixo para enxergar quando fracassamos, talvez uma chave para viver bem a vida seja a possibilidade de sermos virados de cabeça para baixo. Jamais desperdice uma boa crise, uma crítica amistosa ou uma verdade desconfortável. Mas isso pode implicar uma luta contra seus instintos mais fortes em relação ao que fazer em seguida.

Negar, negar, negar

Seu primeiro instinto quando é criticado pode ser negar. Negar a si mesmo. A seus amigos. A qualquer um que pergunte. Você sente o impulso de se recusar a admitir que fez algo errado ou pisou na bola.

A negação pode assumir pelo menos três formas. Você pode negar os fatos (*Não fui eu!*). Pode negar que é responsável pelo fracasso (*Eu não tive escolha!*). Ou pode mudar de lugar as traves do gol: admitir os fatos, mas negar que eles signifiquem um fracasso pessoal (*E daí se eu fiz? Não há nada de errado nisso!*).

De qualquer modo, a mensagem é a mesma: *Não há nada de errado aqui! Está tudo bem! Vida que segue!* O objetivo é varrer os fracassos pessoais para debaixo do tapete e ir em frente.

O instinto de negação é completamente compreensível. Admitir um fracasso pessoal coloca você na posição de ter que reconhecer que estava errado e depois ter que fazer algo a respeito. E muitas vezes não sabemos *como* lidar com isso. Nos programas de doze passos, o primeiro é admitir que você tem um problema. Acontece que, se você não sabe quais são os passos que vão do dois ao doze, admitir o problema pode ser apenas um horrível beco sem saída. Se confundirmos o que fazemos com quem somos, sem termos qualquer esperança para o futuro, bate o desespero: *Sou uma pessoa medonha. E agora?*

E, mesmo se tivermos uma ideia de como reagir ao nosso fracasso pessoal, a negação ainda pode parecer um passo sensato. Suspeitamos que os outros sempre nos definirão pelo que temos de pior. Que jamais conseguiremos nos livrar do fardo. Que há um rótulo negativo e uma enchente de tweets maldosos nos esperando. Que existem até mesmo pessoas que ficariam felizes em usar nossa fraqueza para nos fazer mal e tirar vantagem.

Sabemos disso por experiência própria. Muitos de nós têm sido o tipo de pessoa que define os outros pelo que há de pior neles, que põe mais lenha na fogueira, que rotula e aponta erros. Sabemos como podemos ser implacáveis quando os outros falham. Por que esperaríamos outra coisa da parte deles? E quem quer pagar para ver? Assim, a ânsia de varrer as coisas para debaixo do tapete faz todo o sentido. Mas não significa que seja algo bom.

Por um lado, a negação ainda significa enganar, tanto a nós mesmos quanto os outros. Quando negamos nosso fracasso, sentimos necessidade de provar a mentira da nossa inocência e da nossa excelência.[6] Por outro, negar um fracasso pessoal torna mais provável que fracassemos outra vez. É como um teto com goteira. Ele não vai se consertar sozinho. Pode até ser que passe algum tempo sem pingar, mas quando chover de novo... E, claro, a verdade tem o costume de aparecer mesmo quando a negamos. Então precisamos lidar não somente com o fracasso, mas também com a negação.

Os amigos que chamamos aqui para conversar sobre a Pergunta raramente concordam. Mas há um consenso impressionante no seguinte quesito: não podemos reagir bem ao fracasso pessoal se o negarmos. Só uma pessoa tão idiossincrática e iconoclasta quanto Nietzsche discordaria. "Não seja covarde em relação aos seus atos!", escreveu ele no crepúsculo da sua sanidade.[7] Até que ponto escreveu isso para si mesmo ou para os outros, não sabemos. "Não os abandone depois! A pontada da consciência é obscena." Em outras palavras, admitir o fracasso pessoal é o fracasso da coragem.

É uma ideia tentadora. Promete autoconfiança e orgulho inabaláveis, mas, a não ser que você esteja disposto a ir até o fim com Nietzsche – e esse é um caminho longo, difícil e provavelmente impossível de seguir –, um passo essencial na resposta ao fracasso pessoal sempre será admiti-lo. Talvez seja isso que a verdadeira coragem exija.

Assim, digamos que você tenha superado o instinto de negar. Você admite que em algum comportamento, alguma omissão ou algum hábito fracassou em viver à altura dos próprios padrões. E agora?

A abordagem Daniel Tigre

Há um episódio no fantástico desenho animado *Daniel Tigre* em que o felino do título está jogando bola com alguns amigos. Todas as outras crianças pegam a bola na primeira tentativa, mas Daniel a deixa cair. Chateado, ele pensa em desistir, mas seus amigos o encorajam. "Continue tentando, você vai melhorar!", entoam a cada tentativa. Até que, é claro, ele consegue pegar a bola. E tudo fica bem.

"Continue tentando" é uma das respostas prediletas da nossa cultura ao problema do fracasso pessoal. Você fez algo errado? Não viveu à altura dos seus padrões? Bem, monte no cavalo de novo. Tente outra vez. Da próxima vai ser melhor. A solução é força de vontade e prática.

"Continue tentando" pode ser inspirador. Estabelece um desafio e depois nos diz que somos capazes de cumpri-lo. Quem não adora uma história de esforço e sucesso?

Mas e se tentar não for o bastante? "Vou parar de mexer no celular e me concentrar nos meus filhos" é uma bela decisão até que sua mente se distrai e seus dedos começam a ir em direção ao bolso. Algumas vezes o fracasso pessoal se parece menos com um escorregão esporádico e mais com hábitos profundamente entranhados (ver capítulos 13 a 15).

E, quando o fracasso é grande e profundo, pode minar nossa confiança em tentar de novo. Achávamos que éramos um tipo de pessoa, mas acontece que somos outro. Como seguir em frente desse jeito? "Continue tentando" já não serve mais. *Eu estava tentando, e veja no que deu.*

E mais: tentar de novo não aborda o verdadeiro fracasso que já aconteceu, mesmo se a nova tentativa for bem-sucedida. Alguns dos nossos fracassos criam feridas que anseiam por cura, erros que exigem conserto. Você pode até tentar não trair nenhum outro amigo, mas o que fazer quanto ao amigo que você já traiu?

No restante do capítulo vamos considerar algumas maneiras de reagir ao fracasso pessoal. Elas buscam solucionar pelo menos um destes dois problemas relacionados ao "continue tentando": (1) quando tentar com mais afinco não adianta e (2) o que fazer com o que já deu errado.

Comece pequeno

As notícias que vinham de Bengala Oriental (atual Bangladesh) em 1971 eram terríveis. A população já empobrecida estava sendo devastada por uma campanha de assassinatos em massa por parte do governo, pela guerra civil que veio em seguida e por um ciclone. Milhões de pessoas ficaram desabrigadas e um número ainda maior estava passando fome ou doente.

 Enquanto tudo isso acontecia, o jovem filósofo australiano Peter Singer olhava ao redor e descobria, de modo perturbador, que o mundo não parecia se importar muito. Pessoas estavam famintas. Enfermos morriam. E o mundo não estava fazendo o suficiente a respeito. *Ele* não estava fazendo o suficiente.

 Bem, para Singer, "fazer o suficiente" não é pouca coisa. Ele é um utilitarista. A floresta dele é todo ser senciente e cada árvore na floresta tem a mesma importância. Isso significa não privilegiar a si mesmo. Significa que fazer a coisa certa diante de um desastre como a fome em Bengala, ou do fato de hoje em dia mais de 350 milhões de crianças em todo o mundo viverem com menos de 1,90 dólar por dia, é se doar ao extremo, a ponto de sacrificar a si mesmo para ajudar os outros.[8] Fazer qualquer coisa menos que isso seria fugir de um dever moral.

 Singer admite que jamais alcançou esse padrão. E sabe que quase nenhum de nós jamais vai alcançá-lo. Todos estamos fracassando o tempo todo.

 Há quem diga que esse é um argumento contra o utilitarismo: ele é simplesmente difícil demais para os seres humanos. Mas Singer não concorda. Por que nosso fracasso em sermos morais muda o que significa ser moral?, pergunta ele. Por outro lado, se for isso mesmo, o que você deveria fazer (em termos práticos, como a pessoa que você é, não como um herói moral utilitarista)?

 Em poucas palavras, a resposta de Singer é a seguinte: comece pequeno. Não tente alcançar o padrão inteiro de uma vez. Em seu livro *Quanto custa salvar uma vida?*, Singer propõe um ponto de partida, desafiando cada pessoa a doar certa porcentagem de seus rendimentos (começando com 1%) para reduzir o suplício das pessoas extremamente pobres do mundo.

 A ideia básica é usar qualquer inspiração que você possa obter a partir do ideal utilitarista para fazer uma pequena mudança no seu comportamento.

Talvez (provavelmente) você descubra que isso não é tão ruim. E assim você vai dando um passo após outro, à medida que se sentir mais confiante. É bem provável que jamais alcance o padrão. Sempre estará um pouco aquém. Mas estará chegando mais perto, e por causa disso o mundo será um lugar melhor. Isso, pelo menos, é o que Singer espera.

Singer tem uma resposta razoavelmente clara para o primeiro problema que encontramos na abordagem Daniel Tigre (às vezes tentar de novo só direciona você para o fracasso). Por outro lado, quando começa pequeno, você se direciona para o sucesso. Não tenta dar um passo maior que as pernas. Dá a si mesmo a chance de programar a vitória e seguir – talvez lentamente, mas pelo menos com alguma certeza – na direção de uma vida mais alinhada com sua visão de prosperidade.

Quanto à culpa que carregamos pelos erros do passado, Singer não é tão claro. Nesse aspecto, os antigos rabinos judeus têm um bocado de coisas a dizer.

Arrependa-se!

Num texto do século XVIII ou XIX, escrito por rabinos desconhecidos, encontramos uma narrativa da Criação. Antes da Criação propriamente dita, primeiro Deus pensou em criar o mundo. E assim, como "um rei que deseja construir um palácio para si próprio", Ele começou a esboçar os planos arquitetônicos para literalmente tudo.[9] Mas descobriu que a estrutura planejada era instável. Se a construísse, ela iria desmoronar. Faltava alguma coisa, algo fundamental. Só quando Deus pensou em criar primeiro o arrependimento o mundo pôde permanecer de pé e a Criação pôde prosseguir.

Por que o arrependimento seria algo tão literalmente fundamental? Por que a própria existência do mundo dependeria dele?

Em primeiro lugar, os rabinos estão convencidos de que os seres humanos vão fracassar inevitavelmente. O fracasso pessoal é como a lama densa no livro infantil *We're Going on a Bear Hunt* (Vamos à caça do urso): não podemos passar por cima dela, não podemos passar por baixo dela... precisamos atravessá-la. O que quer dizer que precisamos ter algum modo de lidar com o fracasso.

Mas não é só isso. Tanto os rabinos como a Bíblia hebraica acreditam muito que o fracasso pessoal é mais do que apenas pessoal. Nossos fracassos não afetam apenas a nós mesmos. Eles rompem relacionamentos. Como essa é uma visão segundo a qual precisamos prestar contas a Deus por termos seguido ou não Seus mandamentos, o fracasso pessoal inevitavelmente rompe nosso relacionamento com Ele. E sejamos francos: uma enorme quantidade dos nossos fracassos pessoais também afeta outras pessoas.

Tudo isso faz dos fracassos pessoais uma coisa muito séria. Eles não nos derrubam simplesmente do reino da grandiosidade para um reino um pouquinho menos grandioso. Para usar a linguagem pesada dos antigos textos judaicos, eles são uma questão de pecado.

Isso responde à nossa pergunta: se (a) o fracasso pessoal é um problema tão grande assim e (b) se não podemos simplesmente evitá-lo, então começa a fazer sentido que a vida humana precise de arrependimento para se manter de pé.

Para entender o que os rabinos querem dizer com *arrependimento*, podemos começar com a palavra em hebraico que eles usam: *teshuva*. A raiz da palavra significa "girar". O arrependimento tem a ver com um giro de 180 graus que restaura os relacionamentos. O erudito judeu do século XII Moisés ben Maimon (ou Maimônides; 1138-1204) diz que "o arrependimento aproxima os separados".[10] Ele pega o tecido relacional rasgado pelo fracasso pessoal e costura os pedaços.

O arrependimento desse tipo tem dois lados. Um olha de volta para o próprio fracasso. Implica confessar, restituir e receber o perdão. Seu objetivo é consertar as coisas e os relacionamentos. O outro lado dá meia-volta e olha para o futuro. Implica compromisso com a mudança, e seu objetivo é fazer a coisa certa de agora em diante.

Comecemos com o olhar para trás. A primeira coisa a fazer é confessar. A ideia aqui é de que sempre há alguém, além de nós, que sofre por causa dos nossos fracassos pessoais e assim não basta reconhecer nosso fracasso internamente. Para começarmos a nos arrepender – e a iniciar a meia-volta –, é importante chamar o fracasso pelo nome e admiti-lo no contexto dos relacionamentos relevantes. Segundo a visão de Maimônides e dos rabinos, cada pecado rompe nosso relacionamento com Deus. Isso significa que a confissão a Deus faz parte de todo arrependimento. Mas muitos dos nossos fracassos pessoais também rompem relacionamentos com outras pessoas. Maimônides diz que, quando o seu pecado faz mal a outra pessoa, você deve confessá-lo não somente à pessoa que você prejudicou, mas também a uma comunidade mais ampla.[11] Fazer isso esclarece as coisas. A comunidade pode ficar de olho enquanto você muda seu modo de agir.

Só que nem sempre basta confessar. É muito bom pedir desculpas, mas isso não muda o que aconteceu. A parte de olhar para trás também exige a restituição: fazer o máximo para compensar qualquer mal que tenhamos cometido. Maimônides diz que Deus não absolverá alguém por um pecado contra outra pessoa até que o ofensor faça uma restituição monetária e peça perdão ao ofendido.[12]

A confissão e a restituição olham para trás com o objetivo de consertar as coisas. Mas o arrependimento também tem a ver com dar uma guinada. Tem a ver com uma nova direção, uma correção de rumo fundamental. Assim, olhar para a frente e decidir mudar é parte essencial desse tipo de arrependimento. O rabino Adda bar Ahavah (século III ou IV d.C.) afirma que "a confissão sozinha é inútil, mas aquele que também abandona suas transgressões recebe misericórdia".[13] Não basta pedir desculpas. Nem basta consertar as coisas. Reagir bem ao nosso pecado exige que mudemos de vida.

O modelo bilateral de arrependimento – consertar as coisas e fazer o que é certo – leva a sério os impactos verdadeiros dos nossos fracassos pessoais sobre os outros e sobre nossos relacionamentos. Mas será que ele é suficientemente realista em relação à nossa capacidade de fazer o que é certo depois de termos falhado? O lado do "fazer o que é certo" seria apenas outra versão do "continue tentando"? A não ser que nos tornemos totalmente justos, como podemos fazer o que é certo o tempo todo?

Os rabinos reconhecem que tendemos não apenas a fracassar, mas a fracassar de novo e de novo. Dizem que perto do coração humano há um "impulso" (ou uma inclinação) para o mal.[14] Nós podemos lutar contra ele. Esse é o trabalho duro do arrependimento. Mas não podemos realmente suplantá-lo. Precisamos de ajuda. Precisamos de Deus, tanto para perdoar os erros que cometemos quanto para nos ajudar a fazer o que é certo. O rabino Shimon ben Lakish (*c.* 200-*c.* 275) coloca a coisa do seguinte modo: "A inclinação maligna de uma pessoa a domina a cada dia e procura matá-la. [...]

E, se não fosse o Sagrado, Bendito seja Ele, que a ajuda com a boa inclinação, essa pessoa não conseguiria suplantá-la."[15] Deus está ali, proporcionando uma força contrária ao impulso maligno que nos puxa para trás na direção do pecado. E sem essa ajuda divina nossos esforços seriam infrutíferos.

Assim, poderíamos lidar com o fracasso pessoal chamando-o de pecado, buscando o arrependimento e recebendo o perdão. Os rabinos judeus não estão sozinhos nessa perspectiva. Pensadores cristãos e muçulmanos aproveitam e desenvolvem ideias semelhantes. E se toda essa falação sobre "pecado" for na verdade o problema?

Observe

Segundo o ponto de vista da professora americana de budismo Pema Chödrön, o problema não são os pecados dos quais precisamos nos arrepender, mas toda a categoria do pecado em si e os padrões destrutivos que ele produz. "A luta fundamental", segundo ela, "está no nosso sentimento de estarmos errados, em nossa culpa e na vergonha em relação ao que somos."[16] A única solução é "fazer amizade" com esse sentimento, encontrando um modo mais compassivo de viver com nós mesmos e com os outros.

Segundo Chödrön, o Buda ensina que existem "quatro fatores" para suplantar os malfeitos do passado. Basicamente essa é a resposta dele ao fracasso pessoal. Para Chödrön, todo o processo é de confissão, mas num sentido drasticamente diferente do defendido pelos pensadores judeus, cristãos e muçulmanos. "Você não confessa a ninguém" e "ninguém perdoa você".[17] É algo pessoal e interior. Chödrön interpreta os quatro fatores do seguinte modo.

Primeiro há o arrependimento. E não se trata de chafurdar na culpa – Chödrön afirma que é algo libertador. É uma questão de enxergar com clareza o que você fez e desistir totalmente de negar isso como um mecanismo de defesa. É uma questão de abandonar os padrões neuróticos que levam você a pensar, falar e agir de modo destrutivo. Aqui não existe autoflagelação, porque o arrependimento beneficia você. Ele corta os fios de negação e vergonha que o amarram às suas ações passadas e que o impelem a continuar no erro, tentando repetidamente se justificar e investindo cada vez mais em padrões nocivos.

Segundo, tendo reconhecido seus fracassos pessoais, você se controla. Não que a sua consciência vá gritar o tempo todo numa voz implacável: "Não farás isso!" Chödrön explica que o cerne do caminho budista é a compaixão. Afinal, uma postura dura e punitiva em relação a nós mesmos seria contraproducente. "Quando aceitamos a desaprovação, praticamos a desaprovação. Quando aceitamos a inclemência, praticamos a inclemência. Quanto mais fazemos isso, mais forte isso se torna."[18] Em outras palavras: "Para sentir compaixão por outras pessoas precisamos sentir compaixão por nós mesmos."[19]

Controlar-se não é um esforço de vontade hercúleo. É o fruto natural de enxergar as consequências nocivas dos nossos erros. "Você se controla porque já conhece a reação em cadeia do sofrimento" que se inicia "na primeira mordida, no primeiro gole ou na primeira palavra áspera".[20] A voz interior do autocontrole não grita. Ela nos encoraja gentilmente com o lembrete: "Um dia de cada vez."

Terceiro, você realiza uma ação remediadora. Não se trata de uma restituição específica para um erro específico, como os rabinos e Maimônides entendem. Em vez disso, trata-se de assumir uma prática como a meditação da gentileza amorosa para nutrir em si mesmo a capacidade de pensar e agir de modo diferente daquele que provocou seu fracasso pessoal.[21] Trata-se de desenvolver a infraestrutura da vida compassiva.

Quarto, você decide não repetir seus erros. E de novo há uma analogia entre o passo de Chödrön e as ideias judaicas sobre arrependimento, já que o quarto passo de Chödrön parece corresponder à decisão de mudar de vida discutida pelos rabinos judeus. Mas há uma diferença: a ênfase no ensinamento de Chödrön está na necessidade de evitar o autojulgamento, até mesmo aqui. Não se trata de nos obrigarmos a não fracassar do mesmo modo outra vez, mas de nos lembrarmos de que não precisamos fracassar do mesmo modo e que, bem no fundo, não queremos fazer isso.

Para Chödrön, nós nos viramos para o passado não porque ele precise de conserto, mas porque nos mostra como as coisas dão errado. Observar os padrões que causam sofrimento permite rompê-los com leveza. A condenação não tem valor. O que importa é a compaixão – por nós mesmos e pelos outros. Enxergar de modo compassivo nossos fracassos pessoais como o que eles são produzirá naturalmente o fruto do autocontrole, da ação remediadora e da decisão de mudar.

Então como *deveríamos* reagir ao fracasso pessoal?

Comece pequeno. Arrependa-se. Observe. É tentador querer transformar tudo isso numa lista de dicas para pôr em prática uma após outra ou em ferramentas para usar quando necessário. Mas esperamos que você perceba que na verdade essas abordagens do fracasso são muito diferentes entre si. O "comece pequeno" de Singer pega o nosso impulso de "tentar com mais empenho" e o transforma em algo melhor: "Tente com mais inteligência." O impulso básico é o mesmo – não nos preocuparmos com o passado; apenas nos concentrarmos na mudança positiva no futuro –, mas a estratégia é um pouco mais sábia: começar com algo viável e desenvolver a partir daí. Chödrön e os rabinos estão preocupados com o passado. Mas lembre-se: a abordagem de Chödrön contrasta explicitamente com a dos rabinos. Para eles, o próprio mundo gira em torno do arrependimento, enquanto para Chödrön a linguagem do arrependimento nos deixa presos num pântano moralista. Não há como fingir que essas pessoas estão nos dando a mesma resposta – ou mesmo respostas compatíveis – à nossa pergunta.

Infelizmente o tempo passado pensando em como reagir ao fracasso pessoal não é um mero exercício acadêmico. O fracasso pessoal não é algo que está "lá fora". É uma realidade bem aqui, na vida de cada um de nós. Enxergar isso é difícil. Admitir isso dói.

Enxergar nossos fracassos pessoais – e como eles podem acabar virando um único e imenso Fracasso Pessoal – exige o cultivo de uma postura de receptividade. Precisamos ter condições de ser virados de cabeça para baixo, prontos para aproveitar uma crise ou uma crítica assim que ela surja. Precisamos encontrar um modo de sair da negação.

Assim que superamos a necessidade de reconhecimento, o consenso entre nossos parceiros de conversa se dissolve. O que um deles vê como solução, o outro vê como o cerne do problema. Para chegar às próprias conclusões de como deve reagir ao fracasso pessoal, considere duas linhas de questionamento especialmente importantes.

Primeira, como você vai fazer com que as mudanças durem? O que vai impedi-lo de repetir o mesmo fracasso no futuro? O que vai ajudá-lo a reagir bem quando, com toda a probabilidade, você fracassar de novo? (Para saber mais sobre isso, veja os capítulos 13 a 15.)

Segundo, até que ponto importa consertar os erros do passado? Precisamos fazer as pazes e buscar o perdão e a reconciliação com a pessoa a quem fizemos mal ou prejudicamos? (E, nesse caso, que passos vamos dar? Vamos parar para ouvir e entender o impacto dos nossos atos? Se não, talvez não cheguemos a concordar com a pessoa a quem fizemos mal em relação ao que realmente aconteceu. E isso pode tornar impossível o perdão e a reconciliação genuína.)[22] Por outro lado, será que bastaria consertar a fonte do nosso fracasso e evitar erros e danos futuros?

Essas últimas perguntas atraem nossa atenção para o dano. Nossos fracassos pessoais costumam provocar sofrimento – o nosso e também o de outras pessoas. E o sofrimento na nossa vida e no nosso mundo merece atenção cuidadosa por direito próprio, quer sejamos culpados ou não.

SUA VEZ

1. Pense numa ocasião em que o fracasso pessoal de outra pessoa o tenha afetado.
   - Como você reagiu?
   - Como você quis que *a outra pessoa* tivesse reagido?

2. Pense numa ocasião em que você não tenha agido à altura dos seus padrões.
   - Como percebeu que tinha pisado na bola? Foi por causa de uma crise? De um amigo que chamou a sua atenção? De alguém que você magoou e disse a verdade sobre as consequências do que você fez?
   - Você tentou descobrir a dimensão do impacto dos seus atos sobre os outros ou correu para pedir (ou mesmo exigir) perdão?
   - Até que ponto você se concentrou em recuperar o relacionamento abalado e em resolver a situação?
   - Até que ponto você se comprometeu a agir melhor da próxima vez?

3. Como *deveríamos* reagir aos nossos fracassos pessoais?
   - Até que ponto importa consertar o dano do passado? Será que deveríamos fazer as pazes e buscar reconciliação com a pessoa a quem fizemos mal ou prejudicamos? (Se estiver inclinado a responder que sim, pense na *linguagem* que você usa. Quando alguém lhe pede perdão, por exemplo, você diz "Não se preocupe com isso" ou diz "Eu o/a perdoo"?)
   - Será que já temos os recursos necessários para não repetir o mesmo fracasso pessoal ou será que precisamos pedir ajuda de fora?

DEZ

Quando a vida dói...

Aí fora faz um frio de rachar. Suas juntas doem e os dedos dos seus pés estão dormentes. Você pode sentir as narinas congelando quando respira. Lá dentro, a claridade da lareira é convidativa. Com alívio, você abre a porta, sacode a neve das botas e entra. Tira as luvas e vai adentrando o cômodo, deleitando-se cada vez mais no calor tranquilizante. A sensação puxa você para dentro.

À medida que chega mais perto, tropeça num tapete embolado. Quando estende o braço para se apoiar, sua mão pousa na lareira. Está quentíssima. Você se encolhe de dor e puxa a mão para longe imediatamente.

O prazer atrai. A dor repele. Buscamos um e evitamos a outra.

Bentham achava que este era o princípio impulsionador da nossa motivação: "A natureza pôs a humanidade sob o domínio de dois soberanos: *dor* e *prazer*. [...] Eles nos governam em tudo que fazemos, em tudo que dizemos, em tudo que pensamos: cada esforço que podemos fazer para sair da sujeição servirá apenas para demonstrá-la e confirmá-la."[1]

Os filósofos chamam essa doutrina de "hedonismo psicológico" e debatem vigorosamente seus méritos. Ao mesmo tempo que debatem, a ideia básica vai se firmando em grandes áreas do mundo contemporâneo. Há um grande peso cultural por trás da ideia de que sempre buscamos evitar a dor. E não apenas de modo reativo, puxando a mão para longe de uma lareira quente demais, mas como um lema para nosso comportamento e até mesmo para nossos planos de vida. Não é que todos tenhamos uma crença básica no hedonismo psicológico. É mais como um sentimento disseminado, um senso geral, irrefletido, de que a dor – e, num sentido mais amplo, o sofrimento – é um mal absoluto que deveria ser evitado ao máximo.

O mundo atual é especialmente explícito e fervoroso em sua aversão ao sofrimento, mas talvez possamos ver traços desse sentimento nas imagens de um paraíso livre da dor encontrado em muitas culturas, seja no início ou no fim dos tempos. Talvez esse seja um dos sonhos mais profundos da humanidade.

Mas existe um bom motivo para acreditar que as coisas não são tão simples assim. Como observa o psicólogo Paul Bloom, frequentemente escolhemos algum tipo de sofrimento.[2] Por um lado, há quem sinta prazer na dor. Alguns corredores adoram a sensação de queimação nos músculos levados ao limite, por exemplo. E os apreciadores de pimenta adoram o ardor na língua. Por acaso prazer e dor não são sempre excludentes. Em outros casos, mesmo quando a dor não é prazerosa, sacrificamos o prazer em nome do que isso significa. Pense na dor de dar à luz e nas muitas dificuldades de se criar um filho. Pense no incontável número de pessoas que sofreram voluntariamente o inferno da guerra, seja para ganhar a glória ou pelo modesto motivo de fazer sua parte para defender a pátria.

A fixação popular no hedonismo psicológico pode ser enganosa. Há mais coisas relacionadas ao prazer e à dor do que simples atração ou aversão. De fato, viver uma vida de prazer e significado – para não mencionar uma vida digna da nossa humanidade – pode exigir que aceitemos determinados tipos de sofrimento: pelas nossas crenças, por nossos entes queridos, por uma causa realmente nobre.

Mas o fato é que a maior parte do sofrimento – e não existe escassez de sofrimento no mundo – não se escolhe. A maldade e a negligência já provocaram lágrimas suficientes para encher um oceano. (A maioria das pessoas que sofrem os horrores da guerra, por exemplo, não escolheu isso para si.) Mas boa parte do nosso sofrimento resulta de sermos apenas as criaturas frágeis que somos, vivendo neste mundo físico. Essas duas formas de sofrimento não escolhido apresentam dois desafios relacionados. Primeiro, como eliminar ou mitigar o sofrimento? E segundo, como conviver com o sofrimento que inevitavelmente permanece? Vamos abordar essas duas perguntas neste capítulo e no próximo.

Ajude até doer

Quando Julia Wise era pequena, seus pais a ajudaram a ver que o mundo é injusto e que sua família era privilegiada, com a sorte de ter tudo que tinha quando tantas pessoas precisavam do básico.[3] Ela chegou a uma conclusão simples mas desconfortável: se temos mais do que precisamos, não deveríamos dar uma boa parte do que temos?

Julia se lançou numa missão: viver com modéstia e doar o restante. Quando conheceu seu futuro marido na faculdade, sugeriu que, caso se casassem, ambos mantivessem orçamentos separados. Mas aos poucos ela o ganhou para a causa. Tempos depois, eles começaram a se encontrar com pessoas de pensamento parecido no crescente movimento de "altruísmo eficaz", uma rede de pessoas comprometidas a (1) doar muito e (2) descobrir onde suas doações fariam uma diferença maior. Hoje Julia é representante do Centro do Altruísmo Eficaz.[4] Além disso, é visitante regular das aulas do curso Life Worth Living em Yale.

Desde que se casaram, Julia e o marido doaram 30% a 50% de tudo que ganhavam a organizações cujo trabalho reduz o sofrimento e a pobreza. Um lar típico nos Estados Unidos doa de 2% a 5%. (E apenas uma fração disso vai para os tipos de causa contra sofrimento e pobreza às quais Julia e Jeff doam.)

Só que Julia admite que, em algum nível, provavelmente deveria estar fazendo mais. Como muitos altruístas eficazes, ela foi influenciada por filósofos utilitaristas. Peter Singer, que conhecemos nos capítulos 6, 7 e 9, é uma figura importante no movimento. E, do modo como Singer vê, o que a moralidade exige é doarmos "até chegarmos ao nível da utilidade marginal".[5] Em outras palavras, nosso dever é dar aos outros até que isso nos cause mais mal do que ajude a eles. E quem você é obrigado a ajudar? Qualquer pessoa. Assim, basicamente, desde que (1) haja alguém por aí mais pobre do que você e (2) haja um modo de dar a essa pessoa um pouco do que você tem, você é moralmente obrigado a fazer isso. Talvez nenhum de nós esteja à altura desse padrão. Mas, segundo a perspectiva de Singer, isso não faz com que o padrão seja menos *verdadeiro*.

Todo ano, quando Julia conta sua história no curso em Yale, nossos estudantes ficam pasmos. Está ali uma pessoa aparentemente normal, que fez da generosidade extraordinária uma parte comum da sua vida. Muitos alunos se sentem atraídos por isso. Alguns também se tornam altruístas eficazes. Mas inevitavelmente, durante a sessão de debate, algum deles faz perguntas como estas: E os sistemas? Vocês estão doando uma quantidade espantosa de dinheiro e dedicando uma energia incrível a, na verdade, apagar incêndios. Será que não precisamos descobrir por que eles estão sendo provocados? Ou: Vocês estão puxando pessoas afogadas para fora do rio. Será que não deveríamos evitar que elas caiam na água? A doação que vocês fazem é radical, mas a mudança que ela causa é suficiente para enfrentar de fato a profundidade dos problemas do mundo?

"Até que a sociedade seja constituída de modo diferente"

Mary Wollstonecraft (1759-1797) nasceu numa família cujo status social estava em declínio. Seu pai pertencia aos níveis mais baixos da nobreza britânica e era péssimo em lidar com dinheiro. Enquanto esbanjava os bens da família, os recursos reduzidos iam cada vez mais para o irmão de Mary, enquanto ela e as irmãs precisavam se virar sozinhas.

Apesar dos pesares, Wollstonecraft conseguiu permanecer de pé. Formou-se e fundou uma escola para meninas perto de Londres. Quando a escola faliu, ela se tornou governanta. Quando isso não deu certo, tornou-se escritora freelancer, afiando seu pensamento e sua capacidade retórica ao produzir resenhas de livros para uma pequena revista mensal chamada *Analytical Review*. Tempos depois, ganhou notoriedade com as próprias obras, como o clássico *Reivindicação dos direitos da mulher*, e hoje é reconhecida como uma das grandes primeiras pensadoras feministas.

Como os estoicos, Wollstonecraft achava que viver bem a vida é, de longe, o mais importante. A virtude, disse ela, é o cerne da prosperidade humana.[6] O propósito da vida é desenvolver nossa razão e agir de modo virtuoso, ou seja, como determina a razão. Mas, diferentemente dos estoicos, ela achava que as circunstâncias podiam afetar seriamente nossas chances de sermos virtuosos.

Duas coisas, em particular, são essenciais: educação e igualdade. Com a educação aprendemos a desenvolver a capacidade de raciocínio. E a igualdade é o solo fértil da virtude. "A virtude", diz ela, "só pode florescer entre os iguais." A desigualdade transforma os superiores em "tiranos voluptuosos" que sempre conseguem o que querem e jamais precisam exercer a virtude. (Como o Buda pensando na herança de Rāhula, Wollstonecraft pensa que a riqueza e o poder são *ruins* em termos gerais.) Por outro lado, a desigualdade transforma os inferiores em "dependentes astutos e invejosos" que só querem obter qualquer vantagem possível.[7]

Em comparação com os estoicos, Wollstonecraft também dava mais peso ao fato de a vida correr bem e provocar boas sensações. Ao mesmo tempo que visualizava esse mundo como "uma dura escola de disciplina moral", inevitavelmente cheia de desafios, pensava que uma sociedade de pessoas virtuosas desfrutaria de bens genuínos, como a amizade e um sentimento de felicidade verdadeiro e confiável.[8]

No entanto, para consternação de Wollstonecraft, ela olhava ao redor e via uma sociedade decidida a produzir exatamente o oposto da prosperidade. Uma sociedade que estimulava não a virtude, e sim o vício. E que, consequentemente, gerava não a felicidade, e sim um simulacro vazio e instável da felicidade para alguns e puro sofrimento para outros.

Por um lado, a educação era péssima. Somente os meninos ricos tinham acesso a ela e lhes eram ensinados mais modos de cavalheiros do que virtudes de sábios.

Por outro lado, a igualdade não era encontrada em lugar nenhum. O mundo social de Wollstonecraft era atravessado por "absurdas distinções de classe".[9] Os reis eram elevados acima de todo mundo; os nobres, acima dos plebeus; os ricos, acima dos pobres, e assim por diante. E o aspecto mais disseminado de todos, pensava ela, era a desigualdades entre homens e mulheres. Em toda sociedade, escreveu Wollstonecraft, as mulheres sofriam sob "o jugo insuportável do homem soberano".[10] O patriarcado significava que até mesmo homens relativamente pouco importantes, como o pai dela, eram moralmente deturpados pelo próprio poder num lar de mulheres. E até mesmo mulheres relativamente bem de vida, como ela e as irmãs, sofriam a degradação que prejudicava seu crescimento moral.

Wollstonecraft queria ver tudo isso mudar. Como os problemas básicos eram sociais, a solução precisava ser a mudança social. "O que falta no mundo é justiça, não caridade!", insistia ela.[11] "Até que a sociedade seja constituída de modo diferente", haveria pouca esperança de uma melhoria ampla no nível pessoal.

O programa de Wollstonecraft tinha três pilares básicos: (1) representação política para as mulheres por meio do direito a voto, (2) autossuficiência econômica por meio do acesso a profissões anteriormente dominadas pelos homens e (3) educação igual para todos em escolas mistas. Se isso fosse estabelecido, argumentava ela, as pessoas – tanto homens quanto mulheres – "rapidamente se tornariam sábias e virtuosas".[12] Uma sociedade constituída de modo diferente abriria o caminho da prosperidade para todos.

Muitas reformas reivindicadas por Wollstonecraft foram implementadas, ainda que de modo imperfeito. Mas é difícil imaginar que ela ficaria feliz com o mundo atual. Não se pode dizer que ele esteja fervilhando de modelos de virtude sumamente racionais. E não faltam sofrimentos desnecessários.

Isso levanta algumas questões. Será que as sociedades simplesmente não caminharam o suficiente na estrada da representação política, da participação econômica e da educação igualitária? Será que Wollstonecraft escolheu as reformas erradas? Será que é necessário um reordenamento ainda mais amplo da sociedade para consertar as coisas?

Corrija os nomes

Em algum lugar na região nebulosa entre história e lenda está o grande imperador Yao, virado para o sul, na posição ritual adequada. A tradição relata que uma enchente terrível submergiu aquela terra. O povo tinha sido desalojado. Muitas pessoas morreram de fome ou doença. Toda a sociedade estava vivendo no caos. Pior ainda: a enchente não diminuía. Durante anos a terra ficou encharcada e inabitável. Sabiamente, Yao nomeou o virtuoso Shun coimperador e herdeiro e lhe deu a tarefa de salvar a terra. Shun realizou rituais, viajou pelo império e instituiu reformas administrativas. Por sua vez, o ajudante e herdeiro de Shun, Yu, dragou os rios e escavou canais. A enchente diminuiu. Finalmente o povo pôde viver em paz e prosperidade. Sábios líderes de uma sociedade unida tinham dado fim ao desastre. Na época de Confúcio, Yao, Shun e Yu eram reverenciados quase como heróis divinos, exemplos do Caminho em ação.

Como vimos no Capítulo 7, o Caminho ocupa o lugar de honra na visão de Confúcio da prosperidade. Quando uma sociedade segue o Caminho, tudo se encaixa. Com a exceção de ocorrências como doenças e desastres naturais, uma sociedade assim estaria relativamente livre do sofrimento não escolhido.[13] E Confúcio enxerga a história da enchente como um exemplo de que, mesmo quando o sofrimento não pode ser evitado, uma sociedade que siga o Caminho pode reduzir os efeitos do desastre.

Por outro lado, quando as coisas ficam ruins, isso é um sinal nítido de que a sociedade perdeu o Caminho. E é provável que o problema tenha começado no topo. Um peixe apodrece da cabeça para baixo, diz o antigo provérbio. Quando os que estão no poder deixam de seguir o Caminho, as consequências se espalham por toda a sociedade. Certa vez o principal ministro de Lu, o Estado natal de Confúcio, pediu um conselho a ele. Parece que o roubo era algo perturbadoramente comum no país. O que ele deveria fazer? Confúcio respondeu, de modo talvez surpreendente: "Se o senhor pudesse se livrar dos seus desejos excessivos, as pessoas não roubariam, nem se o senhor as recompensasse por isso."[14] A cobiça nos salões do poder cria uma sociedade construída na mesma lógica que explica o roubo. A ganância não é muito diferente do roubo propriamente dito.

O confuciano Mêncio critica os governantes que pensam na política em termos de vantagem ou lucro, pois isso é um modo seguro de fazer toda a sociedade despencar na ruína. Se os líderes pensam e agem com base nisso, todo mundo acaba fazendo o mesmo. E "nunca aconteceu de as pessoas buscarem o lucro no contato umas com as outras e deixarem de ser destruídas".[15] Definitivamente, cada um buscar a própria vantagem não é o Caminho.

Assim, o sofrimento evitável pode ser atribuído a uma sociedade que está perdendo o Caminho, provavelmente porque seus líderes perderam o Caminho primeiro. Então qual é a solução?

Bem, em termos mais amplos, é simplesmente o Caminho. "Quando o mundo está se afogando, podemos tirá-lo da água com o Caminho", diz Mêncio.[16] Para começo de conversa, é uma questão de recolocar os líderes nos trilhos. Assim como a perversidade no topo se infiltra por toda a sociedade e leva a todo tipo de dificuldade e sofrimento, a virtude entre os líderes atrai os outros e os conduz na direção do Caminho.

Como podemos separar os líderes virtuosos dos perversos? Por meio da educação. As pessoas poderosas precisam aprender os rituais e reaprender as tradições. Perguntado sobre o que faria se o convidassem a intervir num Estado que tivesse dado errado, Confúcio respondeu com apenas uma tarefa: "Eu corrigiria os nomes."[17] Isto é, aprenderia a chamar as coisas (e a tratar as coisas) como o que elas realmente são. "Que o governante seja um governante; o súdito, um súdito; o pai, um pai; o filho, um filho."[18] Assim que as palavras significassem de novo o que deveriam significar, assim que todo mundo tivesse reaprendido seus papéis – começando com o governante no topo –, a vida próspera viria naturalmente.

Às vezes Confúcio fala como se bastasse resolver a questão da liderança: "Se surgisse um rei verdadeiro [um rei que governasse através do Caminho] [...], certamente poderíamos ver um retorno à Bondade depois de uma única geração."[19] É como se bastasse o exemplo do líder: "'Governar' significa ser 'correto'. Se você dá o exemplo sendo correto, quem ousará ser incorreto?"[20]

Mas, dada a amplitude do Caminho, podem ser necessárias mudanças sociais incrivelmente extensas para que uma sociedade saia da sua condição perversa. Mêncio, pelo menos, pensava exatamente assim. Como Wollstonecraft, ele tem algumas propostas favoritas. Coisas como distribuir a terra de modo justo entre as famílias, nomear autoridades tendo em vista sua virtude, impostos administráveis, uso sustentável dos recursos e garantia de escolas onde as pessoas (os homens, observaria Wollstonecraft) pudessem aprender as virtudes adequadas aos seus papéis sociais.[21]

Somente os líderes que seguissem o Caminho implementariam um programa assim. Mas a maioria dos líderes não é tão virtuosa como Yao e Shun supostamente eram. Isso levanta uma séria questão para o restante de nós. Será que estamos simplesmente à mercê da virtude ou do vício das pessoas que estão no poder?

Confúcio e Mêncio afirmam que qualquer pessoa é capaz de seguir o Caminho e que todo mundo é chamado a fazer isso, mesmo quando a sociedade perdeu o Caminho e as coisas estão desmoronando. Mas será que aqueles que não ocupam cargos de influência são realmente incapazes de trabalhar contra as verdadeiras causas do sofrimento e da desigualdade social nas nossas sociedades? Confúcio se mostra definitivamente disposto, até mesmo ansioso, a nos dar alguma margem de manobra reconhecendo que só podemos fazer uma pequena parte, e nos dá uma colher de chá apontando um modo de colaborarmos. Uma vez alguém o criticou por não "participar do governo". Ele citou algumas frases de um livro antigo e depois disse: "Sendo um bom filho e um bom irmão já estamos fazendo parte do governo."[22] Em outras palavras, podemos fazer nossa parte seguindo o Caminho em nossos papéis sociais particulares. Mas vale a pena pensar: *Isso basta?*

Há um problema talvez ainda maior no fato de as recomendações de Confúcio e Mêncio serem focadas na elite. O problema tem dois lados. Primeiro: será que a mudança significativa exigiria mais do que substituir algumas pedras quebradas no topo da pirâmide social? Será que os problemas são mais estruturais do que isso? Segundo: Confúcio e Mêncio não dão muita oportunidade para os que suportam o peso do colapso social, por assim dizer. Como seria a visão do sofrimento por parte de alguém que esteja menos próximo do topo? Talvez um diagnóstico confiável precise vir de alguém mais perto do chão.

Juntos – inevitavelmente e para sempre

James Baldwin não era otimista. Ele tinha visto – e sentido na pele – a crueldade que os seres humanos cometem frequentemente uns contra os outros. Sabia, em primeira mão, como a injustiça deturpa vidas e relacionamentos. Baldwin foi um jovem negro no Harlem na metade do século XX. Mais de um policial o havia espancado por alguma ofensa que só Deus sabia qual era. Quando adulto, viajou pelo Sul dos Estados Unidos e testemunhou momentos fundamentais no movimento pelos direitos civis, além da oposição ferrenha, frequentemente violenta, de autoridades e cidadãos brancos.

O que impulsionava essa hostilidade? O que poderia explicar a injustiça infligida ao seu povo, a desumanidade radicalizada que manchava a história do seu país a cada passo?

Quando Baldwin pesquisou as raízes, encontrou-as densamente emboladas no solo da condição humana. "O mal", disse ele, "vem ao mundo por meio de alguma falha humana vasta, inexplicável e provavelmente impossível de ser erradicada."[23] Quando olhamos a vida e as pessoas como realmente são, "não é necessário dizer que a injustiça é um lugar-comum".[24]

As raízes profundas do mal e a banalidade da injustiça não significam que devemos simplesmente deixá-las como estão. A resposta não é jogarmos a toalha, resignados. É lutar. "Nunca, na nossa vida, devemos aceitar as injustiças como coisas comuns. Devemos lutar contra elas com toda a força."[25]

Lutar contra a injustiça implica enxergá-la como ela é e entender de onde vem. Nem toda injustiça é igual. O contexto importa. Assim, Baldwin passou a vida examinando os Estados Unidos e diagnosticando suas doenças profundas.

Ele passou a acreditar que grande parte do problema decorria do medo suprimido e da aversão à dor. Num país onde os brancos têm um poder que os negros não têm, observa Baldwin, os brancos usam esse poder para se proteger contra a dor. Numa ironia amarga, suas reações ruins ao sofrimento produzem boa parte do sofrimento e da injustiça mais graves do país. Essas reações ruins surgem em muitas formas: vergonha da própria fraqueza, horror não dito à violência perpetrada pela própria pessoa ou por pessoas como ela, constrangimento ou reações violentamente conflitantes à atração sexual inter-racial, e assim por diante. Baldwin observou e examinou tudo isso.

Como Oscar Wilde (veja o Capítulo 4), Baldwin está convencido de que uma correnteza de sofrimento perpassa toda a vida. Somos seres frágeis, frequentemente solitários, propensos a ser feridos, incapazes de nos proteger. Mas, exatamente porque somos *assim*, é nesse lugar vulnerável que nossa prosperidade deve ser encontrada. Baldwin acha que é precisamente na nossa delicada fragilidade que podemos encontrar o significado, a dignidade e a beleza da vida: "A vida é trágica e, *portanto*, indizivelmente linda."[26]

Essa combinação poderosa e dolorosa de beleza e tragédia deveria nos unir, de modo que pudéssemos apoiar uns aos outros no meio dela. Só que essa verdade, como Baldwin a vê, é dura. Alguns temem que o *portanto* seja fraco demais para sustentar nosso peso; que se a vida é trágica, não é bela, mas feia. E pior do que feia: condenável. Outros simplesmente têm medo de que, quando a tragédia da vida chegar para nós, ela nos derrube. A luz refletida em vidro quebrado no chão pode ser linda, mas de que isso adianta para a janela estilhaçada?

Esses são os medos que Baldwin via envenenar a sociedade dos Estados Unidos. São a semente de boa parte da doença e da malevolência americanas, inclusive da supremacia branca. Quando os americanos brancos tentaram (em vão) se proteger diante da fragilidade da vida, fizeram isso em grande parte definindo-se em termos de superioridade em relação aos negros. O fruto dessa dinâmica é uma colheita dupla e pavorosa. Em primeiro lugar, ela prejudica os afro-americanos, tanto material quanto espiritualmente, inclusive por meio do poder corrosivo da amargura e da raiva. Mas, em segundo, ela é moralmente venenosa para os americanos brancos que estão sob seu domínio. "Quem avilta os outros está aviltando a si mesmo."[27] (Baldwin ecoa a ideia de Wollstonecraft de que a desigualdade é ruim para todas as partes envolvidas.)

Numa situação como a descrita por Baldwin, o que deve ser feito?

Baldwin defendia a reforma social e política. Ele considerava isso essencial. Mas também acreditava que "as instituições políticas de qualquer nação estão sempre ameaçadas e são controladas, em última instância, pelo estado espiritual dessa nação".[28] Assim, a única resposta realmente adequada ao sofrimento e à injustiça flagrantes e gratuitos é algo parecido com a *conversão*. O trabalho da mudança social e o trabalho da transformação pessoal, tanto nossa quanto dos nossos semelhantes, estão irremediavelmente juntos. Assim como *nós* devemos estar juntos.

O primeiro passo é sermos honestos e firmes. Aceitar a realidade de quem somos e de onde viemos. Encarar a dor e os desapontamentos que encontrarmos. "Nem tudo que é encarado pode ser mudado; mas nada pode ser mudado se não for encarado."[29] O trabalho de aceitação e mudança é árduo. ("Sempre pareceu muito mais fácil assassinar do que mudar", lamenta Baldwin.)[30] Porém, se os americanos brancos se comprometessem com isso, haveria a perspectiva de uma nova realidade social, baseada no reconhecimento de que "cada um de nós, inevitavelmente e para sempre, contém o outro".[31]

O caráter trágico da vida permaneceria. Mas ao aceitá-lo podemos dar uns aos outros o abrigo contra suas tempestades mais implacáveis. Baldwin diz: "O mar fica bravio, a luz falha, os amantes se agarram um ao outro e as crianças se agarram a nós. No momento em que paramos de segurar uns aos outros, no momento em que perdemos a fé uns nos outros, o mar nos engolfa e a luz desaparece."[32]

Ao diagnosticar os Estados Unidos, Baldwin diagnostica o ser humano. Ainda que os detalhes de sua análise possam não se aplicar sempre e em toda parte, ele oferece uma postura que outros podem assumir, caso a achem convincente: (1) protesta contra a injustiça e o sofrimento flagrantes e (2) sustenta que alguma forma de sofrimento é uma característica inevitável da vida. E busca a mudança social e a transformação pessoal. Ele costura as duas coisas. Uma parte essencial de trabalhar contra o sofrimento no mundo é trabalhar com nosso sofrimento, de modo que possamos nos tornar o tipo de pessoa que não inflige dor aos outros.

Esse aspecto da visão de Baldwin nos leva à segunda das duas perguntas que identificamos no início do capítulo: Como podemos conviver com o sofrimento que inevitavelmente permanece? Abordaremos essa questão no próximo capítulo.

SUA VEZ

1. Qual é sua reação instintiva à dor que sente? E à dor dos outros? Se as duas respostas forem diferentes, em que são diferentes?

2. Em que tipo de reação ao sofrimento do mundo você deposita mais esperança? (Transformação pessoal? Intervenções práticas e materiais? Mudanças sistêmicas na política e na economia?)

3. O que você acha que deveria fazer para aliviar o sofrimento dos outros? Pense num passo concreto que poderia dar (por exemplo, doar para uma causa digna, tentar recuperar um relacionamento rompido, fazer trabalho voluntário para uma causa em que você acredita, comprometer-se a lidar melhor com a própria dor para poder agir de modo compassivo com os outros).

ONZE

... e não há como consertar

James Baldwin levanta uma questão: se algumas formas de sofrimento são inevitáveis, como deveríamos conviver com elas? As ideias de Baldwin sobre como encarar a dor e as verdades dolorosas não visam a mudar as condições. Esse seria o caminho para reduzirmos o sofrimento e repararmos a injustiça. Mas, quando se trata de *suportar* bem o sofrimento, o objetivo deve ser mudarmos quem somos e como agimos diante da dor. Neste capítulo vamos considerar várias abordagens para fazermos exatamente isso, começando com uma radical: erradicar totalmente o sofrimento sem mudar uma única circunstância.

Uma casa em chamas

O início da vida de Sidarta Gautama foi nitidamente livre de sofrimento – pelo menos do sofrimento como entendemos hoje. Como dissemos no início do livro, sua vida era de luxo, poder e conforto. Mesmo assim, ele deixou tudo para trás. O motivo para ter feito isso revela muito sobre como o Buda enxergava o papel do sofrimento numa vida próspera.

Como relata o poeta Asvagosa (*c.* 80-*c.* 150), a compaixão foi fundamental para a "grande renúncia". Sidarta viu a terra sendo arada perto do seu palácio e notou com horror as minhocas e os insetos mortos sendo revirados pelo arado, o esforço exaustivo dos bois e a pele queimada de sol, coriácea, dos pobres trabalhadores. "Ele sofreu tremendamente, como se um parente seu houvesse morrido", e a compaixão o dominou.[1]

Para além de apenas fazê-lo ter pena dos insetos, do gado e das pessoas menos privilegiadas, essa compaixão despertou em Sidarta uma pavorosa percepção: mesmo morando num palácio, ele estava exatamente no mesmo barco que as minhocas reviradas pelo arado. A doença, a velhice e a morte são leis inexoráveis cujos tentáculos, mais cedo ou mais tarde, alcançam todo mundo. Até os príncipes. O pai de Sidarta, o rei, tentou convencê-lo a ficar e assumir o reino. Havia um costume bem estabelecido de os homens mais velhos se aposentarem da vida política para se dedicar a buscas espirituais. Haveria tempo para a Pergunta quando Sidarta estivesse mais velho e tivesse cumprido seu dever como governante.

Sidarta propôs um acordo. Não buscaria a iluminação naquele momento desde que seu pai pudesse lhe prometer quatro coisas: "[1] Minha vida jamais estará sujeita à morte; [2] a doença não roubará minha boa saúde; [3] a velhice jamais tomará minha juventude; [4] nenhum contratempo roubará essa minha fortuna."[2]

É claro que o rei ficou ofendido com os termos obviamente impossíveis. Pediu ao filho que propusesse um acordo melhor. Mas o príncipe respondeu ao pai: "Se isso não é possível, não procure me impedir, porque não é certo segurar um homem que está tentando escapar de uma casa em chamas."[3] E partiu.

Depois da busca pela iluminação, o Buda reuniu as pessoas que desejavam ouvir sua mensagem e seus ensinamentos. Em seu primeiro sermão, ensinou o seguinte: "Tanto no passado quanto agora, anuncio apenas isto: o sofrimento e o fim do sofrimento."[4] O problema (e a solução) do sofrimento era um tema central que abarcava tudo. Todo o arco das Quatro Nobres Verdades, que resumem os ensinamentos do Buda, tem a ver apenas com isso. As Quatro Nobres Verdades mostram:

1. A realidade e a universalidade do sofrimento
2. A fonte ou a causa do sofrimento
3. Os meios para encerrar o sofrimento
4. O caminho para alcançar a libertação do sofrimento

A chave para o todo é o diagnóstico do Buda sobre a causa imediata do sofrimento, porque o diagnóstico leva naturalmente à prescrição de um tratamento. Segundo o Buda, todo sofrimento decorre do "anseio", que significa algo como o apego centrado no ego. É o tipo de desejo que se apega às coisas, sejam sentimentos agradáveis, riqueza, poder, ideais políticos ou nossa identidade. Mas o anseio também manifesta uma aversão, o tipo de rejeição que mostra um apego subjacente, como a ideia terrível de perder a pessoa amada ou um filho.

Esse caráter dual do anseio significa que duas rotas comuns para lidar com o sofrimento estão fechadas. Não podemos derrotar o sofrimento conseguindo tudo que queremos ter, porque ceder aos anseios apenas os reforça. Quanto mais conseguimos o que desejamos, mas obcecados ficamos em realizar nossos desejos. Só que a privação extrema também não serve. Ela rejeita as coisas de modo tão passional que permanecemos inexoravelmente apegados a elas. Durante os anos em que buscou a iluminação, o Buda aprendeu isso do modo mais difícil. Ele quase morreu de fome, chegando ao ponto de tentar viver com um grão de arroz por dia, e isso não o levou a lugar algum. Ele continuava sofrendo.

A única solução foi chamada pelo Buda de "caminho do meio". Nem indulgência nem privação. Porque o problema não está nas *coisas* que desejamos com intensidade. Está em *nós*. O anseio depende da ideia de que a pessoa que anseia é uma entidade estável, coerente, um "eu" independente, de modo que as coisas possam ser "nossas". Mas, segundo o Buda, isso é uma ilusão. Quando reconhecemos que somos um "não eu" – um conjunto de fenômenos contingentes, mutáveis, fluidos –, as chamas do apego ao ego se apagam como uma lâmpada sem óleo.

Essa é uma abordagem radical. Ela não busca eliminar o sofrimento no mundo a partir de um planejamento cuidadoso nem de um arranjo inteligente das circunstâncias. Busca cortar o sofrimento pela raiz abrindo mão do tipo de eu que pode sofrer. Depois da iluminação, o Buda ainda vivenciava dor e doença, mas o que se diz é que ele não sofria mais com essas coisas porque tinha apagado o fogo do anseio. A dor é inevitável, mas o sofrimento pode ser solucionado porque depende totalmente do nosso relacionamento com as coisas, tanto as dolorosas quanto as agradáveis.

O Buda afirmava que o sofrimento tem uma causa, mas negava que tivesse um motivo. O sofrimento não é um limão esperando virar limonada. Não há como entendê-lo nem racionalizá-lo, portanto não há como redimir o sofrimento pelo qual passamos. Essa visão vai contra um impulso comum e profundamente estabelecido.

Tudo acontece por um motivo

Em 2014, o cantor de hip-hop Drake fez uma tatuagem nova no antebraço: "*Everything happens for a reason, sweet thing*" (Tudo acontece por um motivo, meu bem). Nem de longe as palavras mais originais da sua carreira. É um pensamento tão comum, um clichê tão batido, que já foi dito por um monte de famosos, de Oprah a Marilyn Monroe, passando por Shaquille O'Neal.

E as celebridades não estão sozinhas ao afirmar que tudo acontece por um motivo. Num estudo conduzido pelos psicólogos Paul Bloom e Konika Banerjee, 69% dos participantes expressaram algum grau de crença na ideia de que os acontecimentos importantes em suas vidas aconteciam por algum motivo e que "uma ordem subjacente" determinava como as coisas deveriam ser.[5] Talvez de modo pouco surpreendente, as pessoas que disseram acreditar em Deus tinham mais probabilidade de achar que os eventos da vida aconteciam por algum motivo. Por que as coisas não teriam algum motivo para acontecer se um Deus benevolente e onipotente toma conta do universo? De fato, o que impediria você de fazer a afirmação ainda mais ousada de que este mundo, com todo o sofrimento e toda a dor, é o melhor de todos os mundos possíveis?

No Ocidente, essa ideia do "melhor mundo possível" está associada ao filósofo e matemático Gottfried Wilhelm Leibniz (1646-1716), mas ele não foi o primeiro a propô-la. Seis séculos antes ela já havia sido expressa pelo eminente pensador muçulmano Abu Hamid al-Ghazali (1058-1111).

A convicção muçulmana fundamental é de que Deus é um. E, como Deus é o criador e a origem do mundo, dizer que Deus é um é dizer que só existe um criador e uma origem de tudo que existe. Isso significa que Deus não tem nenhuma restrição ao criar. Deus não precisa trabalhar com nenhum material, como um escultor que trabalha o barro ou um músico que manipula ondas sonoras. Deus não precisa prestar contas pelo "modo como as coisas funcionam". Tudo – absolutamente tudo – decorre da atividade criativa de Deus.

Al-Ghazali acha que isso significa que "não existe agente a não ser Deus, o Mais Elevado".[6] Qualquer coisa que tenha sido feita foi feita (em última instância) por Deus. "O sustento dado ou não dado, a vida ou a morte, a riqueza ou a pobreza, e tudo mais que possa ter um nome" – Deus, e somente Deus, "iniciou e originou".

Tudo isso pode soar como prêmio de consolação ou coisa pior. Se todo o nosso sofrimento flui da decisão de um Deus singular e todo-poderoso, então isso pode inspirar não apenas esperança e confiança, mas também desespero e ressentimento.

Só que Al-Ghazali afirma que não é bem assim. Deus não é apenas todo-poderoso: é supremamente sábio e insuperavelmente benévolo. Dentre os 99 "nomes de Deus" que os muçulmanos encontram no Corão estão O Infinitamente Bom, O Misericordioso, O Justo, O Benevolente, O Sábio e O Fazedor do Bem.[7] Isso significa que podemos confiar que Deus ordenou as coisas para o bem. De fato, para o melhor. Como diz Al-Ghazali:

> Tudo que Deus Altíssimo distribui entre Seus servos – proteção e um tempo determinado, felicidade e tristeza, fraqueza e poder, fé e descrença, obediência e apostasia –, tudo isso é inqualificavelmente justo, sem qualquer injustiça, verdadeiro sem ser infectado pelo erro. Tudo isso acontece segundo uma ordem necessária e verdadeira, segundo o que convém como convém na medida em que é adequado; e nada é mais apropriado, mais perfeito e mais atraente dentro do âmbito das possibilidades.[8]

No grande âmbito das coisas, tudo funciona para o maior bem geral possível. Qualquer deficiência no mundo aqui e agora provocará melhorias no mundo que virá. E qualquer deficiência que alguém sofra no próximo mundo trará benefícios a outros: "Se não existisse inferno, os habitantes do paraíso não saberiam até que ponto são abençoados."[9]

Supondo que isso seja verdade (não uma pequena suposição), como deveríamos lidar com nosso sofrimento? Por um lado, isso pede e motiva uma atitude de paciência. Os propósitos e a sabedoria de Deus ultrapassam de longe qualquer poder que tenhamos de desvendar o significado das coisas. O melhor a fazer é suportar o sofrimento com paciência enquanto esperamos para ver que bem ele trará.

Mas a capacidade de suportar o sofrimento com paciência depende de confiar que Deus é de fato sábio e tem bons propósitos, e que podemos contar com Ele para nos salvar no fim.

Por fim, como tudo vem a nós do Deus sábio, infinitamente bom, a postura adequada é de agradecimento "em todas as circunstâncias [...], tanto na prosperidade como na dificuldade".[10] Talvez ainda não possamos ver como o nosso sofrimento resulta no bem, mas confiando em Deus podemos ser gratos não apenas *durante* o sofrimento, mas, principalmente, *pelo* sofrimento – e por toda a realidade do mundo passado, presente e futuro.

Para o Buda, a serenidade diante do sofrimento depende do desapego. Al-Ghazali não acha que isso seja necessário. Basta confiar no motivo que o bom Deus tem para tudo.

Paciência, confiança e gratidão. A figura paradigmática dessa postura é o profeta Jó, como aparece na tradição muçulmana. Homem de grande riqueza e sorte, mesmo assim era humilde e agradecia a Deus suas muitas bênçãos. Chegou a perder tudo que tinha e sofreu sérias aflições físicas, mas o tempo todo permaneceu paciente e confiou em Deus.[11]

A convicção fundamental de Al-Ghazali é que existe um motivo para tudo, um motivo divino. Ele diz aos fiéis: "Tudo, seja pequeno ou grande, é registrado e executado por Ele segundo a lei divina [...], e se você não ficasse aflito não progrediria, e se não progredisse não ficaria aflito."[12] Refletir desse modo sobre a bondade, a sabedoria e o poder de Deus torna possível "confiar na providência divina" e louvar e abençoar o Deus que dá ao mesmo tempo tudo e as razões de tudo.

E se você simplesmente não puder acreditar no Deus todo-poderoso e benevolente que tem um motivo para todas as coisas?

O que não mata

Friedrich Nietzsche não sabia que aqueles frios dias de outono na cidade de Turim, no norte da Itália, seriam os últimos da sua sanidade. Dominado por um empolgante sentimento de vitalidade e força, escrevia incessantemente. Dentre os milhares de palavras que fluíram num frenesi da pena do gênio estavam provavelmente suas mais famosas: "O que não me mata me fortalece."¹³ Elas foram impressas em cartazes motivacionais, pintadas em paredes de ginásios esportivos, citadas por Tupac e *Os Simpsons* e tatuadas em sabe-se lá quantos peitorais em todo o mundo. Mas raramente são citadas as palavras que as antecedem. A citação inteira é: "Da escola de guerra da vida: o que não me mata me fortalece."

Nietzsche se considerava formado nessa escola de guerra. Tinha literalmente ido à guerra, servindo como ordenança médico na Guerra Franco-Prussiana (1870-1871) e contraindo difteria e disenteria enquanto estava no Exército. Mas esse sofrimento físico não tinha sido uma experiência passageira. Durante a maior parte da vida adulta Nietzsche sofrera com dores de cabeça literalmente cegantes e náuseas implacáveis. Ficava incapacitado pela dor durante semanas seguidas. Psicologicamente havia sofrido rejeição, traição e o rompimento da maioria dos relacionamentos significativos da sua vida.

Assim, não era totalmente sem motivos que Nietzsche pensava em si mesmo como uma pessoa capaz de falar por experiência própria sobre o sofrimento e como viver com ele. Enxergava a vida como uma luta de superação bastante triunfante: a transmutação da dor, das dificuldades e do infortúnio em profundidade, nobreza e força.

A visão de Nietzsche talvez seja a reação mais forte que você pode imaginar contra a visão da dor como o mal supremo e o prazer como o bem supremo. Ele acha que esse tipo de hedonismo é a mentalidade dos patéticos "últimos homens", que declaram alegremente que "nós inventamos a felicidade" e se automedicam até ficar embotados quando qualquer dor se esgueira em suas vidinhas insignificantes.¹⁴ Independentemente de acreditarem ou não em Deus, eles praticam a "religião da compaixão", que enxerga o sofrimento não como parte e parcela da existência ou uma oportunidade para a autossuperação, e sim como algo "maligno, odioso, merecedor de aniquilação, um defeito da existência".¹⁵

Nietzsche diz que essa religião não entende a natureza da felicidade. Felicidade e infelicidade, prazer e dor, alegria e tristeza: na verdade todas essas coisas andam juntas. "A felicidade e a infelicidade são irmãs, até mesmo gêmeas, que crescem juntas." Assim, tudo que obtemos quando tentamos minimizar a infelicidade é a minimização da felicidade também. As duas ficam atrofiadas. Para uma crescer, precisamos deixar que a outra também se desenvolva.

Por trás dessa visão há uma ideia simples mas provocadora: quando suprimimos o sofrimento, suprimimos a vida. Para Nietzsche, a vida é fundamentalmente um processo de crescimento.[16] E ela cresce superando-se obstáculos, reveses e sofrimentos: "A disciplina do sofrimento, do grande sofrimento [...], tem sido a causa única de todo avanço na humanidade até hoje."[17] Nietzsche via isso em sua biografia. Foi traduzindo as próprias doença e fraqueza em saúde e força que ele se tornou quem era. O único caminho para a grandeza, a nobreza e a genialidade é através da desgraça da dor, da tristeza e da doença. E, diz ele, isso se aplica não somente ao indivíduo, mas à humanidade em geral.

Nietzsche se posiciona como defensor do sofrimento contra os frágeis *haters* dos dias atuais; nos convida a abraçar o sofrimento pelo bem da humanidade melhorada que a dor ajuda a produzir. Não importa que o caminho da evolução fique entulhado com o sofrimento de incontáveis seres humanos imperfeitos.

Na visão de Nietzsche, a religião do conforto promove a piedade. Ela diz que deveríamos reviver a dor e o sofrimento dos outros – e que deveríamos fazer isso o mais rapidamente possível. Mas isso, paradoxalmente, é negar-lhes a única rota para a verdadeira felicidade. E mais ainda: a piedade menospreza o sofredor. Trata-o como desamparado e... bem, digno de pena. Consequentemente, "não querer ajudar pode ser mais nobre do que a virtude que anseia por oferecer ajuda".[18]

O sofrimento está entranhado na vida. O mais importante não é se livrar dele nem evitá-lo, mas aprender a aceitá-lo e a crescer a partir dele. É olhar o caráter trágico da nossa vida com a visão austera mas alegre de um soberano triunfante. Mas Nietzsche vai além até mesmo disso, porque não é apenas o próprio sofrimento que exige ser aceito e afirmado; é o sofrimento do mundo inteiro, "essa soma monstruosa de todos os tipos de sofrimento".[19] E por que ele vai tão longe?

Nietzsche afirma que tudo está conectado. Cada vida está assentada em cima de toda a história que veio antes dela e nenhuma vida teria acontecido sem cada grama dessa história. Assim, dizer sim à nossa vida – até mesmo a apenas um momento dela – é dizer sim a *tudo*. "Vocês já disseram Sim a uma alegria? Ah, amigos, então vocês disseram Sim a *toda* dor. Todas as coisas estão acorrentadas, entrelaçadas, enamoradas."[20] Se algum dia você quis reviver uma experiência – o sol em sua pele na praia, o sorriso do seu filho, um triunfo pessoal, um primeiro beijo –, "então você quis *tudo* de volta!".

Nietzsche aspira a essas alturas (e profundezas) da afirmação do sofrimento. Ele expressa o extremismo dessa visão no que chamava de "pensamento abismal": eterno retorno, a ideia de que tudo que pode acontecer já aconteceu e acontecerá de novo e de novo num ciclo interminável.[21] O eterno retorno é o teste definitivo da nossa capacidade de afirmar o mundo apesar do sofrimento. Que tipo de pessoa poderia dizer sim a ele em todos os detalhes, não apenas uma vez, mas de novo e de novo? O que seria necessário para você se tornar o tipo de pessoa que olha para si mesmo e para sua vida e diz um sim tão profundo a ponto de tornar o sagrado profano, dar sentido ao que é insensato, redimir o passado – todo o passado – e dar à luz um futuro radicalmente novo?

Aqui encontramos um eco secular de al-Ghazali. Nenhum Deus, nenhuma razão, nenhuma perfeição. Apenas a realidade bruta do mundo – e no entanto um amor análogo por absolutamente toda ela. Essa é a vitória de Nietzsche sobre o sofrimento.

Para o Buda, o sofrimento é um problema com uma causa, e portanto com uma solução (certo, uma solução radical). Para al-Ghazali, o sofrimento tem um motivo e deve ser suportado com paciência, confiança e gratidão. Para Nietzsche, nenhum motivo para o sofrimento vem do alto. O desafio é aceitá-lo, crescer a partir dele e *dar* um motivo ao sofrimento. Em si, o sofrimento não tem sentido. O desafio é viver de modo tão completo, profundo e irreprimível a ponto de *dar* sentido a ele.

Mas talvez tudo isso seja um pouco simples demais: muito certinho e submisso (Buda e al-Ghazali?) ou heroico além da conta (Nietzsche?).

O protesto de Jó

Já mencionamos Jó. Como acontece com muitos profetas reconhecidos pelo islã, ele aparece primeiro na Bíblia hebraica. A história que temos lá é bem diferente da tradição muçulmana.[22] Esse Jó não confia simplesmente na sabedoria de Deus e aceita sua aflição como um teste. Esse Jó protesta. Ao mesmo tempo aceita o que lhe cabe e reclama ferozmente dizendo que aquilo é imerecido e injusto. Manter a fé em Deus é fazer as duas coisas.

O Livro de Jó, no qual essa história aparece, está entre as obras mais enigmáticas e desafiadoras de todo o mundo antigo. Tem sido interpretado de milhares de maneiras diferentes e não há consenso à vista. Não vamos mudar isso nas próximas páginas. Mesmo assim podemos encontrar uma postura única e desafiadora em relação ao sofrimento na história contada no livro.

As linhas gerais são as seguintes: Jó é um sujeito bom que leva uma bela vida. É bem-sucedido e feliz ("mais rico do que qualquer um no Oriente"), e o mais incrível de tudo é que ele parece *merecer* isso. O texto o chama de "íntegro e justo".[23] Certo dia, uma figura sombria, chamada de Adversário, aparece na corte celestial de Deus. Deus aproveita a oportunidade para falar bem de Jó: ele é o máximo! Honrado, justo e coisa e tal! O Adversário responde mais ou menos assim: "Mas para Jó isso é bem fácil, não é mesmo? Afinal de contas, tudo é fácil para ele. Ele tem conforto de montão, concorda? Aposto que, se você mandasse algum problema para ele, ele amaldiçoaria o seu nome." E Deus responde: "Desafio aceito." (Ninguém perguntou a Jó o que ele achava desse trato.)

O Adversário sai decidido a destroçar a vida de Jó. Bandidos roubam seus animais e matam seus serviçais. Seus filhos morrem num acidente estranho. Quando nada disso leva Jó a blasfemar, o Adversário parte para cima do próprio corpo de Jó, afligindo-o com feridas dolorosas da cabeça aos pés.

Três amigos de Jó ouvem falar da tragédia e vêm tentar confortá-lo. A situação é tão complicada que os amigos apenas ficam sentados com ele em silêncio durante uma semana inteira. Até que, reagindo às queixas de Jó, eles começam a falar. O grosso do livro é uma série de discursos poéticos feitos por Jó e seus amigos, todos reagindo ao sofrimento espantoso vindo do nada.

Jó afirma que é inocente e que o sofrimento não é merecido. Ao que tudo indicava, Deus se voltara contra ele e ele queria uma explicação. Os amigos, acreditando que cada um sempre recebe o que merece, sugerem que Jó deve ter feito alguma coisa errada. Ele deveria descobrir o erro que cometeu, arrepender-se e buscar a misericórdia e o perdão de Deus. Sim, eles culpam Jó pelo sofrimento. (Poucas coisas são tão amargas quanto a piedade temperada com culpa.) Um tempinho depois Deus aparece em pessoa e interrompe bruscamente a conversa com um discurso temível, espantoso, saído do meio de um redemoinho. Diante disso, Jó fica em silêncio e desiste de tirar satisfação.

Pensemos por um momento no caráter da reclamação de Jó. Observe, primeiro, que ela é direcionada contra o sofrimento excessivo e gratuito. Não é algo que ele pudesse ter evitado, mas também não é o tipo de sofrimento que faz parte da condição humana. Não é simplesmente a morte de entes queridos, mas a morte súbita, violenta e prematura dos seus filhos. A reclamação dele presume a bondade da frágil e transitória existência humana. Mas dentro dessa fragilidade e dessa transitoriedade Jó afirma a bondade da prosperidade, da fertilidade, da saúde, da boa reputação e coisas assim.

Jó afirma que, quando a aflição extrema cai sobre uma pessoa íntegra, algo está errado. É um problema. É algo que justifica uma reclamação feroz. Não é assim que as coisas deveriam ser. Jó protesta contra a injustiça que caiu sobre ele. Protesta contra Deus, mas não porque acha que Deus é injusto. Protesta porque acredita que Deus é justo e sabe que a bondade de Deus era a fonte dos bens que ele perdeu. Jó rejeita as explicações do seu destino porque as únicas explicações disponíveis racionalizam, trivializam ou justificam o sofrimento. Elas fingem que o sofrimento não é tão ruim quanto realmente é (especialmente pela sua gratuidade).

Depois do discurso de Deus vindo de dentro do redemoinho, Jó se dá por vencido, por assim dizer. Não insiste mais que Deus explique seu sofrimento como sendo apenas um castigo ou uma opressão injusta. O mistério o faz desistir. Mas então Deus faz duas coisas surpreendentes. Primeiro, virando-se para um dos amigos, diz: "Estou indignado com você e com os seus dois amigos, pois vocês não falaram o que é certo a respeito de mim, como fez meu servo Jó."[24] Segundo, Deus "o torn[a] novamente próspero e... lhe d[á] em dobro tudo que tinha antes".[25]

Deus está dizendo que os amigos não deveriam ter culpado Jó por sua aflição. Mas há mais ainda. Parece que Jó estivera certo em pedir que Deus prestasse contas de tudo que tinha dado errado. Jó estava certo em protestar, ainda que Deus jamais lhe oferecesse uma explicação para o sofrimento. A imagem é inquietante. Deus permanece perturbadoramente além da compreensão humana.

Que lição podemos aprender com o sofrimento e como reagir a ele? Uma lição (talvez incomodamente) complexa, mas que honra os limites do conhecimento humano e as profundas convicções morais de muitas pessoas. Por um lado, o Livro de Jó sugere a importância de reconhecer que não entendemos o tecido moral do mundo. Não podemos encaixar todas as peças do quebra-cabeça. Não podemos ter realmente certeza de que elas se encaixam. Por outro lado, as pazes de Jó com Deus não significaram o fim da briga de Jó com o mundo. Deus afirmou a convicção de Jó de que o sofrimento absurdo simplesmente não deveria fazer parte do universo de Deus. Não deveríamos ceder a ele, seja cultivando o desapego em relação ao mundo, afirmando que existem bons motivos para o sofrimento ou celebrando heroicamente a força cega da vida.

Mesmo no meio de um sofrimento espantoso deveríamos protestar e lutar contra ele – em nome exatamente dos bens que Jó perdeu e do Deus que os tinha dado a Jó. Veja que isso nos traz de volta ao tema do capítulo anterior: como eliminar ou mitigar o sofrimento. Nietzsche pode zombar da luta contra o sofrimento no mundo. Mas, de um modo ou de outro, todas as outras pessoas que ouvimos neste capítulo têm espaço em sua visão para essa luta. O trabalho assumiria formas diferentes no contexto de diferentes visões de vida. A compaixão budista é diferente da doação utilitária, que é diferente das práticas de caridade muçulmanas seguidas por al-Ghazali, que são diferentes de… Você entendeu. Mas esses capítulos mostram que saber combater o sofrimento e saber conviver com ele são provavelmente dois lados da mesma moeda.

Então como *deveríamos* combater o sofrimento e conviver com ele?

Primeiro precisamos discernir qual seria o equilíbrio certo entre o trabalho mais "objetivo" de reduzir o sofrimento e o trabalho mais "subjetivo" de aprender a conviver com ele. Até que ponto deveríamos priorizar um em detrimento do outro? Mesmo se estivermos convencidos, como Baldwin, de que os dois são inseparáveis, existem diferenças de tempo e energia. A vida de um dedicado defensor do altruísmo eficaz parecerá bastante diferente da vida de um monge budista.

Segundo, provavelmente vale ter cautela ao dar conselhos a quem está sofrendo. O sofrimento de outra pessoa está sempre um pouco fora do nosso alcance.[26] Por mais que estejamos convencidos de que temos uma teoria para explicá-lo ou de que sabemos o modo correto de conviver com ele, o mais necessário talvez seja a empatia. Pode haver sabedoria na reticência, o que não nos impede de processar e entender.

DURANTE TRÊS ANOS NOSSA AMIGA Angela Williams Gorrell trabalhou conosco em Yale e deu aulas no curso Life Worth Living. Angela é uma professora incrível e o curso não seria o que é sem todas as suas contribuições. Por isso foi tão triste quando ela se despediu dos alunos e professores no último dia de aula antes de ir para um emprego novo.

Angela tinha vindo para Yale para trabalhar num projeto de pesquisa sobre a teologia da alegria. Pouco antes e durante seu primeiro semestre ministrando o curso, ela havia sofrido três perdas trágicas, uma após outra. Essa justaposição amarga colocou no centro da sua vida o desafio de conviver com o sofrimento e atravessá-lo.

Naquele último dia de aula, ela contou a história comovente de uma das perdas, o suicídio de um familiar. Eis como ela narra isso em seu livro *The Gravity of Joy* (A gravidade da alegria):

> Abri a porta do carona e peguei meu celular no assoalho do carro.
> Fiquei pasma ao descobrir que tinha perdido sete telefonemas e uma mensagem de texto da minha mãe.
> A mensagem dizia: "Dustin se matou." [...]
> Lágrimas escorreram pelo meu rosto como água transbordando de uma banheira. Sem pensar, liguei de volta para mamãe.
> Gritei repetidamente "Não!", chorando e exigindo que ela me dissesse que não era verdade. [...]
> Eu caminhava pelo estacionamento enquanto a ouvia dizer que era

verdade, sim. Ela ainda chorava quando atendeu o telefone, horas depois de ter recebido a notícia.

De repente, larguei o celular no estacionamento da igreja e gritei de dor.[27]

Quando terminou, Angela olhou para os alunos. Havia um silêncio reverente. Ela respirou fundo e disse a eles: "Espero que vocês possam vislumbrar uma vida capaz de sustentá-los nesses momentos tenebrosos. Provavelmente haverá um dia em que o mundo vai desabar, o coração de vocês vai falhar e vocês precisarão ter uma ideia da vida que vale a pena viver, uma vida capaz de sobreviver à tempestade. Sem dúvida, a visão de vocês será aprofundada, transformada, lapidada pelos dias passados no fundo do poço, mas espero que já tenham uma bússola que os oriente ou, melhor ainda, uma âncora que os segure."[28]

Naquele dia todo mundo que estava na sala saiu achando que os "momentos tenebrosos" testam e refinam nossa noção de vida próspera. Sobreviver à tempestade é muito mais do que saber com clareza o que é uma vida que vale a pena viver. Mas, como disse Angela, é melhor já ter uma âncora a bordo, se possível.

Somos animais que buscam a razão, e (frequentemente) somos pessoas que sentem dor. Precisamos de respostas ao sofrimento que nos ajudem a enfrentá-lo, que nos ajudem a encaixar num quadro mais amplo a dor e o desajuste que encontramos na vida e no mundo. Só porque um modo de pensar no sofrimento faz com que nos sintamos melhor não significa que ele seja verdadeiro. Só porque uma prática para diminuir o sofrimento nos ajuda a superá-lo não significa que ela seja boa. Mas, dito isso, de que adiantam as respostas à pergunta sobre o sofrimento se elas não nos ajudarem a encarar a realidade da dor? Afinal de contas, a Pergunta é a pergunta da nossa vida.

SUA VEZ

Falamos sério ao dizer que devemos ter cautela ao aconselhar quem está sofrendo. Antes de partirmos para os exercícios, queremos reconhecer que não sabemos o que você está enfrentando neste momento. Se você tem questões que precisa processar com alguém – um conselheiro ou amigo –, não com um livro, por favor, faça isso. Você saberá melhor do que nós se este não for o momento ideal para cavar mais fundo. Às vezes o que mais precisamos para lidar com a dor é de tempo e distância.

1. Como você se sentiu ao ler a proposta do Buda de que o sofrimento cessa quando reconhecemos o vazio do eu e paramos de ansiar?
   - O que você acha que está por trás dos seus sentimentos?

2. É reconfortante pensar que talvez exista um grande plano para o sofrimento do mundo? É perturbador pensar que Deus pode provocar ou permitir o sofrimento? Por quê?
   - Você acha que a verdade sobre o sofrimento tem mais probabilidade de ser reconfortante ou perturbadora? Tente justificar sua resposta.

3. Pensar no sofrimento como uma oportunidade de crescimento (Nietzsche) menospreza a dor? Ou, por outro lado, abre o caminho para o significado e o valor?

4. Você já se viu na posição de Jó, protestando contra um sofrimento que não consegue superar nem entender?
   - Qual foi a sensação?
   - Como as outras pessoas reagiram?
   - O que você fez quando esteve na posição dos amigos de Jó?

5. Até que ponto você acha importante entender o sofrimento?

DOZE

Quando acaba

Uma enorme cabeça bidimensional com ombros, sem corpo, pairava acima do salão de palestras. Era um tanto adequado que Zoltan Istvan, que estava falando com nossos alunos sobre o movimento filosófico conhecido como transumanismo, não estivesse ali em carne e osso. A tecnologia tinha muito a ver com a visão dele sobre a prosperidade, de modo que uma palestra mediada pela tecnologia parecia fazer sentido.

Diferentemente de boa parte das tradições que abordamos no correr dos anos no curso Life Worth Living, essa tinha um partido político. E Istvan fora seu candidato a presidente dos Estados Unidos. Sua campanha consistia numa plataforma simples, com apenas uma proposta: tornar os norte-americanos imortais. Veja bem, Zoltan compartilha a crença transumanista de Ray Kurzweil de que, com esforço suficiente, dentro de algumas décadas poderíamos descobrir os meios tecnológicos para a extensão radical da vida. Istvan queria espalhar essa notícia, por isso tinha viajado pelo país fazendo campanha num ônibus em formato de caixão.

Ele explicava seu raciocínio à turma. "O maior problema de vocês", disse ele, "é que vocês vão morrer. Isso faz qualquer outro problema parecer pequeno. O que poderia importar mais do que a *vida*?! No entanto, o governo não está fazendo nada para solucionar esse problema primordial. Nem ao menos *tentar* só mostra que as prioridades estão terrivelmente equivocadas."

Até aqui, você poderia levantar o mesmo argumento em relação a este livro. Com raras exceções, a morte não representou um grande papel nas nossas reflexões sobre a Pergunta. Mas pelo menos numa coisa Istvan está certo: você *vai* morrer. E mais: não sabe quando. A perspectiva da morte sombreia cada momento da vida, quer percebamos ou não.

Nenhum modelo de vida próspera vale a pena se ignorarmos o fato de que a nossa vida – não importando quanto a vivamos bem, quão boa ela seja ou o que sintamos a respeito dela – terminará na morte. O que um determinado modelo tem a dizer sobre a morte dirá a você muita coisa sobre a vida.

Cura total

Num dia como qualquer outro em 399 a.C., um júri ateniense deu o veredito no julgamento de um cidadão notável sob a acusação de "impiedade" e "corrupção de jovens": culpado. O réu foi condenado a morrer por envenenamento.

No meio-tempo entre a acusação e a sentença, o homem conversou com um pequeno grupo de amigos sobre os temas da justiça, da alma e da morte. Alguns de seus apoiadores bolaram um plano para tirá-lo da prisão e levá-lo até o mar, para que fugisse e se exilasse. Ele recusou.

Quando chegou a hora, seus amigos choraram, mas ele não. Bebeu calmamente a taça de cicuta entregue pelo carrasco. Enquanto sua vida se esvaía, Sócrates (nascido em 470 a.C.), o gigante da filosofia grega, fez o último pedido. Seu aluno mais famoso, Platão (*c.* 427 a.C.-348/7 a.C.), retrata o mestre virando-se para seu velho amigo Críton e dizendo: "Críton, nós devemos um galo a Asclépio; faça essa oferenda a ele, não se esqueça."[1]

Asclépio era o deus da medicina. Dever um galo a ele significava que o deus tinha atendido à prece pela cura. Assim, Sócrates está dizendo, com seu talento característico, que a morte é uma espécie de cura. Mas nesse caso também se poderia dizer que "a vida é uma doença", citando a interpretação de Nietzsche para a cena.[2]

Bom, Sócrates não era um sujeito ranzinza. Afora a tendência a incomodar os outros com perguntas difíceis, ele parece ter sido uma pessoa bastante maleável. Segundo todos os relatos, ele era feliz na maior parte do tempo. Não era um asceta que negava a si próprio. Não passava fome nem abria mão de vinho, sexo ou festas. Então como explicar essa postura?

Segundo Platão, o centro da matéria é a alma. Nossa alma é nossa melhor parte. É nosso verdadeiro eu, no fim das contas. O que importa na vida, portanto, é uma alma boa. Que ela seja sábia, justa... Acima de tudo, que ela entenda a verdade eterna das coisas. A melhor vida é aquela que se importa com o bem da alma.[3]

Segundo Sócrates, o corpo não acrescenta nada a esse tipo de bondade. Na verdade ele costuma nos distrair do cuidado para com nossa alma. Por um lado, nosso corpo é carente demais. E também muito mandão. Dá chilique quando não consegue o que quer. E fica avariado de um jeito inevitável (como quando envelhecemos) e inesperado (quando adoecemos ou nos ferimos). Talvez, pior de tudo (para Sócrates), os sentidos do corpo, notoriamente indignos de confiança, inibam o raciocínio puro. É difícil pensar direito num mundo de ilusões de ótica, sons fantasmas e todo tipo de aparência enganadora.

Mas não está claro como qualquer dessas coisas tornaria a morte uma bênção. Afinal de contas, ela é o fim da vida, e somente uma pessoa viva pode ser sábia ou virtuosa.

Sócrates é bastante cauteloso em relação ao que ele acha que acontece quando a gente morre. Mas no *Fédon*, de Platão, ele se esforça um bocado para convencer seus amigos de que a alma é imortal. Na morte, nossa alma se separa do corpo. Então as duas coisas têm destinos muito diferentes. Nosso corpo sem alma se torna um cadáver inanimado e apodrece. Mas nossa alma sem corpo permanece intacta. A morte não prejudica a alma diretamente. Nem prejudica a alma ao separá-la do corpo. No mínimo, essa separação é uma bênção. Ela permite que a alma "escape da contaminação da tolice do corpo".[4] E temos bons motivos para esperar que, se tivermos vivido bem, "viveremos em felicidade completa, para além do alcance dos males".[5]

Para Sócrates, a vida filosófica é um "treinamento para a morte".[6] Ao refletir sobre a verdade eterna das coisas, a filosofia prepara a alma para estar separada do corpo. Ela antecipa a "fuga" da alma aqui e agora. Viver bem é investir o tempo e a energia, ao máximo, na alma que permanecerá, não num corpo que vai perecer. É viver de tal modo que a morte seja uma bênção para nós.

Mas e se a morte não for o maior problema da nossa vida nem uma bênção em potencial? E se a morte não for absolutamente nada? Há uma forte corrente que diz exatamente isso.

Não nascimento e não morte

Monge vietnamita e defensor do "budismo engajado", Thich Nhat Hanh (1926-2022) acha que podemos enxergar a verdade sobre a morte olhando para uma nuvem.

Um pouco de água evapora do oceano e sobe como vapor para a atmosfera. Em condições ideais, ela se condensa em partículas líquidas ou sólidas e essas partículas se aglutinam numa nuvem. Muitas nuvens simplesmente se dissipam à medida que as partículas evaporam de novo. Mas, em determinadas condições, as partículas minúsculas começam a se juntar em partículas maiores e mais pesadas, que então começam a cair na forma de chuva. A água da chuva penetra no solo, onde as raízes das plantas a absorvem, ou se junta em regatos, córregos e riachos, correndo morro abaixo, alcançando rios maiores e por fim o oceano.

Certo. Mas o que uma aula de ciência do ensino fundamental tem a ver com a morte?

"A nuvem", diz Nhat Hanh, "não vem do nada. Houve apenas uma mudança de forma."[7] Do mesmo modo, a nuvem não se torna nada. "Se você olhar profundamente a chuva, verá a nuvem."

As idas e vindas da nuvem são um processo contínuo de mudança. Nada vem a ser ou deixa de ser. Só existe uma série de "manifestações" mutantes. São como as ondas num oceano. Ondas diferentes vêm e vão sem parar, mas é sempre apenas água em movimento. A conclusão é a seguinte: "Não existe morte de verdade porque há sempre uma continuação. Uma nuvem continua o oceano, o rio e o calor do sol, e a chuva continua a nuvem."[8]

O mesmo, segundo Nhat Hanh, acontece conosco. O fenômeno que é cada um de nós é uma manifestação. Ele não tem uma base subjacente, estável. Nada de novo surge quando nascemos e nada cessa quando morremos. "Nossa verdadeira natureza é a natureza de não nascimento e não morte."[9] É como o ensinamento do "não eu", que discutimos nos capítulos 8 e 11. Nhat Hanh aborda isso enfatizando ao mesmo tempo a ideia intimamente relacionada de impermanência, que afirma que "nada permanece o mesmo nem sequer por dois instantes consecutivos".[10] *Tudo* está sempre se movimentando, mudando, dando origem ao que vem em seguida.

A morte é apenas uma ideia, uma categoria que usamos. Ela não nomeia nada substancial. Enxergar isso muda tudo, diz Nhat Hanh. É "a essência da sabedoria iluminada. [...] Quando tivermos essa ideia não teremos mais medo".[11] Como boa parte do medo na nossa vida está ligada ao medo da morte, estar livre do medo da morte é praticamente estar livre de *todo* medo. Daí o título de um dos livros de Nhat Hanh: *Sem morrer, sem temer*. Se pudermos realmente tocar nossa impermanência e nosso não eu, poderemos "cavalgar as ondas do nascimento e da morte, sorrindo com serenidade". Nada que a vida – ou a morte – possa lançar sobre nós vai nos abalar. "Poderemos desfrutar da vida e apreciá-la de um novo modo."[12]

Isso pode parecer um mau negócio. O único motivo para Nhat Hanh dizer que "as coisas não morrem de verdade" parece ser o fato de elas também não viverem. Será que a perspectiva dele significa desarmar a morte abraçando a aniquilação?

Nhat Hanh acha que não. Não deveríamos pensar em coisas como "impermanência" e "não eu" como doutrinas que declaram uma verdade em oposição às falsidades da permanência e do eu. Em vez disso, elas são ferramentas para nos libertar das ideias enganadoras de permanência e do eu. Só que o objetivo é na verdade nos livrarmos de *todas* as ideias, inclusive a de impermanência e do não eu, porque "a realidade é livre de todos os conceitos e ideias".[13] Portanto, assim como "não existe um eu permanente" (que chato?), "não existe aniquilação" (que bom?).

Hamlet, o personagem de Shakespeare, declarou que "ser ou não ser" é "a questão".[14] Nhat Hanh imagina o Buda virando Hamlet do avesso.[15] "'Ser ou não ser *não* é a questão.' Ser e não ser são apenas duas ideias opostas. Mas elas não são a realidade e não descrevem a realidade." A realidade é a constante transformação interdependente dos fenômenos "num processo ininterrupto de manifestação".

Quando assumimos essa visão da realidade, "em vez de nascimento e morte existe apenas a transformação contínua".[16] Não é que "coisas" comecem a existir e depois cessem. O oceano, a nuvem, a chuva, o rio são simplesmente manifestações, transformando-se uma em outra. O mesmo acontece conosco. Pense na diferença entre o "você" de agora e o "você" recém-nascido. O longo caminho de lá até hoje é uma série contínua de transformações. E Nhat Hanh afirma que não existe diferença metafísica entre como continuamos de um instante a outro na nossa vida e como continuamos depois da morte. Em nenhum dos dois casos "nós" somos algo estável, um "eu" sólido existente.

O que decorre dessa visão é uma alegre despreocupação com a morte. É necessário ter prática para cultivar essa postura, mas Nhat Hanh acredita que ela é possível. "Se a sua prática for forte, no momento da morte você cantará uma canção de feliz continuação."[17]

Esse é um tipo de continuação *muito* diferente daquela que Sócrates esperava enquanto bebia a cicuta. Não é a contínua existência consciente de uma alma racional, mas um contínuo processo fluido de manifestações surgindo e em seguida cedendo a outras manifestações.

Isso também implica uma postura muito pouco convencional em relação ao tempo. Nhat Hanh critica a tendência de pensar na felicidade como algo que alcançaremos no futuro. Essa é uma tendência tola, porque o futuro nunca chega. Só existe o *agora*. Portanto, agora é o único tempo em que podemos ser felizes. E mais: nada além de nós nos impede de sermos felizes agora. Não importa o que esteja acontecendo, "as condições para a felicidade já estão aqui".[18] Mas será que podemos realmente isolar a felicidade de todo o passado e todo o futuro?

Ao escrever sobre a antiga escola grega de filosofia epicurista, a filósofa Martha Nussbaum observa que uma vida humana "projeta-se para além dos seus estados presentes em direção ao futuro".[19] Nossas ações tomam tempo. Nossos relacionamentos crescem e mudam. Assim, ao que parece, estamos inevitavelmente ligados ao futuro. Em parte, os projetos e os relacionamentos são o que são e importam para nós por serem orientados para o futuro. O casamento é um bom exemplo disso. Ele é *intrinsecamente* um relacionamento que pretende ter um futuro.

Claro, nós sempre habitaremos apenas no presente. Mas o futuro de coisas como relacionamentos, projetos ou um jogo de xadrez mora no presente conosco. Esses futuros *compõem* em parte o nosso presente. Não é que estejamos sempre esperando ser felizes no futuro, mas esse futuro é parte do que torna a felicidade e seu significado possíveis *agora*. E a morte, segundo

Nussbaum, rompe com isso. Ela "se intromete no valor e na beleza de atividades e relacionamentos que estão evoluindo no tempo".[20]

Pouco depois da morte da poeta Joy Davidman (1915-1960), seu marido, C. S. Lewis, escreveu: "É difícil ter paciência com pessoas que dizem 'A morte não existe' ou 'A morte não importa'. [...] Seria o mesmo que dizer que o nascimento não importa."[21]

Talvez Nhat Hanh esteja certo ao dizer que a ideia de "não nascimento e não morte" nos permite desfrutar da vida em serenidade. Mas Nussbaum e Lewis levantam uma questão premente. Uma vida assim poderia ser agradável. Mas será que teria *importância*?

Esta (única) vida

Martin Hägglund, nosso colega de Yale, não quer morrer. Mas também não quer a vida eterna. Como ele diz, "uma vida eterna não é apenas inatingível; é também indesejável".[22] Mas parece que estas são as duas únicas opções: morrer de vez ou viver para sempre. Hägglund não acha que ele ou qualquer um de nós possa escolher qual dos dois é o nosso destino. Porém, se a escolha fosse dele, Hägglund apostaria na mortalidade. A vida finita e mortal é melhor do que a vida eterna. Como assim? Se a vida é uma coisa boa, não faria mais sentido a vida eterna ser ainda melhor?

Pelo contrário, diz Hägglund. "Qualquer vida que valha a pena ser vivida deve ser finita."[23] A chave para entender esse ponto de vista está na palavra *viver*. Viver é algo que *fazemos*. A conduta é seu cerne essencial. E Hägglund acha que, para nossa conduta ser nossa e fazer algum sentido, nossa vida deve terminar na morte.

Ser um agente é ter propósitos. É agir em nome de alguma coisa, o que implica nos importarmos com alguma coisa. Mas nos importarmos só faz sentido, segundo Hägglund, se as coisas com as quais nos importamos forem vulneráveis – se pudermos fazer diferença para elas. "Importar-se com alguém ou alguma coisa implica acreditarmos no valor dessa pessoa ou dessa coisa, mas também implica acreditarmos que o que é valorizado pode deixar de existir", diz ele.[24] E a vida eterna, como a que vimos Sócrates desejar, não está à altura desse padrão. Nenhuma coisa eterna, segundo

Hägglund, necessitaria de algo de nossa parte – ou de si mesma. Ela já é eterna. Está completamente garantida. Se nossa vida for eterna, não nos importaremos com ela, o que significa que não nos preocuparemos com nossa conduta. "A atividade eterna não depende de ser sustentada por ninguém."[25] Numa vida eterna não haveria motivo para fazer nada. Poderíamos até dizer que não haveria nenhum *fazer*.

Do mesmo modo, o que fazemos com nossa vida – isso ou aquilo, agora ou mais tarde – só pode importar para nós se nosso tempo for limitado. "Se eu acreditasse que minha vida duraria para sempre, jamais poderia considerar que ela corre risco e jamais seria tomado pela necessidade de fazer qualquer coisa com o meu tempo. Eu nem seria capaz de entender o que significa fazer algo antes tarde do que nunca, porque não teria a ideia de um tempo de vida finito que dá urgência a qualquer projeto ou atividade."[26]

A conclusão de Hägglund é a seguinte: "O que eu faço e amo só pode importar para mim porque eu me entendo como mortal."[27] Sem morte, não há conduta a escolher. Sem conduta a escolher, não existe sentido.

Pode parecer que Hägglund está falando com Sócrates e ignorando Nhat Hanh, que oferece o que parece ser uma alternativa à dicotomia entre mortalidade e imortalidade. Mas, da perspectiva de Hägglund, essa não é uma alternativa verdadeira. Para ele, Sócrates desvaloriza a vida ao nos tornar imortais, ao passo que Nhat Hanh desvaloriza a vida negando que exista algum "nós" verdadeiro para viver e morrer. O sinal revelador é que os dois nos aconselham a não temermos a morte nem nos perturbarmos com a perda de entes queridos. "Ser invulnerável ao medo da morte", escreve Hägglund, "significaria ser completamente indiferente."[28] Ou seja, nada importaria.

E é exatamente isso que Hägglund acha que uma postura budista como a de Nhat Hanh faz. Ela corta nossos elos com nossa vida e com a Terra ao enxergar tudo com que podemos nos importar como sendo efêmero e ilusório.[29] O objetivo dessa postura é ir além de todos os objetivos. Mas sem objetivos nada pode importar. Logo, o objetivo é que nada importe. "Um ideal assim", avalia Hägglund, "é vazio e não vale a pena ser buscado."[30]

Se for verdadeira, a afirmação de Hägglund tem sérias implicações para todo o projeto deste livro. Se nossa vida deve ser mortal para que as coisas importem, a questão de como levar a vida só faz sentido se a morte for um fim verdadeiro e definitivo. A Pergunta sobre como seria uma vida próspera só seria de fato uma pergunta para pessoas que negam a iluminação, a vida eterna e qualquer coisa do tipo.

Significaria que os bilhões de pessoas que acreditam nessas coisas trairiam os próprios ideais elevados sempre que deixassem alguma coisa na vida importar, a não ser como um meio para a realização definitiva. O único "significado" permissível na vida delas seria o projeto de alcançar algum estado em que a vida, se é que pode ser descrita assim, seja sem sentido.

Revestindo-se de imortalidade

A imaginação popular pinta o cristianismo com pinceladas socráticas. Esta vida é um "vale de lágrimas" pelo qual passamos para alcançar a vida eterna. Assim, a morte é uma bênção a ser aceita. Sem dúvida muitos cristãos pensaram desse modo sobre a vida e a morte. O antigo líder cristão Inácio de Antioquia (séculos I e II d.C.), por exemplo, descrevia esta vida como um "estado de morte".[31] Tendo sido condenado à morte, pediu a cristãos influentes em Roma que não reduzissem sua sentença. "Não me impeçam de viver", implorou. Com "viver", ele queria dizer morrer.

Mas não foi apenas desse modo que os cristãos pensaram na morte. Voltemos ao apóstolo Paulo, que conhecemos no Capítulo 5, para buscar uma perspectiva diferente.

Paulo escreve sobre a morte como um "inimigo" e a retrata como um tirano dominador.[32] Não é uma bênção. Pelo contrário, é o paradigma da maldição. Deus criou os seres humanos finitos, frágeis e mortais. (Todas as outras coisas, a não ser Deus, são finitas por definição.) Mas a intenção de Deus sempre foi dar o presente da vida eterna.

Só que a vida como a conhecemos é maculada porque os humanos romperam a fé em Deus. Nas palavras de Paulo, nós "pecamos". Assim, as coisas não são como deveriam ser. Existe uma doença, mas não é a vida. É o pecado que corta a relação dos seres humanos com a fonte da vida.

No contexto desse rompimento, agora nossa vida tem dois estágios essenciais. O primeiro começa com o nascimento e termina com a morte. Ainda que as coisas estejam indo mal, esse primeiro estágio é bom. E essa boa qualidade não pode ser retirada. Afinal de contas, foi Deus quem a criou, e Deus é infinitamente bom. O ruim é que esta vida termina. É uma tragédia, e, se houvesse apenas isso na história, toda a história seria uma tragédia.

A mensagem que Paulo pregou por todo o Mediterrâneo oriental foi a de que havia mais alguma coisa na história. A morte é um inimigo, mas, quando Deus alçou Jesus para a vida nova depois de ele ter sido executado, o poder da morte foi rompido. Podemos, portanto, olhar à frente com a esperança de um segundo estágio da vida, que começa com o que Paulo chama de "ressurreição", a ascensão a uma vida nova para os que morreram. Mas a ressurreição não é a libertação de uma alma já imortal de seu corpo mortal. É a ressurreição do *corpo*. Paulo usa a metáfora da troca de roupas. Nossa vida "se rev[este] de imortalidade".[33] Assim, a relação entre esses dois estágios da vida não é a relação entre doença e cura, mas entre algo bom e algo (muito) melhor.

Podemos ver essa distinção no modo como Paulo aconselha os cristãos a reagir à morte dos entes queridos. Eles não deveriam tentar sentir a alegria que Sócrates pediu (sem sucesso) aos seus amigos. Mas também não deveriam sofrer "a perda absoluta".[34] Deveriam prantear, escreve Paulo,[35] mas prantear com esperança, sem ver a morte como uma destruição definitiva nem a tratando com fria indiferença, como se ela não fosse ruim.[36]

A base da visão de Paulo sobre a morte é uma afirmação da vida. Desde o início Deus tem sido o Deus que dá a vida. Ele criou os seres humanos (e outras criaturas) como seres vivos. E a vida ainda é a marca da obra de Deus. Jesus Cristo é "vivificante".[37] É exatamente o que ele faz. E mais: o trabalho de vivificar feito por Deus acontece aqui neste mundo porque o Deus que dá a vida é o *Deus deste mundo*.[38] Este mundo e esta vida não são meras estações no caminho enquanto passamos para a vida futura.

Para Hägglund, a ameaça da morte é, em certo sentido, essencial. A negatividade da morte é necessária para a conduta que adotamos e para o sentido da vida. A resistência à morte é o alicerce para um compromisso com a vida. Mas, Paulo poderia insistir, isso não seria entender a coisa ao contrário? Não é que nós nos importemos com os outros porque sabemos que eles vão morrer, mas que trabalhamos para manter a morte longe deles (e de nós mesmos) porque os amamos. A boa qualidade da vida precede a negatividade da morte. E a vida que realmente vale a pena viver é acima de tudo uma celebração dessa excelência através do amor. Ela expulsa o medo e torna a esperança o modo primário de nos relacionarmos com a vida e com a morte.

Do ponto de vista de Paulo, sem a perspectiva da ressurreição para a vida eterna, uma névoa perene de tristeza envolveria nossa existência. Provavelmente experimentaríamos a vida como algo sem sentido exatamente porque não apenas nossa vida, mas a vida das pessoas que amamos (e por fim a vida do planeta e de todo o universo) terminaria na morte. Da perspectiva de Paulo, é exatamente a vida eterna (como ele a entende) que é desejável. Se ela é plausível é outra questão. Mesmo no caso improvável de Paulo convencer Hägglund de que a vida eterna seria desejável, eles ainda precisariam descobrir se existem motivos convincentes para acreditar nela.

Vale a pena morrer em nome de quê?

No início do capítulo dissemos que o que um modelo de prosperidade diz sobre a morte também nos diz muito sobre a vida. Isso é especialmente verdade quando fazemos a pergunta: Vale a pena morrer em nome de quê?

A questão é desafiadora, principalmente se você não acreditar que existe alguma forma de vida após a morte. Ela pede que você indague se existe algo mais valioso para você do que… você mesmo. Ainda que você acredite numa vida após a morte, a pergunta ainda incomoda, querendo saber se você apostaria sua vida nisso. O que valeria todas as suas fichas?

Junto com o desafio, essa pergunta traz também uma promessa: se você sabe em nome de que vale a pena morrer, talvez não tenha de fato uma visão da vida que vale a pena viver. Seu maior bem seria simplesmente estar vivo.

A esta altura uma longa discussão seria redundante. Tudo que abordamos no livro até agora de certa forma apontou várias respostas a essa pergunta. Mas não custa enfatizar duas amplas categorias de respostas comuns.

Primeiro, muitas pessoas já afirmaram que deveríamos estar dispostos a morrer de modo que outras pessoas possam prosperar. Uma passagem na Bíblia hebraica diz que Moisés ofereceu a própria vida em solidariedade a seu povo. E já vimos no Capítulo 5 que Paulo fez algo semelhante. Num tom diferente, os utilitaristas acreditam que deveríamos sacrificar nossa felicidade em nome da felicidade dos outros. Dar a própria vida para que outros possam prosperar seria a realização mais custosa desse ideal. Algumas tradições budistas acreditam em *bodisatvas*, pessoas que são iluminadas, mas mesmo assim permanecem no ciclo de nascimento e morte para poderem guiar outras até a iluminação. Estão dispostas não somente a morrer, mas a continuar morrendo repetidamente pelos outros.

Segundo, existe o compromisso com a vida verdadeira. Muitos (talvez até mesmo a maioria) dos nossos parceiros de conversa neste livro diriam que permanecer fiel à nossa visão da boa vida é mais importante do que a própria vida. É ao mesmo tempo uma questão de integridade e de combater um mundo que se opõe à vida próspera. Alguns, como Sócrates, morreram em vez de fazer o que achavam que seria errado. Sócrates recusou uma chance de escapar, não somente porque tinha esperança na imortalidade, mas porque achava que seria errado violar as leis de sua cidade natal. Para ele era mais importante fazer a coisa certa do que continuar vivendo.

Mas você não precisa ser o fundador de uma escola filosófica ou de um movimento religioso para morrer por sua visão de uma vida que vale a pena viver. Um antigo texto cristão, por exemplo, conta a história de duas mulheres jovens, Perpétua e Felicidade, que foram presas com alguns companheiros por não estarem dispostas a oferecer sacrifício aos deuses romanos em honra ao imperador.[39] Perpétua era uma mãe que estava amamentando um bebê. O texto narra, em suas palavras, que ela se preocupava tremendamente com o filho e em determinado momento o entregou à sua mãe e ao seu irmão. Felicidade estava grávida e deu à luz no cárcere. Ela entregou o bebê para ser criado por outros membros da comunidade. As duas receberam a oferta de liberdade caso cedessem e realizassem o sacrifício. Ambas recusaram e foram mortas no anfiteatro da cidade durante jogos de gladiadores em comemoração do aniversário do imperador. Essa história é apenas uma das incontáveis situações em que pessoas comuns colocaram um valor maior no compromisso com a vida verdadeira em vez de prolongar a própria existência.

Da questão da morte à questão da vida

Assim que passamos a enxergar a Pergunta como a pergunta sobre a nossa vida, não há como escapar da questão seguinte, sobre a morte. Pelo menos a princípio, a morte coloca em dúvida significado, valor e bondade. No decorrer deste capítulo vimos várias maneiras diferentes de responder a esse desafio. Sócrates nos instigou a viver de modo que a morte possa ser uma bênção para nossa alma. Nhat Hanh tentou nos mostrar que tanto a morte quanto o nascimento são meras ideias que não refletem a verdadeira natureza das coisas. Hägglund propôs que, por mais amarga que seja, é a morte que *dá* sentido à vida. E Paulo disse que a morte é um inimigo, mas proclamou que o inimigo foi derrotado por Deus em nosso nome.

Mesmo se estivermos dispostos a aceitar uma dessas perspectivas sobre a morte e a vida próspera, ainda não chegamos lá. Não estamos nem na metade do caminho. Sérios desafios permanecem. Talvez o mais premente de todos seja o seguinte: como poderíamos *viver* uma vida que reconhecemos como digna – um modo de vida pelo qual valesse a pena morrer? Como poderíamos fazer com que uma vida assim fosse tão absolutamente nossa a ponto de *estarmos dispostos* a morrer por ela? Os próximos três capítulos nos ajudarão a esboçar uma resposta a esse desafio.

SUA VEZ

1. Que projetos e relacionamentos com vistas ao futuro são significativos para você?
    - Esses projetos e relacionamentos se tornam mais ou menos significativos quando você considera que eles estão fadados a terminar na morte?

2. Se fosse verdade – se *for* verdade – que a morte não é nada porque a vida não é nada (como diz Nhat Hanh), como sua vida precisaria mudar?

3. Independentemente de acreditar ou não nela, você acha que a vida eterna seria desejável? Por quê?
    - Se soubesse que você e as pessoas de quem gosta viveriam para sempre, o que ainda daria sentido a essa vida (se é que alguma coisa daria)?

4. Em nome de que valeria a pena morrer?
    - Existem pessoas por quem você acha que estaria disposto a morrer? Por que isso valeria a pena?
    - Existem ideais pelos quais você acha que estaria disposto a morrer? De novo, por que isso valeria a pena?
    - O que suas respostas às últimas duas perguntas dizem sobre o que faz a vida valer a pena?

QUINTA PARTE

De volta à superfície

TREZE

Por acaso temos algum trabalho a fazer

"Consideramos que estas verdades são evidentes por si, que todos os homens são criados iguais [...]." Essas palavras documentam uma percepção genuína do tipo de vida que é digna da nossa humanidade.

É uma ironia amarga o fato de, no decorrer da sua vida, o homem que as escreveu ter cerca de 600 seres humanos escravizados. Não precisaria ser assim. O esboço original de Thomas Jefferson para a Declaração de Independência dos Estados Unidos incluía um verdadeiro libelo contra o tráfico de escravos. Ele o chamou de "guerra cruel contra a própria natureza humana". Aquele primeiro esboço seria uma Declaração de Independência e uma Proclamação de Emancipação num mesmo documento. Mas a política – e, deve ser dito, o próprio Jefferson – não suportaria pôr a ideia em prática, por isso temos o puro ideal: "todos os homens são criados iguais".

Isso não quer dizer que ninguém que estivesse no poder na época entendesse as implicações de longo alcance dessas palavras. Muitos entendiam. Em 1780, apenas quatro anos depois da Declaração, Massachusetts usou a linguagem de Jefferson em sua constituição estadual. Dentro de três anos a Suprema Corte do Estado tinha abolido a escravidão. Os senhores de escravos no Sul também viram o poder da frase e trocaram "todos os homens" por "todos os homens livres" em seis constituições sulistas.

Com o tempo, os ideais emancipatórios pessoais de Jefferson iriam se dissipar. Em 1792 ele escreveu em seu livro-caixa que sua fazenda produzia um lucro anual de 4% com o nascimento de crianças negras escravizadas. Isso lhe pareceu uma boa estratégia de investimento. Ele até a recomendou a George Washington e outros. Parece que Jefferson considerava os dólares e centavos uma motivação maior do que as verdades evidentes por si. O jornalista Henry Wiencek observa o *timing* suspeito: "Jefferson começou a recuar do movimento contra a escravidão mais ou menos na época em que computou o lucro silencioso daquela 'instituição peculiar'."[1]

Em 1776 Jefferson teve uma ideia. Na época da sua morte, em 1826, essa ideia o havia levado a libertar exatamente *duas* das mais de 600 pessoas escravizadas que ele dizia possuir.

Em 1777, Robert Carter III também teve uma ideia.

E essa ideia pode ter começado com um sonho febril. Em junho daquele ano, quando a presença de Deus subitamente o dominou, Carter tinha acabado de ser vacinado contra a varíola, que representava um grande risco na Virgínia colonial, mesmo para um rico fazendeiro como ele. Mas Carter achou que aquilo era mais do que um sonho: era um encontro divino, o tipo de conversão súbita que os cristãos americanos adoram celebrar. Em seu diário ele chamou isso de uma "Iluminação muitíssimo graciosa". Um mês depois ele declararia que, apesar de já ter duvidado da divindade de Cristo, não duvidava mais.

Outra visão em dezembro o levou mais adiante em sua busca espiritual – e, como ele refletiu, ela começou a revelar algo que ele havia deixado passar despercebido. Duas pessoas escravizadas, Sarah Stanhope e Harry-Ditcher, tinham estado com ele durante essa segunda visão. Ambos tinham visto a mesma luz grandiosa e estranha brilhando no céu. Carter começou a passar cada vez mais tempo com as pessoas que ele mantinha escravizadas e com seus empregados. Chegou até a ser batizado na congregação multirracial de uma igreja Batista Separada. Nas palavras de seu biógrafo, Andrew Levy, "no decorrer de três curtos anos ele havia dado as costas à religião de Thomas Jefferson e abraçado a religião dos escravos de Thomas Jefferson".[2]

Assim começou a estrada longa e sinuosa para a emancipação discreta, burocrática, mas legalmente impecável de todas as pessoas escravizadas nas propriedades de Carter.

Como Jefferson, Carter acreditava profundamente na liberdade. Como Jefferson, Carter "possuía" centenas de pessoas escravizadas. Como Jefferson no final da década de 1770, Carter reconhecia a incompatibilidade desses dois fatos. Diferentemente de Jefferson, Carter fez algo a respeito. Em 1791 ele registrou um plano detalhado para a libertação gradual de todas as 420 pessoas escravizadas que ele tinha o direito legal de libertar. Como Levy descreve Carter, ele era o "anti-Jefferson", "um homem a quem não faltou a vontade de libertar os próprios escravos, mas que não teve a visão e a clareza para tornar eloquente seu amor pela liberdade".[3]

Carter não era eloquente em relação à liberdade. (O mais próximo que chegou de uma escrita pomposa foi um "considerando que" em seu processo judicial.) Jefferson sem dúvida receberia a melhor nota em sua dissertação sobre a vida que vale a pena viver no curso em Yale. Mas, independentemente das críticas que possamos fazer a Carter (e certamente podemos desejar mais dos nossos heróis do que apenas que deixem de escravizar outros seres humanos), não é difícil julgar qual vida honrava mais profundamente nossa humanidade compartilhada.

Ideias são uma coisa. Ações são outra.

Basta dizer: depois de treze capítulos deste livro, mesmo que tenhamos chegado a significativas ideias próprias sobre a Pergunta, ainda temos muito trabalho pela frente.

Trata-se de viver

Passamos muito tempo ao longo deste livro pensando no que distingue nossa noção de vida próspera de qualquer outra. E isso é bom. As diferenças são verdadeiras e importantes. Pode ser tentador desconsiderá-las e dizer que, no fundo, todas as tradições basicamente endossam a mesma visão de vida. Mas esperamos que a esta altura já esteja claro: isso simplesmente não é verdade. E não ganhamos nada fingindo que é.

Um benefício de sermos honestos quanto às muitas divergências é que, quando de fato existem concordâncias substanciais, elas realmente se destacam. Aqui vai uma: quase todo mundo concorda que, por mais valioso que seja saber o que é a vida boa, o verdadeiro objetivo é *viver* uma vida boa. O objetivo de refletir sobre a vida próspera é descobrir nosso modo de fazer isso e abrir caminho para outras pessoas fazerem.

O consenso aqui é de longo alcance. Claro, existem os casos óbvios. É difícil imaginar um utilitarista puramente abstrato, uma pessoa interessada apenas no que, hipoteticamente, faria o maior bem para o maior número de pessoas. O objetivo é agir. Se podemos agir mas não fazemos isso, não estamos apenas perdendo a oportunidade de fazer uma coisa boa. Estamos fazendo algo errado. Como diz Peter Singer ao defender a doação radical a quem mais precisa: "Nesse caso, levar nossa conclusão a sério significa agir a partir dela."[4]

Do mesmo modo, Robin Wall Kimmerer se vê compartilhando um pensamento que exige *ações*. A ideia é a seguinte: "Todos somos unidos por um pacto de reciprocidade: respiração de planta por respiração de animais, inverno e verão, predador e presa, capim e fogo, noite e dia, viver e morrer. A água sabe disso, as nuvens sabem disso. O solo e as pedras sabem que estão dançando numa contínua doação de fazer, desfazer e fazer de novo a terra."[5] Kimmerer investiu boa parte da sua carreira para que seus companheiros humanos, os "irmãos mais novos" da Terra, também pudessem saber disso. Mas esse conhecimento traz em si uma urgência para agir. "O pacto moral de reciprocidade nos convoca a honrar nossas responsabilidades por tudo que nos foi dado, por tudo que tomamos. Agora é a nossa vez, com um atraso enorme."[6]

Talvez, dentre todas as pessoas, pudéssemos esperar que os antigos filósofos fossem favoráveis ao conhecimento pelo conhecimento. E isso pode ser verdade para alguns tipos de conhecimento. (Como a geometria. Eles realmente faziam matemática pela matemática.) Mas não quando se trata do tipo de conhecimento que estivemos buscando neste livro. Aristóteles diz, no início de sua obra sobre ética: "Não estamos indagando para saber o que é a excelência, mas para nos tornarmos bons, já que de outra forma nossa indagação não teria utilidade."[7]

Os rabinos judeus concordam com isso. Apesar de dedicar a vida ao aprendizado, o rabino Shimon ben Gamliel (c. 10 a.C.-70 d.C.), filho do venerável rabino Gamaliel, observa: "Durante toda a minha vida cresci entre sábios e descobri que nada é melhor para uma pessoa do que o silêncio. A coisa mais importante não é aprender, mas fazer; e aquele que fala demais causa o pecado."[8] *Não é aprender, mas fazer.* Isso diz o filho de um grande rabino depois de uma infância passada aprendendo aos pés de sábios.

Não deveríamos considerar conhecimento e ação como água e óleo. O objetivo dos rabinos é ter as duas coisas. Mas eles não têm dúvida quanto a qual delas enfatizar. O rabino Hanina ben Dosa (século I d.C) diz: "Para aquele cujas boas ações excedem sua sabedoria, a sabedoria perdura."⁹ Se você não coloca a sabedoria em prática, ela tende a murchar e morrer. Por outro lado, até mesmo as boas práticas nas quais *não* pensamos muito podem florescer e virar sabedoria.

O rabino Elazar ben Azarya (século I d.C) oferece uma metáfora botânica talvez surpreendente:

> A que pode ser comparada uma pessoa cuja sabedoria excede suas ações? A uma árvore com muitos galhos, mas poucas raízes. Quando chega um vento, ele a desenraíza e derruba. [...] A que pode ser comparada uma pessoa cujas ações excedem a sabedoria? A uma árvore com poucos galhos e muitas raízes. Mesmo se todos os ventos do mundo vierem e soprarem contra ela, não serão capazes de envergá-la.¹⁰

Entendeu? As *ações* são as raízes, a *sabedoria* são os galhos. A sabedoria brota da bondade da vida. As duas coisas se alimentam mutuamente como as raízes e os galhos de uma árvore. Mas são as nossas práticas, não nossas boas ideias, que nos mantêm enraizados.

Jesus diz algo semelhante no Evangelho de Lucas. O que a princípio parece uma reclamação sobre discípulos desobedientes se transforma numa parábola sobre os tipos de resiliência que o intelecto sozinho não proporciona:

> Por que vocês me chamam "Senhor, Senhor" e não fazem o que eu digo? Eu lhes mostrarei a que se compara aquele que vem a mim, ouve as minhas palavras e as pratica. É como um homem que, ao construir uma casa, cavou fundo e colocou os alicerces na rocha. Quando veio a inundação, a torrente deu contra aquela casa, mas não a conseguiu abalar, porque estava bem construída. Mas aquele que ouve as minhas palavras e não as pratica é como um homem que construiu uma casa sobre o chão, sem alicerces. No momento em que a torrente deu contra aquela casa, ela caiu e a sua destruição foi completa.¹¹

Ouça as palavras, claro. Mas o alicerce firme não é a audição. É a ação. É com nossas práticas, não somente com nossos pensamentos abstratos, que podemos contar, e é a partir delas que podemos construir.

Também para Confúcio as ações distinguem o aluno que realmente entendeu. Numa passagem bem-humorada, Confúcio descreve como seu aluno predileto podia ser mal julgado por quem não sabia o que olhar. "Eu posso falar o dia inteiro com Yan Hui – ele jamais levanta nenhuma objeção, parece idiota. No entanto observem-no quando está sozinho: suas ações refletem o que ele aprendeu. Ah, não, Hui não é idiota!"[12] O melhor aluno na mesa de discussão não é aquele que ocupa o maior tempo de fala. É o que faz o trabalho para mudar a própria vida.

Há uma dinâmica importante atuando no chamado de Kimmerer à reciprocidade diante da crise ecológica iminente, na árvore do rabino Elazar e suas raízes, na parábola de Jesus sobre a casa construída na rocha, no elogio de Confúcio a Yan Hui. (Para não mencionar as histórias de Jefferson e Carter.) Quando temos uma ideia mas ainda não a colocamos em ação, esse é um momento de perigo. James Baldwin descreve isso com típica clareza: "As pessoas sempre correm grande perigo quando sabem o que deveriam fazer e se recusam a agir a partir desse conhecimento."[13] Assim, se ler este livro lhe provocou alguma ideia, você está em território arriscado. Se não fizer nada a partir do que aprendeu, pode correr um sério perigo.

Agora estamos cozinhando

Este livro não deve ter levado você a revolucionar completamente sua resposta à Pergunta. Provavelmente ele não fez você entender a vida próspera de um jeito totalmente novo. As conversões e epifanias são bastante raras. Nem todo mundo é o Buda sentado embaixo da figueira ou Simão largando suas redes para seguir Jesus. É mais comum que a mudança comece aos poucos. Em geral as reflexões do tipo que estamos fazendo nos levam a uma, duas ou talvez algumas poucas ideias.

Essas ideias vêm em todas as formas e tamanhos, em vários graus de influência, importância e certeza. Talvez você tenha percebido que alguma coisa importa mais do que você achava: desenvolver um caráter virtuoso, reagir ao fracasso pessoal ou conviver com um sofrimento inevitável, por exemplo. Talvez você tenha achado alguma ideia mais atraente e convincente do que esperava: Wilde falando sobre a tristeza, Juliana sobre o amor de Deus ou Baldwin sobre o sofrimento. Talvez você esteja completamente convencido de um valor ou princípio que jamais lhe ocorrera antes: a insistência dos utilitaristas na ideia de que a felicidade de todo mundo tem a mesma importância; a ideia de uma responsabilidade eterna diante de Deus; a suspeita do Buda em relação à riqueza e ao poder. Ou talvez sua percepção tenha assumido uma forma totalmente diferente.

Independentemente da forma que as novas ideias assumem, vivê-las exigirá (1) integrá-las numa resposta mais ampla à Pergunta e (2) costurá-las no tecido mais amplo da nossa vida.

Ter uma ideia sobre como deveríamos viver, o que deveríamos esperar, o que significa a morte, o que fazer quando fracassamos ou qualquer coisa do tipo é apenas parte de um modelo de prosperidade. É um fio na tapeçaria. É um verso num poema. É um ingrediente na receita. É o tipo de coisa que você não pode mudar sem afetar todas as outras.

Cada um de nós tem sempre uma resposta pronta à Pergunta. Temos uma visão implícita da prosperidade que influencia o modo como abordamos a vida e o mundo. Sempre temos algo no forno, por assim dizer, quer percebamos que estamos cozinhando ou não.

Quando chegamos a uma nova ideia ou repensamos uma antiga, é como se tivéssemos percebido que falta algum ingrediente ou que as proporções estão ruins. O problema pode ser nutricional: só gordura, sem proteína, ou algo do tipo. Ou pode ser uma questão de combinação: você mal pode sentir o gosto da cenoura por causa da quantidade de alho, por exemplo. Ou talvez não seja uma questão de proporções. Talvez nos peguemos com um ingrediente novo que temos *certeza* de que merece um lugar nessa receita e precisemos descobrir como mudar o restante para incluí-lo.

O negócio é o seguinte: uma nova ideia quase nunca é como a última peça de um quebra-cabeça se encaixando e completando o quadro. Em vez disso, é uma mudança na nossa resposta à Pergunta, e ser fiel à ideia significa estar aberto ao modo como ela revisa o todo. Realmente não dá para dizer até onde ela irá.

Talvez seja apenas uma pequena mexida: coloque a nova ideia, acrescente um pouco de sal para estimular o sabor e *voilà*. Ou, em vez disso, podemos perceber que esse novo ingrediente exige um punhado de outros para complementá-lo. Talvez exista na panela um ingrediente que simplesmente não funciona mais, agora que a nova ideia tem prioridade. Pode ser hora de tirar o que atrapalha. Em alguns casos, seguir uma nova ideia pode nos levar a jogar fora tudo que está na panela e começar de novo. Podemos chegar ao extremo de precisar lavar a panela e reiniciar do zero. Não dá para prever. É tudo uma questão de provar, refinar e ver aonde levam as ideias que encontramos.

Nossa receita (nossa visão de vida) precisa combinar, porque, no fim, nosso prato (nossa vida) precisa combinar. Ingredientes que não combinam fazem receitas ruins. E receitas ruins fazem pratos ruins. Parte do que torna um prato bom é a combinação, o equilíbrio e a interação dos ingredientes. O mesmo acontece na vida. Parte do que é bom na boa vida é sua integração dinâmica. É por isso que precisamos de ideias que se encaixem e se equilibrem quando pensamos no que mais importa. Ideias integradas nos ajudam a viver uma vida integrada.

As escolhas que fazemos na cozinha da nossa casa são em grande medida questões de gosto. Há quem goste muito de comida temperada, couve-flor ou chocolate amargo; outros detestam. E tudo bem. Só que, quando se trata das nossas respostas à Pergunta, há uma diferença importante. Elas precisam ter a ver com a verdade do que importa, de como deveríamos viver, do que significa prosperar ou definhar, ter sucesso ou fracassar como ser humano. Isso significa que, ao irmos para onde as novas ideias levam, as apostas são altas.

O que dá mais medo – e ao mesmo tempo mais esperança – é que o que está em jogo não são apenas nossas respostas teóricas, no nível das ideias, à Pergunta. Se as visões são para viver, então uma ideia – mesmo uma ideia despretensiosa – tem o potencial de virar de cabeça para baixo nosso modo de vida. As transformações para melhor costumam ser exatamente assim. Uma ideia pode influenciar tudo que pensamos sobre as coisas e até mesmo como buscamos viver.

Lembre-se de Carter. Ele começou com uma convicção sobre a realidade e a presença de Deus. Mas, enquanto perseguia essa ideia, Carter terminou fazendo significativas mudanças com consequências sociais e econômicas, não somente para si próprio mas também para centenas de outras pessoas. E isso levanta outro ponto importante. Não somos indivíduos isolados. Não somos os únicos a preparar a comida na cozinha ou a comer a refeição. Uma pessoa que esteja vivendo uma ideia (ou deixando de vivê-la) tem ramificações que vão além de sua vida individual. Assim, enquanto refletimos sobre o que aprendemos, seria bom perguntar: como devo envolver os outros para testar, refinar e, em última instância, viver essas ideias?

Por fim, um alerta. Alguns são perfeccionistas. Querem fazer o dever de casa antes de seguir uma direção qualquer. Pode ser tentador pensar que, como as ideias são ingredientes de uma receita, precisamos ter uma visão de vida perfeitamente clara antes de começarmos a viver.

Lamentamos dizer, mas isso é impossível. A vida é confusa demais para construirmos um modelo perfeito, abrangente, impecavelmente coerente, que em seguida podemos colocar em prática, como peças de Lego que montamos seguindo instruções. Não adianta querer entender tudo antes de começar a viver, porque todo esse tempo esperando e entendendo as coisas já é tempo vivido. Estamos vivendo o tempo todo. Não dá para pausar a vida quando precisamos pensar um pouco. Não adianta ter o equipamento de cozinha perfeito e ficar remoendo cada detalhe de um processo culinário que nunca tentamos fazer. Como dizem, só se prova um pudim comendo. Então só se prova uma ideia, e uma visão de vida, vivendo.

Dito isso, não deveríamos esperar que uma visão de vida forneça um passo a passo. Mesmo se tivéssemos uma visão totalmente integrada da vida, isso não significaria ter um plano detalhado pronto para ser seguido: faça A, depois B, depois C, depois B de novo e *pronto* – eis a boa vida! As noções de prosperidade descrevem modos de vida, não roteiros. São estruturas nas quais improvisamos nossa vida e que dão sentido às nossas improvisações. Os modos de vida são compostos por práticas, não por passos. E essas práticas não são simplesmente aplicações de ideias às quais chegamos após pura reflexão. Pelo contrário, elas nos ajudam a nos tornar sábios. (Lembre-se da árvore do rabino Elazar: a sabedoria costuma brotar da prática, não o contrário.)

Não esqueça

Precisamos agir. É justo. Mesmo enquanto estamos refletindo estamos vivendo. Até mesmo nós três, intelectuais empedernidos, admitiremos isso com prazer. Mas, se você adora desfrutar das reflexões como nós, talvez esse seja exatamente o alerta que precisa ouvir.

Por outro lado, se você é mais inclinado para a ação, talvez tenha sido necessário um pouco de paciência para passar por todas as reflexões que o convidamos a fazer. (Parabéns por ter chegado até aqui!) Talvez você esteja ansioso para voltar à "vida real". Não podemos culpá-lo.

Acontece que sair da reflexão para a vida tem um risco: esquecermos tudo que concluímos sobre o que seria uma vida próspera. Para usar a metáfora do mergulho que vimos no Capítulo 1, o risco é deixarmos as ideias para trás, nas profundezas, e voltarmos à superfície de mãos vazias. Lembre-se: a superfície representa o piloto automático. Só porque descobrimos, esclarecemos ou afirmamos algumas ideias importantes sobre a vida lá embaixo não significa que nosso piloto automático tenha mudado de rumo. Se não tivermos cuidado, uma volta à "vida real" será simplesmente uma volta ao nosso modo predefinido de viver. Podemos não endossar mais esse estilo de vida, mas nossos hábitos ainda estarão sintonizados nele.

Talvez, por exemplo, nossos hábitos ainda se encaixem numa visão do sucesso que agora achamos que não vale mais a pena. Se voltarmos correndo para a "vida real", poderemos incorrer de novo naqueles mesmos hábitos – e terminar seguindo aquela mesma visão. (Talvez as ideias de Jefferson sobre a igualdade tenham perdido uma batalha desse tipo contra o hábito de buscar o lucro.)

É por isso que tantas tradições antigas nos intimam a lembrar. Os anciãos potawatomi dizem que suas cerimônias são o modo como eles "se lembram de lembrar".[14] Nelas eles podem "começar a lembrar coisas que não sabiam que tinham esquecido". O Deuteronômio, na Bíblia hebraica, instrui o tempo todo: *lembre-se*. Lembre-se de suas origens. Lembre-se do que Deus fez por você. Especialmente quando as coisas começarem a ir bem, "lembrem-se do Senhor, seu Deus".[15] Confúcio, mesmo chamado de "mestre", insiste n'*Os analectos*: "Eu transmito em vez de inovar; confio nos modos antigos e os amo."[16]

Podemos concluir que não é de Deus ou das tradições do passado que precisamos nos lembrar. Mas, se aprendemos alguma coisa nas profundezas, o fundamental na viagem de volta é levar conosco o que adquirimos lá embaixo de modo a mudar de verdade nossa vida na superfície.

Infelizmente, muitas vezes não basta levar o aprendizado conosco. Uma ideia nova ou uma visão renovada da boa vida não geram automaticamente uma vida diferente. A mudança costuma ser difícil. Nos próximos dois capítulos vamos considerar (1) o desafio de fazer mudanças no nosso modo de vida e (2) o desafio de fazer essas mudanças durarem.

SUA VEZ

1. Estamos voltando à superfície depois de mergulharmos profundamente em busca de um modelo de vida próspera. Façamos um balanço:
   - Que reflexões você fez sobre a prosperidade?
   - Que ideias você já tinha antes de ler este livro? Que novas ideias você teve após lê-lo até aqui? Que novas reflexões estão se formando?
   - Como as ideias que você já tinha foram aprofundadas? Desafiadas? Alteradas?

2. O que é mais natural para você: (a) falar apaixonadamente sobre o que acha certo ou (b) agir de acordo com aquilo em que você acredita?

3. O que você já faz de modo a conferir a alguns dos seus valores fundamentais o tipo de resiliência mencionado por Jesus e pelos rabinos?

4. Que ideias sobre a boa vida você já teve, mas não pôs em prática? Em que áreas da vida você periga ficar numa zona de conforto sabendo o que deveria fazer, mas se recusando a agir de acordo? (Lembre-se do alerta de Baldwin.)

QUATORZE

A mudança é difícil

Perto do fim do semestre, uma aluna nos procurou com um problema. Estava repensando sua maneira de lidar com a faculdade. Como muitos, ela chegara a Yale profundamente ligada à validação externa: nota máxima nas provas, comentários elogiosos nos trabalhos, afirmação por parte de colegas e professores. Durante o curso, porém, passou a ver com outros olhos esse festival de afirmações. Começou a questionar sua obsessão por atender às expectativas alheias. Por fim, decidiu que não queria viver para tirar nota alta ou ser validada. Queria viver pelo valor intrínseco do trabalho que fazia e das pessoas com quem trabalhava.

Foi uma ideia revigorante para ela. As conversas com os amigos ficaram mais profundas, o trabalho acadêmico pareceu mais significativo. Sua vida estava mudando. No entanto...

Quando recebeu uma nota ruim num trabalho para outra matéria, ela se pegou chorando pelo campus. Chorando por causa de uma nota num trabalho. Exatamente o tipo de coisa com a qual achava que não se preocupava mais – ou com a qual achava que não deveria se preocupar muito. Sentiu-se em guerra consigo mesma. Sabia que uma nota não merecia ser um parâmetro em sua vida, mas não conseguia afastar esse profundo sentimento de vergonha e decepção.

Na verdade, segundo ela, era pior do que isso. Por cima da antiga vergonha e da decepção ligadas à validação externa, agora ela estava envergonhada e decepcionada consigo mesma por ter esses sentimentos, pois mostravam que continuava apegada à validação dos outros. E ela odiava isso.

Perplexa, a estudante perguntou:

– Até quando vou agir assim? E por quê? No início da faculdade eu ficava envergonhada e decepcionada sempre que não era perfeita. Agora estou envergonhada e decepcionada por ainda sentir tanta vergonha e decepção. Antes eu ficaria arrasada por causa da nota e só. Agora estou arrasada porque fiquei arrasada com a nota. É decepção em dobro. Como isso pode ser um passo em direção à boa vida?

Resumindo: e agora?

Bom, na verdade essa aluna estava tentando fazer uma coisa muito difícil. Tentava viver de um jeito diferente enquanto duas coisas cruciais tinham permanecido mais ou menos as mesmas. Primeira, apesar de todas as suas descobertas, *ela* era mais ou menos a mesma de antes. Seus julgamentos tinham mudado, mas seus desejos e hábitos ainda eram os mesmos. Segunda, o *mundo* ao redor dela continuava exatamente como era antes de ela enxergá-lo de outro modo. Ela ainda sofria as mesmas pressões – dos professores, da família, dos colegas.

Essa aluna se deparou com uma dinâmica muito comum quando tentamos mudar a própria vida: chegamos a algumas descobertas significativas; essas descobertas até podem apontar o caminho para a vida próspera; temos um novo entendimento de como vale a pena viver; e partimos para mudar nosso modo de vida. Mas ainda somos praticamente os mesmos que éramos antes de fazer essas descobertas. E o mundo também não virou de cabeça para baixo.

Este capítulo é sobre a dificuldade de tentar viver de um modo diferente quando você e o mundo são os mesmos de antes.

Estímulos e mais estímulos

Os livros escritos por acadêmicos não costumam vender bem. Mas às vezes uma ideia acadêmica encontra seu momento. A última década, mais ou menos, tem sido esse momento para *Nudge: como tomar melhores decisões sobre saúde, dinheiro e felicidade*, do economista Richard H. Thaler e do jurista Cass R. Sunstein. O livro vendeu mais de 2 milhões de exemplares. Para muitos leitores, *Nudge* (palavra em inglês que, na concepção dos autores, significa um estímulo, um empurrãozinho, um cutucão) foi o primeiro contato com a economia comportamental, uma síntese de psicologia e economia que está mudando nosso pensamento sobre como as pessoas tomam decisões.

A ideia básica é que, durante séculos, os economistas estiveram errados sobre quem e o que são os seres humanos. Não somos pequenos robôs racionais que sempre escolhem o que é melhor para si mesmos. Nem escolhemos de modo confiável o que dizemos que queremos. Pelo contrário, somos seres confusos, emotivos, que desejam todo tipo de coisa – algumas para o nosso bem, outras não – e escolhemos todo tipo de coisa, frequentemente por motivos que nós mesmos não entendemos.

Muitas vezes queremos mais de uma coisa ao mesmo tempo. Até mesmo coisas contraditórias. Thaler e Sunstein sugerem que é assim que podemos pensar em problemas clássicos de autocontrole. Quando lutamos com o autocontrole, o que está acontecendo de fato é que existem duas figuras diferentes guerreando dentro de nós. Existe o Planejador previdente, como o Sr. Spock de *Star Trek*: racional, paciente, calculista. Mas também há um Fazedor míope, como Homer Simpson: indisciplinado, empurrado de um lado para outro pelo desejo. Ao avistarem a rosquinha doce na sala de descanso do escritório, Homer e Spock puxam você em duas direções muito distantes uma da outra.[1]

Você poderia dizer que isso é simplesmente a batalha pela virtude. O Spock de cada pessoa, com grande autocontrole, consegue conter o lado Homer. Isso não está muito distante do modo como Platão via a coisa. Para ele, Spock e Homer são dois cavalos guiados por um cocheiro.[2] É como a imagem clássica do anjinho e do diabinho nos ombros de um personagem de desenho animado. O autocontrole é uma questão de resistir a um e seguir o outro. Quando tudo dá certo, assumimos o lado de Spock contra Homer e vencemos a batalha. Nem tocamos na rosquinha. Essa é uma instância das "primeiras e melhores batalhas": a vitória sobre o eu.[3]

Mas não é sempre assim que acontece. O diabinho no ombro costuma ser mais astuto que o anjinho.

E assim Thaler e Sunstein recomendam um caminho diferente: não tente mudar a si mesmo. Spock e Homer jamais pararão de brigar. Não existe vitória final para nenhum deles. Não deixe que o acaso decida quem terminará vencendo a cada momento. Pelo contrário, dê antecipadamente as rédeas a Spock. Deixe que ele organize o mundo de modo que Homer não possa deixar de fazer a escolha certa. Thaler e Sunstein dão o ótimo exemplo de um robô-despertador, do tipo que sai andando quando o alarme toca.[4] A ideia é que o prudente Spock acerte o relógio à noite, quando Homer ainda não estiver pensando em dormir mais que a cama. Spock deve escolher a hora do alarme e quanto tempo Homer terá para se levantar. De manhã, quando Homer quiser só mais um minutinho, o robô-despertador vai pular da mesa de cabeceira, fazer um estardalhaço e forçar você a caçá-lo pelo quarto até estar tão acordado que até mesmo Homer desistirá de dormir de novo.

O truque do despertador é algo que você pode fazer sozinho. Mas alguns *nudges* mais eficazes dependem da ajuda de terceiros. Thaler certa vez ajudou um colega a terminar uma tese de doutorado estabelecendo um conjunto de incentivos para ele. O autor da tese deu a Thaler um maço de cheques de 100 dólares para ser descontado se um esboço de um novo capítulo não fosse enfiado por baixo da sua porta no último dia de cada mês. Se um prazo não fosse cumprido, o dinheiro seria gasto numa festa para a qual o autor da tese não seria convidado. No fim, nenhum prazo foi perdido. Uma tese que tinha permanecido inacabada por muito tempo ficou pronta rapidinho.[5] (A título de curiosidade, um de nós bolou um esquema parecido para um amigo. Nesse caso a ameaça era uma doação para a campanha de um político que o autor da tese desprezava. O esquema foi igualmente eficaz.)

Seja trabalhando sozinho ou em conjunto com outras pessoas, o que está sendo feito é o que Thaler e Sunstein chamam de "arquitetura da escolha". A *pessoa* não precisa mudar. Basta reconfigurar o mundo ao redor para que ela consiga o comportamento desejado.

Em seguida, Thaler e Sunstein descrevem e propõem diversas arquiteturas de escolha que fazem Spock trabalhar para nós, estimulando nosso pequeno Homer sem precisarmos fazer nada a respeito. A maioria dessas propostas se aplica à política e à economia. Mas a maneira como os autores retratam os seres humanos, como propõem que "administremos" a nós mesmos, também traz embutida uma estratégia de autoajuda.

Talvez pensemos a princípio em como os *nudges* poderiam nos ajudar a mudar coisas pequenas: comer menos doce, levantar da cama na hora, usar a escada com mais frequência. Mas por que parar por aí? Será que não poderíamos organizar nosso mundo de modo a viver bem? Cada empurrãozinho desses pode ser a chave para mudar nossa vida por completo.

Assim, o conselho para nossa estudante de Yale duplamente desapontada poderia ser: *Não tente mudar a si mesma. O eu é complexo e inevitavelmente conflituoso. Sempre haverá uma parte sua que irá de encontro aos seus melhores impulsos. Tente descobrir maneiras de projetar o seu mundo de modo que ele a estimule a se comportar como desejaria.*

Talvez você pudesse começar a adotar um novo modo de vida com esse método. Longe de nós aconselharmos a não levar em conta ideias empíricas sobre o comportamento humano. (Cartas na mesa: não somos contra o uso de *nudges* como ferramentas para mudar nosso modo de vida.) Mas as ideias empíricas têm a ver com o que *é*. E, quando se trata de embarcar num novo modo de vida, estamos buscando aquilo que *deveria ser*. E pelo menos em parte isso tem a ver com o exercício da conduta moral. Na melhor das hipóteses, a estratégia do *nudge*, do estímulo, é um modo de garantir essa conduta antecipadamente – preparando-nos para o sucesso.

Mas perceba o que acontece depois que a arquitetura da escolha é montada. Agora somos apenas ratos no labirinto. O que fazemos não é mais uma função da escolha moral, e sim o resultado mais ou menos inevitável da arquitetura da escolha.

Resumindo: há o perigo de que, em vez de o estímulo ser um modo de exercer sua conduta moral, você acabe tratando a si mesmo não como um agente moral, mas como uma cobaia no próprio experimento de economia comportamental. Mesmo que sua versão "rato de laboratório" consiga fazer o que sua versão "arquiteto da escolha" acredita que é certo e bom, você estará de fato vivendo a vida que deseja? (Qual das duas versões é *você*?) Ou será que você está simplesmente se enganando? Se conseguir criar os próprios *nudges* para passar mais tempo com amigos e familiares, você teve sucesso em valorizar seus relacionamentos importantes ou se revelou um baita egoísta com grande capacidade de fingir interesse nas pessoas?

Mas, mesmo que façamos as pazes com essa variação ultramoderna da conduta moral, nossa visão de vida pode exigir mudanças que simplesmente não podem ser produzidas com estímulos: recuperar um relacionamento rompido, fazer alguma coisa genuinamente altruísta, mudar de carreira.

Talvez não exista um modo de fazer com que a escolha certa seja atraente, por mais que tenhamos armado vários *nudges*.

Talvez viver bem seja simplesmente difícil às vezes. Talvez não haja estratégias para escapar disso. Talvez ser um agente moral signifique prestar contas à visão de vida que você está buscando. Mas isso nos traz de volta ao problema da nossa aluna, porque ainda existe aquela questão incômoda do eu indisciplinado.

Não deixe sua alma enganar você

Como contou mais tarde, Abu Hamid al-Ghazali tinha chegado lá.[6] Era um conhecido intelectual de primeira ordem. Influente na corte, estava instalado na universidade do sultanato em Bagdá. Centenas de alunos frequentavam seus cursos. Em certo momento se tornou o imã do Iraque, a figura religiosa mais importante do país. Sem dúvida o patronato dos poderosos ajudava na sua busca da verdade – mas o prestígio em si não era exatamente uma coisa ruim.

Algo mudou em 1095. Al-Ghazali começou a enxergar de modo diferente seu interesse pelo status. Este não parecia mais uma ambição meramente natural ou mesmo parte de um desejo de servir aos seus compatriotas. Pelo contrário, era um canto de sereia que o puxava para longe do que era valioso em sua humanidade. Al-Ghazali começou a ver seu gosto pela influência como prova da fraqueza de sua devoção religiosa. Até mesmo sua busca pela verdade era indigna de confiança. "Para mim", confessou ele, "a teoria era mais fácil do que a prática."[7] Era mais fácil falar (ou pensar) do que fazer.

Insatisfeito com a fraqueza da sua prática e convencido de que Bagdá e seus importantes cargos eram incompatíveis com a integridade que ele buscava, al-Ghazali vendeu tudo que tinha, fez arranjos para sua família e abandonou a vida de influência.

Mas tirar o homem de Bagdá é mais fácil do que tirar Bagdá do homem. Convencer-se de que o prestígio não é um objetivo digno para a nossa vida não é o mesmo que não desejá-lo mais. Assim como nossa estudante de Yale poderia atestar, há algo sorrateiro nessas coisas. Nós as queremos mesmo quando queremos não querê-las. Deixados por conta própria, perigamos agir contra o que acreditamos ser certo. Talvez não nos identifiquemos com a abrupta mudança de intenção de al-Ghazali, mas o problema que ele encontrou depois pode nos soar familiar: como podemos confiar em nós mesmos no processo de transformação quando a coisa fundamental que estamos tentando mudar é nosso *eu*?

Al-Ghazali explica a dificuldade usando a metáfora de um negociante experiente que tem um empregado vendedor. Esse empregado, diz ele, é a nossa alma. Há negócios a serem feitos, um bom lucro a obter. Mas também há um risco tremendo. O vendedor pode simplesmente pegar o dinheiro e fugir.[8] Você precisa redigir um contrato claro e depois ser vigilante nos seus negócios para garantir que não será roubado. Afinal de contas, essa figura astuta (que é nossa alma) pode não ser digna de confiança.

Nessa metáfora, o lucro é a alegria celestial. Al-Ghazali escreve vividamente sobre o julgamento no Fim (com *F* maiúsculo) de todas as coisas. Ele descreve uma enorme quantidade de cofres. Em cada cofre está guardada uma hora dos nossos feitos. Durante o julgamento cada um deles é aberto e uma de três coisas acontece: (1) você experimenta grande júbilo ao ver o esplendor das boas coisas que fez durante aquela hora; (2) experimenta terror e choque ao ver uma hora passada desobedecendo a Deus; ou (3) experimenta perturbação diante do vazio de horas passadas dormindo, "distraído ou preocupado com algo deste mundo que é meramente permissível".[9] As maratonas na Netflix podem não ser *malignas*, mas na contabilidade final há algo lamentável em horas simplesmente desperdiçadas sem qualquer conexão com o bem que podemos (e devemos) fazer.

O que você está buscando é a experiência do júbilo – esse é o verdadeiro tesouro. Mas para conseguir isso precisa negociar com sua alma, que, segundo al-Ghazali, é um intermediário entre você e seu corpo. E esse cara não é digno de confiança.

Então o que você faz? Bom, faz o que qualquer empresário experiente faria. Primeiro estabelece as condições do relacionamento. Escreve o contrato e o manual de RH, por assim dizer. Quais são as suas expectativas para esse empregado? O que você está querendo da sua alma? Al-Ghazali sugere que sejamos bastante concretos em relação a isso. Estamos querendo que nossa alma mantenha nosso corpo na linha – particularmente estas sete partes: os olhos, os ouvidos, a língua, o estômago, os genitais, as mãos e os pés. A língua recebe atenção especial, "porque é solta por natureza".[10] Criada para "invocar a Deus, lembrar, reiterar conhecimento, ensinar, orientar os servos de Deus para o caminho d'Ele, reconciliar pessoas e outros benefícios", a língua pode ser (e frequentemente é) usada para o oposto. No primeiro dia você precisa estabelecer as condições para a sua alma "de modo que ela só mova a língua durante o dia para invocar a Deus".

Estabelecer expectativas é apenas o primeiro passo. Em seguida vem a parte mais importante: a vigilância. Você precisa garantir que sua alma cumpra seu lado do acordo. E isso pode parecer exaustivo. Em algum ponto sua mente vai se cansar ou se distrair. Vigiar-se ininterruptamente é estafante. Mas não é isso que al-Ghazali quer dizer com vigilância. "Saiba que a realidade da vigilância é ter consciência de quem está olhando e voltar a atenção para ele. [...] Em outras palavras, vigilância é um estado de ânimo que resulta de uma espécie de conhecimento. Esse estado provoca a ação no coração e nos membros."[11] Vigilância não é algo que você pode invocar sozinho. Ela é um resultado natural de se chegar ao conhecimento profundo de que Deus está sempre observando, sendo capaz de ver não somente as ações, mas também as motivações que as impelem. Nosso coração, afirma al-Ghazali, é mais visível a Deus do que nosso rosto é visível aos outros.

O objetivo é gravar na mente, e portanto no coração, o conhecimento do olhar observador de Deus, de modo que nossa alma possa estar vigilante. Um caminho para esse objetivo implica experiências místicas avassaladoras. Quando o coração é "esmagado pelo espanto reverente [...], ele não tem espaço para realmente considerar outro".[12] Em momentos assim, a vigilância é absoluta e garantida.

Mas a vida próspera não é um prolongado encontro místico com Deus. Precisamos ser capazes de *fazer* coisas no mundo – e não podemos fazer nada enquanto estivermos esmagados pelo espanto reverente. Assim, existe um segundo nível em que podemos ter o tipo de conhecimento que al-Ghazali diz que está no cerne da vigilância. Podemos ter uma "vergonha" saudável diante de Deus, que permeia nossa consciência, mas não expulsa outras coisas. Essa postura nos leva a pensar antes de agir: Quais são nossas intenções? São piedosas? Se não, esse é um sinal revelador de que nossa alma está tentando nos roubar e nos negar aquela recompensa celestial. Se nossas intenções são piedosas, talvez devêssemos agir. Al-Ghazali enfatiza a importância dessa *pausa* antes da ação. Afinal de contas, cada ação é um negócio que nosso vendedor faz por nós. E não sabemos até que ponto nossa alma é digna de confiança hoje.

Há muito mais na concepção de vigilância para al-Ghazali. Há vigilância enquanto você age. E depois de ter agido. Há revisões de desempenho e consequências para o não cumprimento quando sua alma sai da linha. Mas o cerne da coisa é essa saudável suspeita em relação a nós mesmos. A pausa antes de agirmos. Tudo isso consciente do olho observador do Deus que enxerga nosso coração com mais clareza do que enxergamos o rosto uns dos outros.

Poderíamos imaginar o conselho de al-Ghazali para a nossa estudante: *Está vendo essas lágrimas involuntárias por causa da nota que você tirou naquele trabalho? Elas lhe ensinam uma lição valiosa: não confie em si mesma. Sua alma é volúvel. Não é digna de confiança. Se você quer mudar para ser capaz de viver segundo o que é bom e certo, enxergue-se vivendo sob o olhar atento de Deus. E cuide para não recair na procura do que não é digno de sua busca.*

Sê tu mesmo

"Viver é a coisa mais rara do mundo. A maior parte das pessoas existe, e só."[13]

Com talento típico, Oscar Wilde vai direto ao ponto sobre como é difícil encontrar nosso caminho para a vida próspera. Não porque prosperar seja especialmente complicado. Na verdade é simples. Segundo a visão dele, tudo que realmente queremos é a *vida*. "O que o homem buscou, de fato, não é a dor nem o prazer, mas simplesmente a Vida. O homem buscou viver intensamente, plenamente, perfeitamente."[14]

Para Wilde, viver plenamente tem tudo a ver com viver como um indivíduo. Segundo ele, o mundo antigo tinha um mantra: "Conhece a ti mesmo."[15] O "mundo novo" – o nosso mundo – terá outro slogan: "Sê tu mesmo." Ele só poderia acertar mais no alvo se tivesse cunhado literalmente: "Você que sabe." Mas "Sê tu mesmo" é mais adequado. "Você que sabe" pode ser dito dando de ombros, sem muita importância. "Sê tu mesmo" tem peso. Expressa a ética da autenticidade da qual falamos no Capítulo 6.

Mas sermos nós mesmos não é tão fácil quanto parece. Mesmo se comprarmos esse ideal da boa vida – mesmo se desejarmos profundamente "viver intensamente, plenamente, perfeitamente" como indivíduos –, com mais frequência do que gostaríamos de admitir, simplesmente não conseguimos.

Como aprender a ser você mesmo?

Em primeiro lugar, diz Wilde, pare de suspeitar de si mesmo. Você naturalmente quer e sabe como ser você. O que o tira dos trilhos são o mundo e suas suspeitas. O governo quer manter você sob seu domínio. A sociedade quer dizer que você está vivendo sua vida do modo errado. A multidão quer que você se enquadre numa das caixas dela. Empurrado e puxado por essas pressões, você acaba errando completamente. Cede. Vende-se. Acomoda-se.

O mundo *deveria* ser diferente. Wilde tem algumas ideias sobre como isso deveria acontecer. Mas não é um conserto fácil.[16] Nesse meio-tempo a suspeita tem sua utilidade. Mas é completamente diferente da suspeita contra nós mesmos. Deveríamos suspeitar do mundo. Deveríamos suspeitar da suspeita dos outros contra nós. Deveríamos ter cuidado com o modo como as suspeitas dos outros podem se esgueirar nas palavras que usamos ao pensar sobre nós mesmos. Por exemplo, diz Wilde, "hoje em dia um homem é chamado de afetado caso se vista como gosta de se vestir. Mas ao fazer isso ele está agindo de modo perfeitamente natural. A afetação, nesse tipo de coisa, consiste em se vestir de acordo com o ponto de vista do nosso vizinho, cujos pontos de vista, como são os pontos de vista da maioria, provavelmente serão extremamente idiotas".[17] Uma pessoa se vestir como gosta é natural; vestir-se como todas as outras é artificial.

Seja como for, a sociedade tem a capacidade de entrar na sua cabeça. Ela critica a "afetação", a "extravagância" ou a "excentricidade". E você começa a se preocupar com a possibilidade de ser excêntrico, extravagante, metido a besta. O mesmo acontece com o egoísmo. Viver como queremos viver não é egoísmo, afirma Wilde. Pedir que os outros vivam de determinado modo é egoísmo. Mas pode ser difícil nadar contra a corrente da artificialidade – mesmo se isso levar você pela corrente da natureza.

Wilde acha que o melhor caminho para fazer esse laborioso "não trabalho" é a *arte*. "A arte é o modo mais intenso de individualismo que o mundo já conheceu."[18] A arte é como expressamos nosso eu mais verdadeiro. É "a alma encarnada".[19]

Certo, nem todos somos dramaturgos do calibre de Wilde. Mas, em termos ideais, para Wilde, cada um de nós encontrará seu modo de expressão artística. O meio não importa. Um é poeta, outro é entalhador. O objetivo de ambos é o mesmo: fazer uma coisa bonita. As necessidades ou os desejos dos outros – especialmente do público – não têm domínio sobre eles. Um pretenso artista que busque fornecer o que a plateia quer se reduz a um comerciante. Essa é a fronteira entre arte e comércio.

No entanto, se pudermos resistir à atração do comércio e nos ativermos à própria expressão, nossa arte servirá ao seu propósito: desvelaremos nosso eu verdadeiro. O objetivo da arte é a realização do eu autêntico. Em última instância, a obra de arte que revelamos no nosso meio é *nós*.

Mas isso só acontece se pudermos abrir mão das exigências de conformidade e comércio feitas pelo mundo.

Se al-Ghazali enfatiza o perigo intrínseco de tentarmos viver de modo diferente ao mesmo tempo que permanecemos sem mudar, Wilde nos faz lançar nosso olhar cético na direção do mundo. Para ele, a ameaça primária à realização da nossa visão de vida próspera não é nosso eu, e sim um mundo que não celebra a verdadeira individualidade. Um mundo que só sabe valorizar o que pode ser vendido. Nesse processo de entendermos a visão de prosperidade segundo Wilde – a realização de nosso eu mais autêntico –, nosso eu é nosso guia mais confiável. Pelo menos enquanto pudermos arrancá-lo de debaixo das pesadas camadas das expectativas da sociedade.

Assim, o conselho de Wilde para a nossa estudante seria bem diferente do de al-Ghazali: *Você não é o seu problema. Você está descobrindo no seu trabalho e na sua vida a possibilidade latente de se tornar um indivíduo no sentido mais verdadeiro da palavra. O seu problema é o peso das expectativas do mundo. Esse "desapontamento em dobro" que você sente é o verdadeiro indivíduo dentro de você acordando para a tragédia de viver o sonho de outras pessoas. Elas jamais pararão de fazer exigências a você. Mas você não pode ceder jamais. Viver como indivíduo é fazer a promessa de desapontar o mundo em vez de se desapontar.*

Dando frutos

Na Bíblia cristã há uma história sobre um rapaz rico que estava procurando a vida próspera – ou, como ele chama, a "vida eterna".[20] O homem vai até Jesus e pergunta: "Que farei para herdar a vida eterna?" Jesus responde: "Você conhece os mandamentos." O rapaz protesta. Ele *segue* os mandamentos, mas ainda parece faltar alguma coisa. Jesus se anima. Sabe o que falta no rapaz: ele possui coisas demais. "Falta-lhe uma coisa. Vá, venda tudo que você possui e dê o dinheiro aos pobres, e você terá um tesouro no céu. Depois, venha e siga-me." O rapaz fica consternado. "Diante disso ele ficou abatido e afastou-se triste, porque tinha muitas riquezas."

Esse homem não ficaria triste se não achasse que Jesus estava certo. Não lamentaria se não estivesse convencido de que Jesus tinha o que ele buscava – e que distribuir suas posses era necessário para alcançá-lo. Se rejeitasse a premissa, poderia simplesmente zombar e desconsiderar o ensinamento de Jesus. Mas não fez isso. Ele se afastou com tristeza porque ainda não conseguia se imaginar vendendo tudo que possuía, mesmo estando convencido de que Jesus tinha mostrado o caminho para o que ele buscava. Segundo o ponto de vista da história, o homem rico *tem* o conhecimento. Ele se afasta lamentando porque não consegue agir a partir da sua convicção. Essa é a tristeza de segunda ordem da nossa estudante.

Segundo esse relato cristão, podemos estar certos em relação à boa vida – podemos vê-la com clareza, captar seus contornos e tê-la oferecida a nós –, mas ainda assim não estar dispostos a buscá-la. Algo em nós ainda pode resistir. E, no caso do jovem rico, Jesus consegue ver o que é: o apego à riqueza.

Mas o apego à riqueza não é apenas uma característica da vida individual daquele homem. Uma das importantes ideias de Jesus é que a riqueza tem inerentemente um poder de distorção. Como o Anel do Poder na Terra Média de Tolkien, a riqueza pode parecer inerte, mas é um agente ativo. A riqueza nos domina mesmo enquanto acreditamos que a possuímos. É mais como uma divindade rival do que um recurso passivo a ser usado como acharmos melhor. "Vocês não podem servir a Deus e ao Dinheiro", alerta Jesus.[21]

Nem mesmo os discípulos de Jesus estão imunes aos poderes de distorção da riqueza. Depois de o rapaz se afastar com tristeza, Jesus alerta os discípulos: "Como é difícil aos ricos entrar no Reino de Deus!"[22] Não tendo absorvido completamente o que Jesus tinha ensinado sobre o poder de distorção da riqueza, os discípulos ficam perplexos. Jesus vai mais fundo: "Filhos, como é difícil entrar no Reino de Deus!"[23] Jesus deixa claro que isso não tem a ver *somente* com o poder de distorção da riqueza. Mas a riqueza é provavelmente mais um empecilho do que uma ajuda. "É mais fácil passar um camelo pelo buraco de uma agulha do que um rico entrar no Reino de Deus."[24] Os discípulos ficam atarantados. "Nesse caso, quem pode ser salvo?"[25] Jesus responde: "Para o homem é impossível, mas para Deus não; todas as coisas são possíveis para Deus."[26]

Entrar num novo modo de vida é difícil. Entrar na vida realmente próspera é *realmente* difícil. Mas até que ponto? Segundo Jesus, é impossível – pelo menos para os seres humanos. Seria necessária a intervenção divina para vivermos o tipo de vida realmente digno da nossa humanidade compartilhada.

Mas Jesus acredita que esse tipo de intervenção divina está disponível. A afirmação cristã é que Jesus *é* a intervenção divina. A afirmação é de que Jesus veio para que os seres humanos pudessem viver em direção à vida próspera, apesar da teimosia do nosso coração e do nosso mundo. Na presença de Jesus, os indivíduos e o próprio mundo estão sendo refeitos.

No fim, o rapaz podia estar fora dos trilhos desde o início. "Bom mestre", diz ele, "o que devo *fazer* para herdar a vida eterna?" Jesus resiste sutilmente à premissa da pergunta do sujeito resistindo ao uso da palavra *bom*. "Por que você me chama bom? Ninguém é bom, a não ser um, que é Deus."[27] Nenhum ser humano é bom. Assim, nenhum ser humano pode ter esperança de reivindicar a vida próspera como se a merecesse. Não existe nenhum trabalho para o qual o pagamento seja a vida próspera. Fazer é parte da vida próspera, não o bilhete de entrada.

Tudo que precisa ser feito é admitir a derrota. Vender o que você possui. Depois seguir Jesus. Deixar que ele faça o que você não pode fazer.

No fim das contas, do ponto de vista cristão, nossa estudante de Yale simplesmente não tem o que é necessário para viver de modo diferente. O conselho de Jesus poderia ser: *Deixe que sua tristeza seja um sinal de alerta. Não bastam nem mesmo suas melhores intenções de viver uma vida digna. Seu coração teimoso é sustentado por um mundo que, em muitos sentidos, trabalha contra a sua prosperidade. O melhor que você pode fazer é abrir mão das suas melhores esperanças de fazer isso funcionar sozinha e, em vez disso, me seguir.*

Comece

Mudar um modo de vida é sempre difícil. Tentar viver de modo diferente ao mesmo tempo que permanecemos em grande parte como éramos é particularmente difícil. Talvez, como diz al-Ghazali, só precisemos admitir que, enquanto começamos a mudar, não podemos confiar em nós mesmos. Precisamos permanecer vigilantes, sabendo que vivemos sob o olhar atento de Deus.

Tentar viver de modo diferente enquanto nossas *circunstâncias* permanecem em grande parte como eram também não é uma tarefa fácil. Talvez, como diz Wilde, precisemos trabalhar duro para resistir ao mundo e às suas pressões. Ou talvez Thaler e Sunstein estejam certos: só podemos controlar parte das nossas circunstâncias nos dando um empurrãozinho na direção certa.

Ou talvez, como diz Jesus, a coisa toda esteja fora do nosso alcance. Simplesmente não temos o que é necessário para controlar nossos instintos antigos *e* resistir a um mundo que apenas insufla as chamas dos desejos que gostaríamos que fossem embora. Talvez precisemos da ajuda de Deus se quisermos começar a viver de modo diferente. Nesse caso, talvez nossos esforços sejam mais bem direcionados para a busca da ajuda de Deus.

Como a mudança é difícil, precisaremos apostar no melhor modo de começar. Caso contrário, nossas tentativas de viver novas ideias e visões da vida próspera poderão se esvair antes mesmo de começar.

Por mais difícil que seja o começo, é igualmente difícil continuar. Este é o nosso desafio para o próximo capítulo: depois que começarmos a nos mover, como poderemos continuar em movimento e permanecer nos trilhos?

SUA VEZ

1. Uma ideia nova ou mais profunda sobre a vida próspera faz você querer mudar seu modo de vida de que maneiras?

2. Que parte de você provavelmente resistiria à mudança?
   - Que desejos entranhados puxam você na direção oposta à da sua ideia?
   - Que hábitos entranhados podem impedir que você realize a mudança que está buscando?

3. O que, no mundo, tem probabilidade de resistir a essa mudança?
   - No passado o mundo minou as chances de uma mudança significativa na sua vida?
   - Você faz parte de sistemas e estruturas que não estão de acordo com sua visão da vida próspera? Se sim, quais?

4. Que estratégia você pretende adotar para superar a resistência por parte do mundo e de si mesmo? O que faz você acreditar que essa estratégia terá sucesso?

QUINZE

Fazendo funcionar

Bill W. sabia como parar de beber. Tinha parado muitas vezes. Tinha parado silenciosamente e também fazendo barulho. Às vezes com relutância, outras vezes com entusiasmo. O problema é que ele era tão bom em recomeçar quanto em parar – talvez até melhor. Era capaz de parar de manhã e recomeçar à noite. Às vezes ficava sóbrio por um pouco mais de tempo, mas nunca por muito tempo. Os ciclos de alcoolismo continuaram durante anos, despedaçando sua vida. Bem-sucedido corretor de ações na década de 1920, Bill tinha perdido seu trabalho e sua fortuna. Ele escreve sobre uma manhã depois de uma noite particularmente longa:

> Acordei. Isso precisava parar. Vi que não podia tomar nem mesmo uma dose. Estava farto de uma vez por todas. Antes disso eu tinha escrito um monte de promessas doces, mas minha mulher observou, feliz, que dessa vez eu falava sério. E parei.[1]

Problema resolvido, certo? Calma lá.

Pouco depois cheguei em casa bêbado. Não tinha havido nenhuma resistência. Onde estava a minha grande decisão? Eu simplesmente não sabia. Ela nem havia me passado pela mente. Alguém empurrou uma bebida na minha direção e eu peguei.[2]

Os ciclos de tentativa e erro continuaram por mais dois anos. Ele entrava e saía do hospital. Por fim, no meio de uma bebedeira, recebeu um telefonema de um velho amigo de escola, que se convidou para jantar. Por acaso o amigo tinha encontrado a religião (cristã) e um modo de escapar do próprio alcoolismo. Imaginou se Bill também quereria isso.

Falar em Deus era uma espécie de obstáculo. Então o amigo sugeriu: "Por que você não escolhe sua concepção de Deus?"[3] Um modo de começar a se abrir. "Era só uma questão de estar disposto a acreditar numa Força maior que eu. Nada mais me era exigido para começar", escreveu Bill mais tarde. Ele e seu amigo fizeram uma lista de relacionamentos que Bill tinha rompido por causa da bebida. Bill deu passos para recuperá-los.

A transformação foi tão completa que ele acabou perguntando a um médico amigo se tinha ficado louco. O médico balançou a cabeça e disse: "Aconteceu com você uma coisa que eu não entendo. Mas é melhor tirar proveito."[4]

Começar um novo modo de vida é difícil. Persistir num modo de vida pode ser mais difícil ainda. Bill W. tirou proveito. Nunca mais tomou outra bebida. E de quebra criou o Alcoólicos Anônimos, organização que já ajudou milhões de pessoas a encontrar e manter a sobriedade.

Uma das coisas fundamentais, dirão os membros do AA, são os doze passos. O início deles está bem ali na história de Bill W. Ele admitiu que não tinha poder sobre o álcool (passo 1). Passou a acreditar que uma Força maior do que ele poderia lhe restaurar a sanidade (passo 2). Fez um detalhado e destemido inventário moral sobre si mesmo, redigiu uma lista das pessoas a quem tinha prejudicado e fez as pazes (passos 4, 8 e 9).

Para quem trabalha no programa, esses passos não são apenas dicas e truques, mas um modo de vida. E também não são um processo feito apenas uma vez. Todo esse inventário pessoal e o processo de fazer as pazes são contínuos. O passo 10 é continuar a fazer o inventário pessoal e admitir prontamente quando você estiver errado. O mesmo em relação ao despertar espiritual; também não é uma coisa feita apenas uma vez. O passo 11 envolve oração e meditação, "melhorar nosso contato consciente com Deus como O entendemos, rezar apenas para conhecer Sua vontade para nós e poder realizá-la". E aquela parte sobre ajudar os outros no caminho não era apenas para Bill W. E não foi trivial para a sua capacidade de continuar. "Logo descobri que, quando todas as outras medidas falhavam, trabalhar com outro alcoólico daria resultado."[5]

Os passos continuam impactando a vida dos participantes do AA por meio de reuniões regulares, uma pausa no fluxo da vida para retomar os passos e trabalhá-los com mais alguém. Trata-se simplesmente de um alcoólico ajudando outro. E, segundo um estudo feito em 2020, esse modelo de pessoa para pessoa ainda se iguala às melhores intervenções profissionais ou as supera, em termos de eficácia.[6]

Se quisermos viver visões da vida que achamos digna da nossa humanidade compartilhada, precisaremos de estratégias não somente para começar, mas para permanecer nos trilhos a longo prazo.

Podemos pensar nisso como algo parecido com o treinamento de um atleta. Um jogador de futebol pode levantar pesos ou fazer aeróbica (digamos, *pull over* de tríceps para ganhar força para cobrar laterais ou exercícios de agilidade para ser capaz de driblar com mais rapidez). Além disso, os jogadores fazem coisas nos treinos que buscam se assemelhar cada vez mais a versões concentradas do que farão de verdade no jogo. Um exercício de agilidade feito a princípio sem a bola agora é realizado enquanto o atleta está com a bola nos pés. O *pull over* de tríceps se transforma em arremessos com uma bola medicinal pesada. Três atletas passam a bola entre si num espaço pequeno enquanto um quarto tenta roubá-la. Talvez no fim de uma sessão de treino a equipe se divida em dois times completos de onze jogadores que disputam uma partida – mais ou menos como acontecerá no dia do jogo. Nesse ponto, treinar é exatamente igual a jogar.

A maioria das tradições recomenda práticas muito parecidas com esta: versões concentradas do tipo de atenção e atividade que querem que cultivemos na vida real. Em alguns casos essas práticas se tornam indistinguíveis do modo de vida propriamente dito. O meio para sustentar um modo de vida *é* simplesmente o próprio modo de vida.

Algumas práticas desenvolvem habilidades fundamentais a ponto de ser transferíveis de uma visão de vida para outra, assim como certas formas de treino de força podem ser transferidas de um esporte para outro.

Mas muitas não são assim. Muitas práticas são afinadas para a visão particular de vida que elas recomendam. Nos esportes, o treinamento que ajudará você a correr uma maratona poderia destruir seu desempenho no levantamento de peso olímpico e vice-versa. Os dois esportes exigem coisas diferentes do seu corpo. A interferência é uma possibilidade real. Se quisermos aprender com tradições cruzadas (um desejo admirável!), precisaremos ter isso em mente.

Assim, como permanecer num modo de vida a longo prazo? Comprometendo-nos com práticas que sejam essências concentradas do modo de vida que estamos tentando cultivar. Elas são mais do que truques e dicas. São oportunidades para treinar nossa atenção naquilo em que desejamos nos concentrar. São oportunidades de treinar nosso corpo e nossa mente para fazer o que desejamos fazer. São microcosmos do modo de vida que achamos digno da nossa humanidade compartilhada.

Uma cura para a todos governar

Segundo o Dalai Lama, as práticas budistas são como uma farmácia cheia de remédios potentes. Você pode comprar de acordo com o "sintoma". Em cada ocasião, observa ele, sofremos de diferentes emoções contraproducentes. Não importa qual seja a emoção, há chances de que exista uma prática para ela: uma prática meditativa para se contrapor à inveja, outra para se contrapor ao ódio, e assim por diante.

Mas subjacente a cada doença há uma causa única: "a ignorância da verdadeira natureza das coisas".[7] Assim, "as práticas que nos ensinam a superar essa ignorância cortam pela base todas as emoções aflitivas. O antídoto para a ignorância aborda todos os problemas. Esse é o extraordinário dom do discernimento". É esse discernimento da verdadeira natureza das coisas que nos faz iniciar o modo budista de viver. O que nos mantém prosseguindo a longo prazo é voltar a ele e aprofundá-lo com a meditação.

Qual é a verdadeira natureza das coisas? O fato de elas não existirem por si sós. Tudo que percebemos como pessoas e coisas ao nosso redor são meras "originações dependentes" – características locais e temporárias de um único processo cósmico. (Essa é a linguagem do Dalai Lama para a ideia de "não eu", que encontramos algumas vezes nos capítulos 8, 11 e 12. Uma originação dependente é algo muito parecido com o que Thich Nhat Hanh chama de "manifestação".) Cada coisa é desprovida de fronteiras e, na verdade, é indistinguível do todo. Existe um "vazio" onde poderíamos considerar que a existência inerente está.

Pense no cosmo como um oceano cheio de ondas. Você pode se perceber como o pico de uma onda específica e eu me perceber como o de outra. Você pode até olhar por cima e ver o pico da onda adjacente que eu considero que sou. Mas, no fundo, tudo é o mesmo oceano. A consciência cria a ilusão de que "eu" sou essa onda consciente específica e "você" é aquela. Mas tudo que existe é a vastidão de água. Somos apenas estruturas temporárias cavalgando este pedaço específico do todo, sujeitas às leis de causa e efeito.

Em geral não vivemos tendo em mente essa natureza verdadeira das coisas. Deixados por conta própria, vivemos na ignorância de como as coisas realmente são. Tratamos os objetos, as pessoas, as emoções e até mesmo as próprias ideias como se tivessem existência inerente. Como se existissem de modo independente. Pior ainda: nós nos relacionamos com nós mesmos como se existíssemos independentemente, como se existíssemos por e para nós mesmos. Somos assediados pelas ilusões persistentes do "eu" e do "meu" – a ilusão persistente de que temos existência inerente.[8]

É essa ignorância tenaz que nos prende no ciclo de sofrimento da morte e do renascimento (*samsara*; ver Capítulo 8). A libertação da existência cíclica chega quando percebemos que também somos originações dependentes, sujeitas às leis de causa e efeito e parte de um único processo cósmico se desdobrando.

Bom, simplesmente ouvirmos o que budistas como o Dalai Lama e Thich Nhat Hanh consideram ser a verdadeira natureza das coisas não é o mesmo que alcançarmos o que eles chamam de discernimento. Ouvir não é o mesmo que entender. E ter o discernimento numa ocasião também não garante que iremos mantê-lo o tempo todo. Nossas ilusões da existência independente persistem. Elas costumam brotar de novo mesmo quando as cortamos.

É aí que entra a meditação.

A meditação budista tibetana é a prática de dissipar as ilusões persistentes que nublam nossa visão. Essas ilusões dão origem a emoções aflitivas e a comportamentos contraproducentes. Ameaçam nos tirar do caminho.

O cerne da meditação é a atenção disciplinada ao mundo ao redor e à nossa percepção dele. O Dalai Lama diz: "Todas as emoções contraproducentes são baseadas na ignorância da verdadeira natureza das pessoas e das coisas, e dependem dela. [...] Se enfraquecermos a ignorância que se equivoca em relação à natureza de nós mesmos, dos outros e de todas as coisas, todas as emoções destrutivas serão enfraquecidas."[9]

Com prática suficiente (e a meditação é uma busca de toda a vida para quem a faz), emerge uma nova postura básica em relação ao mundo. Ela enxerga todos os fenômenos como meras originações dependentes. Como a antiga monja budista Subha e suas irmãs do mosteiro, não nos sentimos mais tentados por prazeres fugazes. Subha responde à tentação não com decisão implacável e força de vontade heroica, mas com uma indiferença casual: "As coisas que você enxerga como prazer não o são para mim."[10] Esse desapego cultivado em relação ao mundo é uma vantagem para resistir às tentações. Mas não é só para isso que ele serve. Ele também liberta o praticante para engajar os outros de maneiras novas e menos destrutivas.

Mais importante, segundo o Dalai Lama, é cultivar a compaixão. À medida que afrouxamos nosso apego a nós mesmos e à existência cíclica, aumentamos a compaixão pelas outras consciências que seguem nesse processo cósmico único. Vemos que elas também carregam o fardo da ilusão persistente do "eu" e do "meu". Elas também lutam com emoções aflitivas e comportamentos contraproducentes. Quando realmente enxergamos, de modo consistente, a ilusão como ela é, podemos ter compaixão por todos que sofrem sob o seu feitiço: nós mesmos, as pessoas que amamos, aquelas a quem somos indiferentes e até mesmo nossos inimigos.

É necessária uma prática meditativa de toda a vida para que esse discernimento faça o seu trabalho. A ideia é retornar de novo e de novo ao discernimento central, colocar nossa atenção nele e enxergá-lo com clareza. O objetivo é que, depois de muito tempo de meditação, o discernimento permaneça conosco mesmo quando não estivermos meditando. O Dalai Lama oferece uma exortação e uma promessa: "Esteja disposto a se familiarizar com essa atitude, assumindo o fato de proteger todos os seres sencientes de todos os problemas; faça isso repetidamente e com análise regular. Sua empatia será grande a ponto de permear todo o seu ser. Sem qualquer desejo de recompensa, seu objetivo será apenas o desenvolvimento dos outros, sem jamais se desanimar ou se desencorajar de sua tarefa."[11]

O exame

Iñigo López de Loyola (1491-1556), mais tarde conhecido como Santo Inácio de Loyola, não parecia o tipo de sujeito que fundaria uma ordem religiosa. Na primeira parte da vida ele estava à vontade no mundo das espadas e da cavalaria que inspirou o *Dom Quixote*. Seu confidente, Juan Polanco, admitia que no início da vida Inácio era "especialmente fora de ordem em relação à jogatina, a questões relacionadas com mulheres e a duelos".[12] Na sua mocidade, Santo Inácio não era santo.

Primeiro ele experimentou uma carreira militar. Que durou exatamente uma batalha. Depois de uma bala de canhão francesa despedaçar sua perna direita, Inácio sofreu duas cirurgias dolorosas que quase o mataram. A segunda se destinava a recuperar sua beleza elegante – sem resultado.

O despertar religioso chegou durante a demorada recuperação. Nem sempre estava claro se ele sobreviveria. Enquanto mal se agarrava à vida, ele foi abandonando sua visão de vida. Leu obras espirituais e teve um encontro com a Virgem Maria. Daí em diante sua vida buscaria uma "nobreza diferente, um serviço diferente, um Senhor diferente".[13] Seu objetivo era simples, mas abarcava tudo: ajudar as almas.

Em seu novo modo de vida, a habilidade considerável de Inácio com uma espada não tinha mais utilidade. A habilidade de que precisava agora, pensou, era a teologia. Isso exigia estudos que ele tinha negligenciado antes. Esforçou-se com o latim, um sujeito de 30 e poucos anos estudando junto com crianças. Quase uma década mais tarde tornou-se estudante de teologia em Paris.

Inácio tinha quase 40 anos, a expectativa média de vida para um europeu do século XVI, e sua vida estava para começar. Foi em Paris que ele conheceu os amigos que formariam o cerne da Companhia de Jesus. Os jesuítas se tornaram uma força poderosa no mundo. Em uma geração eles estavam trabalhando em cinco continentes e tinham lançado o maior sistema de educação do mundo.

O que impulsionou esse crescimento explosivo, argumentam os jesuítas, foi seu compromisso com a *obediência* à vontade divina. Como explica o escritor jesuíta Jules J. Toner: "A obediência resulta numa vida ininterrupta de feitos heroicos e virtudes heroicas. Pois aquele que vive de fato sob a obediência está totalmente disposto a executar instantaneamente e sem hesitação o que lhe for determinado, não importando se é muito difícil fazer."[14] Foi isso que os preparou para correr riscos extraordinários: viajar a continentes distantes, servir em cortes estrangeiras que jamais haviam interagido com os europeus, às vezes à custa da própria vida.

Como observamos na discussão anterior sobre al-Ghazali, a obediência à vontade divina não é coisa fácil, mesmo para quem se esforça na direção dela. Inácio tinha duas ferramentas para ajudar cada um de seus compatriotas a se tornar e permanecer sendo o tipo de pessoa capaz de viver "uma vida ininterrupta de feitos heroicos e virtudes heroicas". Ambas estão descritas em sua obra principal, os *Exercícios espirituais*.[15]

A primeira ferramenta é um retiro. Tradicionalmente, a iniciação para a ordem jesuíta começa fazendo-se os exercícios num retiro de trinta dias. Durante esse tempo você se afasta do resto da sua vida normal e se compromete a ficar em silêncio. Só come refeições simples.

Muitos dos exercícios que você faz durante o retiro são contemplações, meditações imaginativas sobre as escrituras cristãs ou alguma cena da vida ou da "Grande História" da tradição. Se, por exemplo, estiver lendo uma história sobre a vida de Jesus, você não lê simplesmente, mas se coloca dentro da cena. Você a vive na imaginação.[16]

Numa contemplação particularmente importante no fim dos *Exercícios*, a "Contemplação para alcançar o amor", Inácio convida os que estão em retiro a ir a um encontro com Deus, o Doador de bons dons. Ele escreve: "Penso em como Deus mora em Suas criaturas: nos elementos, dando-lhes existência; nas plantas, dando-lhes vida; nos animais, sensação; nos seres humanos, entendimento. E assim Ele reside em mim e me dá existência, vida, sensação, entendimento."[17] Exercícios contemplativos como esse desenvolvem no jesuíta um profundo amor pela visão de vida que ele se compromete a seguir.

A próxima questão é como sustentar esse amor. Por mais adoráveis que sejam os retiros de trinta dias, eles terminam. Inácio estava nisso a longo prazo. E mais: ele e seus amigos não moravam num mosteiro. Uma "vida ininterrupta de feitos heroicos" não acontece por trás dos muros de um claustro nem nos espaços reclusos de um retiro espiritual. Se as "virtudes heroicas" cultivadas nos exercícios visassem a se tornar uma "vida ininterrupta de feitos heroicos", algo diferente seria necessário.

Entra em cena então o *exame*, a segunda ferramenta de Inácio. O exame é um retiro inaciano do tamanho de uma viagem. Por meio dele os praticantes cultivam e mantêm uma consciência da presença e da atividade de Deus em seu meio.

Na verdade, o exame faz parte de todos os exercícios inacianos de trinta dias. É uma das primeiras orações apresentadas. Mas se destina a ir com você do retiro para a estrada. Ele deve fazer parte da sua rotina cotidiana depois de você completar os exercícios. À medida que o exame foi passando de geração em geração e deu a volta ao mundo, suas particularidades (e acima de tudo a ordem das partes) mudaram um pouco. Mas as cinco partes fundamentais permanecem as mesmas. As linhas gerais são mais ou menos assim:[18]

1. Gratidão: Pense no seu dia e dê graças.

2. Revisão: Lembre-se de cada hora do dia, percebendo onde sentiu a presença de Deus e se você se aproximou ou se afastou da atividade d'Ele em seu meio.

3. Pesar: Lembre-se das ações que você lamenta.

4. Perdão: Peça o perdão de Deus. Faça planos para se reconciliar com qualquer pessoa que você tenha magoado e perdoar e se reconciliar com quem magoou você.

5. Graça: Peça a graça de Deus pelo próximo dia e uma capacidade maior de reconhecer a presença divina.

Muitos outros católicos e cristãos de todos os matizes usaram o exame no decorrer dos séculos. Dorothy Day (1897-1980), ativista social e cofundadora do Movimento Operário Católico, recomenda a prática em seus diários: "Santo Inácio diz que não se deve jamais omitir dois exames de 15 minutos cada."[19] Isso serve para uma pessoa de ação, como Day, ou para os jesuítas que o próprio Inácio tinha organizado.

O objetivo do exame é aprender a notar a presença de Deus no meio das idas e vindas da vida comum, movimentada. Quando somos chamados a pensar no exame, argumenta o jesuíta americano James Martin, "cada momento oferece uma janela para observar onde Deus esteve durante o seu dia".[20] Em alguns momentos estamos falando e agindo de acordo com o que Deus faria. Em outros, nosso caminho se afasta da presença e da atividade de Deus. O exame abre espaço para reconhecer as duas realidades nas particularidades da nossa vida. E ele faz isso regularmente. Desenvolve um ritmo. Um hábito. E talvez um modo de você se relacionar com sua vida não somente quando a está "examinando", mas enquanto a está vivendo.

Com o tempo, a percepção do amor ativo de Deus atuando em todo o mundo se torna uma realidade sustentada. Hora a hora, minuto a minuto, o jesuíta deve viver a partir de uma percepção básica do trabalho amoroso de Deus em seu meio. O exame é uma prática diária concentrada em cultivar essa percepção, renovando-a quando enfraquece e sustentando-a no decorrer de uma vida.

Espere só até eu fazer 70 anos

Uma vez Yan Hui, o amado e diligente aluno de Confúcio, perguntou a ele sobre a bondade – *ren*, em chinês clássico (outros traduzem esse termo como "compassividade" ou "humanidade"). *Ren* talvez seja a coisa mais próxima que temos da definição de Confúcio para o que significa viver bem a vida. É o cerne do modo de vida que Confúcio ensina. Edward Slingerland escreve com inicial maiúscula sua tradução do termo ("Bondade") para enfatizar como *ren* é importante para o pensamento confuciano. Assim, quando Yan Hui perguntou sobre a bondade, estava fazendo uma baita pergunta.

Nesse sentido holístico, bondade tem a ver com sintonizar nossa compreensão com a ação. Tem a ver com (a) nos entendermos em relação a quem está à nossa volta e (b) agirmos de acordo com às obrigações e responsabilidades inerentes a esses relacionamentos. À medida que a sintonia cresce numa área, cresce em todas as outras. Se somos atraídos para o modo de vida de Confúcio, estamos buscando *ren*.

Era isso que Yan Hui estava buscando. Ele era inteligente e humilde o bastante para perceber que não sabia como chegar lá. Conhecer o destino só ajuda se você não conhecer o caminho. Por isso ele perguntou: "Como cultivar esse alinhamento do eu? Como podemos chegar à Bondade?"

Confúcio respondeu: "Conter-se e retornar aos ritos constitui a Bondade. Se por um dia você conseguisse se conter e voltar aos ritos, desse modo você poderia levar o mundo inteiro de volta à Bondade."[21]

O significado exato do trecho "conter-se e retornar aos ritos" (*ke ji fu li*, em chinês) é obscuro e discutido até hoje. E também não parece ter ficado claro para Yan Hui. Perplexo, ele pediu educadamente um esclarecimento: "Posso perguntar sobre as especificidades?"

Confúcio elaborou: "Não olhe a não ser que seja de acordo com o ritual; não fale a não ser que seja de acordo com o ritual; não se mova a não ser que seja de acordo com o ritual." Yan Hui responde com típica modéstia: "Ainda que eu não seja rápido em entender, peço permissão para me dedicar a esse ensinamento."

Como contemos o eu? Dedicando-nos ao ritual.

Lembre-se: o objetivo é (a) cultivar uma consciência do nosso relacionamento com quem está ao redor e (b) agir de acordo com as obrigações e responsabilidades ligadas a esses relacionamentos. O que isso tem a ver com o ritual? Bom, ritos individuais determinam como cumprir nossas responsabilidades numa situação específica. Como as margens de um rio, eles canalizam nossa atenção e nossas energias.

Mas, para Confúcio, o ritual é muito mais amplo do que apenas esses ritos individuais. O ritual inclui um modo adequado de fazer *tudo*. O ritual nos indica as combinações adequadas de roupas para cada ocasião; o modo adequado de cumprimentar pessoas de várias posições sociais; quais canções cantar e quando cantá-las... Confúcio se importava *muito* com os detalhes. Ele estudava os ritos. Ao chegar a um local novo, perguntava sobre cada detalhe dos ritos praticados naquele lugar em tempos antigos. Defendia que fossem preservados e restaurados.

É tentador enxergar Confúcio, nesse sentido, como um disciplinador rígido. Ele parece estar dizendo: Existem regras. Siga-as. Tente e tente outra vez. Viva a vida boa vivendo a vida boa. Finja até conseguir.

Mas Confúcio não está pedindo que nos comprometamos com os ritos como se pudéssemos tomar uma resolução de ano-novo que estamos condenados a abandonar. Com frequência essas decisões fracassam porque, por mais tempo que dediquemos a qualquer "bom" comportamento que estejamos tentando adotar, nós, por algum motivo, jamais começamos querendo fazê-lo. Mas Confúcio acredita que realizar os ritos nos torna o tipo de pessoa que quer realizar os ritos. E talvez seja isso que faz com que uma resolução de ano-novo tenha sucesso se e quando tiver. (Pense num insuportável entusiasta da malhação. Malhar o torna uma pessoa que adora malhar – e frequentemente falar sobre isso.) Os ritos são como um CrossFit que vicia *todo mundo*. Existem hábitos de vida tão afinados com o que é ser humano que quanto mais profundamente os vivemos, mais queremos vivê-los. E o resultado é que, em algum momento, fazemos o que queremos – e o que queremos vale a pena ser feito.

Praticar os roteiros específicos desses rituais – exatamente como eles deveriam ser – é um mecanismo para afinar nosso eu interior com o Caminho. Confúcio reconhecia como o ritual do cotidiano nos forma. Coloque seu coração, sua mente e seu corpo nesses passos por tempo suficiente e todo o seu ser ficará afinado. Onde não existem roteiros, naturalmente você improvisará a vida de acordo com o Caminho.

Essa é exatamente a história que Confúcio conta sobre sua vida, sua jornada pelo Caminho no decorrer de décadas: "Aos 15 anos decidi aprender. Aos 30 me posicionei. Aos 40 não tinha dúvidas. Aos 50 conheci a vontade do Céu. Aos 60 minha audição estava afinada. Aos 70 sigo todos os desejos do meu coração sem violar nenhuma regra."[22]

Podemos alinhar isso com nossa metáfora do mergulho no Capítulo 1. Os anos que vão dos 15 aos 40 descrevem o mergulho de Confúcio nas profundezas. Os 50 parecem narrar uma experiência de conhecimento no "fundo" do mergulho: conhecer "a vontade do Céu". Os 60 representam parte da viagem de volta, crescendo na receptividade do conhecimento que havia encontrado. Os 70 encapsulam o objetivo definitivo: uma vida na qual o desejo estava tão afinado com o conhecimento que ele vivia em harmonia perfeita com o conhecimento simplesmente fazendo o que desejava.[23] Há uma afinação do eu com aquilo pelo qual Confúcio considera que vale a pena viver e dentro do qual ele considera viver: o Caminho, o Dao, a vontade do Céu.

É por isso que Confúcio afirma: "Aquele que sabe isso não é igual àquele que ama isso, e aquele que ama isso não é igual àquele que sente alegria nisso."[24] Conhecer é apenas metade da batalha. Nossa vida segue inevitavelmente o que *amamos* e o que nos traz *alegria*. Se pudermos nos apaixonar pelo bem que encontramos, e se pudermos afinar nosso eu interior para nos *alegrarmos* no Caminho para a vida próspera, vamos nos sentir naturalmente atraídos para o bem que queremos fazer e ser. E esse tipo de alinhamento pode nos sustentar durante décadas.

Grudados

Precisamos de práticas para seguir um modo de vida a longo prazo. E essas práticas precisam corresponder à visão de vida que estamos tentando seguir. A viagem para o objetivo é parte do objetivo. As práticas "mais densas" se basearão no nosso sentido do quadro realmente amplo, assim como a meditação do Dalai Lama flui do ensinamento do não eu, o exame de Inácio depende da crença no amor de Deus e o ritual confuciano é inseparável do Caminho confuciano. No fim, essas práticas são muito mais do que meros truques e dicas. São componentes-chave de modos de vida inteiros. São aspectos importantes da vida próspera, ou pelo menos da vida a caminho de prosperar.

Para muitos, comunidade tem exatamente a ver com cultivar modos de vida que combinam práticas com valores. Bom, nenhuma comunidade é tão homogênea a ponto de todo mundo que faz parte dela compartilhar exatamente da mesma noção de prosperidade. Podemos pensar que uma tradição religiosa como o cristianismo, o budismo ou o islamismo recomenda uma visão unificada da vida próspera. Mas, segundo outro ponto de vista, cada tradição é tanto uma discussão enorme sobre a natureza da vida quanto um bastião do consenso. O que muitas comunidades de fé compartilham acima de tudo é um conjunto de *práticas* que usam e reforçam as pinceladas amplas de uma visão compartilhada da prosperidade e sua percepção do quadro realmente amplo.

De novo podemos pensar nas reuniões do AA e nas práticas mais amplas de ajuda mútua que elas facilitam. E, por mais que o Dalai Lama se concentre em práticas meditativas individuais, gerações de budistas descobriram que, a longo prazo, precisamos da *sangha*, uma comunidade de praticantes do budismo. O mesmo acontece com os jesuítas. A iniciação pode começar com uma pessoa fazendo um retiro. Mas até mesmo isso acontece em diálogo com um orientador espiritual e a vida que ele inicia é uma vida de missão compartilhada e práticas compartilhadas, como o exame. Para Confúcio, a conexão com a comunidade é fundamental. Os rituais são essencialmente comunitários. São o fio com o qual é feito o tecido da comunidade.

Desses vários modos, a comunidade costuma fornecer um contexto para obtermos acesso às melhores ferramentas que determinada tradição tenha a oferecer. Mas a comunidade é mais do que a mera caixa de ferramentas de cada tradição. Ela não oferece simplesmente os meios customizados para um conjunto de fins que estejam na moda. Pelo contrário, na formação de tipos específicos de comunidade, os meios e os fins se juntam. Para muitos, a comunidade organizada ao redor de uma visão é em si uma parte importante da vida próspera. Para alguns, a vida em comunidade *é* simplesmente a vida próspera.

Vemos isso de modo convincente no relato de Robin Wall Kimmerer sobre a vida comunitária em sua nação indígena, os potawatomi. Kimmerer fala do relacionamento antigo e sinuoso entre seu povo e os vários tipos de *pigan*. Apesar de ser a raiz da palavra "pecã", *pigan* era o termo usado para dar nome às muitas castanhas que os potawatomi encontraram na árdua jornada desde suas terras originais ao redor do lago Michigan até Kansas e Oklahoma. Marchando sob a mira de armas apontadas por soldados americanos, os potawatomi perderam as nozes-pretas e as nozes-brancas de sua terra natal e descobriram as pecãs.

As nogueiras, como observa Kimmerer, não produzem todos os anos. Pelo contrário, produzem a intervalos imprevisíveis, mas coordenados com precisão: bosques inteiros – na verdade, espécies inteiras espalhadas por centenas de quilômetros – que não produziram nenhuma castanha durante anos liberam de repente uma quantidade extraordinária em apenas uma estação. A ciência moderna ainda não explica totalmente como as árvores coordenam esse comportamento, mas deve ter a ver com as redes de micorrizas (fungos) que conectam as árvores umas às outras por baixo do solo (as árvores são incríveis).

Não importa como elas fazem isso, essa coordenação é fundamental para a sobrevivência das árvores. Uma única árvore produzindo castanhas sozinha teria toda a sua produção comida pela vida animal ao redor. Não restaria nenhuma semente para brotar, crescer e virar árvore. Mas toda uma espécie em coordenação pode oferecer a esses animais um bufê maior do que eles conseguem comer, deixando no chão castanhas suficientes para gerar novas árvores. Se as árvores oferecessem esse festim todo ano, as populações animais explodiriam até estar em número suficiente para comer todas as castanhas. Daí os ciclos imprevisíveis. Não existem anos de fartura suficientes para que as populações animais cresçam exageradamente. Todo mundo permanece num nível sustentável.

Aos olhos de Kimmerer, isso é mais uma lição de biologia de sistemas. Dá uma ideia da natureza da própria vida próspera. Agindo como uma comunidade, as árvores prosperam. Nenhuma árvore poderia alcançar isso sozinha. Ao mesmo tempo, as pecãs produzem colheitas abundantes, um deleite para as comunidades humanas e outras espécies animais que as encontram. Outras espécies também prosperam. A prosperidade das pecãs e a prosperidade dos seres humanos e dos animais andam juntas. "Toda prosperidade é mútua." Essa é a lição das pecãs.

É uma lição que Kimmerer acredita estar no coração de sua nação, reconhecível na descrição que ela faz do Encontro Potawatomi das Nações:

> Do alto da colina ainda se pode ver os bosques de pecãs ao longo do rio. À noite [...] dançamos nos campos. Nossas cerimônias ancestrais saúdam o nascer do sol. O cheiro de sopa de milho e o som dos tambores enchem o ar enquanto os nove grupos de potawatomi, espalhados pelo país em decorrência da remoção, reúnem-se de novo por alguns dias a cada ano em busca de pertencimento. [...] Existe algo parecido com uma rede de micorrizas que nos une, uma conexão invisível de história, família e responsabilidade para com nossos ancestrais e nossos filhos. Como nação, estamos começando a seguir a orientação de nossos anciãos, as pecãs, permanecendo juntos pelo benefício de todos.[25]

As danças, as cerimônias, a culinária e a música falam de práticas que entrelaçam a nação e equipam cada membro para viver em direção à visão de vida próspera que a comunidade valoriza. Porém, mais ainda, o próprio modo de vida resultante dessas práticas incorpora a visão valorizada pela comunidade: "Toda prosperidade é mútua." Não somente a vida dos potawatomi. Não somente a vida humana. Mas toda a vida. Para Kimmerer, uma comunidade verdadeiramente próspera é aquela cujas fronteiras se estendem para além do humano, unindo as pessoas e as árvores, os animais e as geografias numa ampla rede de prosperidade mútua.

Os meios e os fins se juntam. Se o fim é um mundo holístico consertado, os meios serão aproximações desse mundo, em qualquer nível que seja possível aqui e agora. Serão modos de participar da criação desse mundo, aprendendo a representar nossos papéis, a encontrar nosso passo na dança.

Entrando na pista de dança

Enquanto procuramos práticas que nos ajudem a continuar na visão de prosperidade que discernimos, temos pelo menos duas tarefas importantes pela frente. Primeira, deveríamos adotar práticas que nos ajudem a treinar o modo de vida que queremos manter. Segunda, deveríamos buscar comunidades onde essas práticas possam se tornar um modo rico de vida – uma dança em que possamos encontrar nosso lugar.

Antes (e continuando no meio) de tudo isso, não há como fugir da nossa responsabilidade de discernir qual dança achamos que *vale a pena* ser dançada. O fato de uma dança ser complicada e profundamente comunitária não a impede de ser má ou trivial. Podemos fracassar como seres humanos juntos pelo menos tanto quanto podemos fracassar sozinhos. Mas é especialmente improvável termos sucesso totalmente sozinhos. Cada um de nós deve escolher. E então, na esperança da vida próspera que buscamos juntos, nós nos unimos a outros na pista. E dançamos.

SUA VEZ

1. Pense nos tipos de prática que você quer realizar e que o ajudem a *agir* segundo sua visão de prosperidade.
   - Com que prática você pode se comprometer para dar um passo importante rumo à vida que acredita que tem responsabilidade de viver?
   - Quem, na sua vida, poderia ajudá-lo a prestar contas? Talvez um amigo ou um familiar possa até mesmo assumir essa prática junto com você.

2. Pense no tipo de comunidade da qual você precisaria para viver sua visão de vida próspera.
   - Você tem uma comunidade de pessoas que compartilham os aspectos amplos mais importantes da sua visão de vida próspera?
   (i) Se não tem, que passos poderia dar para encontrar ou criar uma comunidade assim?
   (ii) Se tem, que práticas ou rituais juntam vocês regularmente? Que tipo de práticas você pode propor para realizarem juntos?
   - Com quem você fala sobre o que mais importa? Discorda regularmente de algumas dessas pessoas?
   (i) Que passos intencionais você poderia dar para ir mais fundo com uma pessoa amiga que tenha uma visão muito diferente do que é a vida próspera?
   - Se você tem dois grupos de amigos nitidamente diferentes e se alinha mais com um deles, o que poderia fazer para *conectar* esses dois grupos? Que tipos de conversa você gostaria de ter? Como poderia criar oportunidades para esses grupos aprenderem um com o outro? (Talvez ler este livro juntos ajude!)

EPÍLOGO

O mais importante

No fim do semestre não é incomum que alguns alunos nos procurem, preocupados. A seriedade da Pergunta os acertou em cheio. O sucesso não é garantido. Parece genuinamente possível não alcançarem a meta. Eles enxergam que podem assumir um ou dois pequenos compromissos em nome da conveniência ou de algum objetivo supostamente importante. Enxergam que, com o tempo, esses compromissos podem se somar ou ganhar vida própria. E veem que o resultado final pode estar seriamente abaixo das suas responsabilidades, prejudicando o mundo e decepcionando os outros. Em outras palavras, eles veem que a própria vida pode terminar sendo *má*.

O negócio é que eles não estão totalmente errados em se preocupar. Não é impossível vivermos vidas más. Afinal de contas, sabemos que muitas pessoas viveram vidas más. Não é impossível que *você* viva uma vida má. Se isso acontecesse, você fracassaria em viver o valor da sua humanidade compartilhada. Seria uma *traição* completa ao que é mais importante.

Mas, no todo, nossa intuição é de que é improvável que você viva uma vida má desse tipo. É muito mais provável que, apesar das melhores intenções, você possa ter uma vida trivial. Essas vidas também fracassam em viver o valor da nossa humanidade compartilhada. Elas não traem exatamente a coisa mais importante. Simplesmente... a deixam escapar. Perdem-na no meio da confusão. Deixam-na passar enquanto estão concentradas em outras coisas.

À primeira vista, é estranho que a trivialidade seja uma ameaça. Quem desejaria simplesmente desperdiçar uma vida? O mal pelo menos tem um magnetismo sinistro. Sempre foi capaz de fascinar e atrair algumas pessoas. Em comparação, a trivialidade não parece ter muita coisa a seu favor.

Mas existem pelo menos dois centros de gravidade que nos atraem para a trivialidade. O primeiro veste as trivialidades com figurinos impressionantes e faz com que elas pareçam significativas. Ele está na publicidade e nas redes sociais, nos discursos dos políticos e nas reuniões de pais e professores, nas admissões para as universidades e nos programas corporativos de bem-estar. Essas e outras coisas nos seduzem para acreditarmos que o que mais importa são coisas triviais. Coisas como influência, riqueza, poder, fama – e tudo isso em grande escala. Afirmam que são importantes e sugerem que podemos também ser importantes se investirmos nelas.

Talvez qualquer uma dessas coisas, no seu lugar certo, pudesse colaborar significativamente para uma boa vida. Poderíamos dizer o mesmo em relação a uma carreira significativa. Essas questões podem ter seu lugar. Mas sozinhas só conseguem uma imitação barata do que realmente mais importa. E uma vida constituída a partir delas escorrega rapidamente para o tipo de trivialidade amplamente celebrada como "sucesso".

Se entrarmos a bordo e fizermos um bom trabalho atuando dentro do sistema, podemos acabar tendo uma vida que muitas pessoas estariam dispostas a nos dizer que importa tremendamente. O mundo ao redor pode afirmar que estamos tendo sucesso apesar de não estarmos nos dedicando a nada que tenha um significado profundo. E, de certa forma, estamos tendo sucesso. Só que é um sucesso vazio. A pior parte é que não teremos mais do que uma levíssima ideia de como ele é vazio a não ser que tenhamos aprendido a manter contato com a Pergunta.

Mesmo que possamos reconhecer as trivialidades como o que elas são, haverá um segundo centro de gravidade que nos encoraja a aceitá-las como o melhor que podemos fazer e que a maioria de nós merece. Essa é a voz que diz que nossa vida é trivialmente pequena. Ela se aproveita da dor dentro de nós que faz com que suponhamos que, na verdade, não importamos muito. É uma voz que sussurra que nossa vida é insignificante, que cada um de nós é só um grão de poeira num grão do universo.

Essa voz está errada.

Sua vida vale a pena ser vivida. Ela é valiosa. De fato, é mais do que valiosa. É *inestimável*. E, exatamente porque vale tanto a pena ser vivida, sua vida vale a pena ser bem vivida. Sua vida é valiosa demais para ser guiada por qualquer coisa menor do que o mais importante.

Isso não quer dizer que você seja o centro do mundo. Não quer dizer que deveria se concentrar exclusivamente em si mesmo. (Sua vida importa em parte porque não tem a ver apenas com você – ela importa aos outros e para os outros!) Quer dizer simplesmente que o modo como você vive, como você é tratado e como trata os outros, aquilo a que você dedica sua vida, em que você coloca suas esperanças e como você se sente – tudo isso é importante. E essa importância não pode ser roubada nem apagada. Não importa que o mundo tente convencer você da sua pequenez. Não importa com que frequência você tenha aceitado a trivialidade no lugar do que é mais importante.

O problema é que o que é mais importante não vai clamar pela sua atenção. Raramente ele faz barulho. Quase nunca é espalhafatoso. É fácil passar despercebido. E pode ser difícil agarrá-lo.

Ter uma ideia do que é mais importante é como descobrir um tesouro precioso e frágil enterrado no deserto. A não ser que você o marque e proteja do vento, as areias da vida soprarão por cima e o engolirão de volta. A não ser que você o escave com cuidado, ele será perdido para sempre.

Assim, segure-o. Arranje momentos de quietude para retornar à Pergunta. De manhã cedo, antes que os ruídos do dia comecem. No fim da tarde, quando o clamor começa a se esvair. Bem no meio do dia de trabalho, quando você pode arrancar alguns minutos das mãos das tarefas e exigências da vida. Sempre e como você puder, abra espaço para a Pergunta. Ouse torná-la um tema de conversa com as pessoas que você mais valoriza.

Se você acha que encontrou um tesouro, volte a ele incansavelmente – ao que é mais importante. Escave-o. Construa sua vida ao redor dele. Dedique-se a ele a ponto de tornar risível a ideia de que sua vida não tem importância. Sinta uma paixão tão grande por ele que as trivialidades que tentam fingir que são significativas pareçam tão vazias quanto realmente são.

Continue fazendo a Pergunta. Viva para o que é mais importante. Sua vida vale a pena.

AGRADECIMENTOS

É uma alegria olhar para trás e ver quanta ajuda e quanto apoio recebemos enquanto trabalhávamos neste livro. Que presente!

Agradecemos, primeiro, aos estudantes do curso Life Worth Living, não somente na Universidade Yale mas também na Instituição Correcional Federal de Danbury, na Yale Alumni College, no Yale Office of International Affairs, no Laity Lodge e na Grace Farms. Gostaríamos de citar todos vocês pelo nome! As conversas que tivemos nos ensinaram a abordar a Pergunta e moldaram nossas visões de uma vida que vale a pena viver. Agradecimentos especiais a Leah Sarna por suas palestras sempre desafiadoras e pela permissão de usarmos um pouco da sua história no Capítulo 3.

Mais de uma dúzia de imaginativos professores de pós-graduação deram aulas no nosso curso em Yale desde 2016. Agradecemos a Orel Beilinson, Kavya Bhat, Joanna Blake-Turner, Jennifer Daigle, Ryan Darr, Max DuBoff, Janna Gonwa, Hugo Havranek, Justin Hawkins, Megann Licskai, Sarah Misgen, Ahmed Nur, Mireille Pardon, Lea Schroeder e Deborah Streahle. Ben Doolittle assumiu a causa na Faculdade de Medicina de Yale; obrigado, Dr. Doolittle! Agradecemos também a nossos muitos palestrantes convidados no decorrer dos anos, que compartilharam com tanta generosidade sua vida e suas histórias com nossos alunos. Vocês mostraram a eles que essas perguntas têm realmente o poder de moldar nossa vida.

Desde quando Miroslav e Ryan começaram a pensar no curso, muitos alunos excepcionalmente talentosos e cheios de ideias não somente ajudaram a ficar de olho nas muitas, muitas pontas soltas, mas também puseram seu carimbo no curso. Agradecemos a Andrew Schuman, Brendan Kolb, Hilary Vedvig e Trent Fuenmayor.

Agradecemos à equipe que ajudou a levar o curso de Yale para salas de aula em todo o mundo: Zach Wooten, Meghan Sullivan, Casey Strine, Garrett Potts, Andrea Kasper, Joshua Forstenzer, Daniel Chua e Abdullah Antepli. Casey, foram suas conversas com Matt que nos fizeram começar a pensar no potencial do curso fora da bolha de Yale.

Nós três trabalhamos juntos no Yale Center for Faith & Culture e nos beneficiamos imensuravelmente dos nossos colegas do passado e do presente Karin Fransen, Evan Rosa, Julie Davis, Leon Powell, Susan dos Santos, Shivhan Allen, Sarah Farmer, Fallon Thomas, Phil Love, Skip Masback e Allison Van Rhee. O conselho consultivo do centro tem sido uma fonte de sabedoria, de encorajamento e dos recursos concretos que tornam possível o nosso trabalho. Agradecimentos especiais a Warner Depuy por seu entusiasmo inicial pelo curso e à Fundação William H. Pitt por seu apoio generoso à iniciativa em Yale.

A equipe da Fundação Grace Farms, comandada por Sharon Prince, tem sido um apoio tremendo, ajudando-nos a levar o espírito do nosso curso na universidade a um público mais amplo, de escolas do ensino básico até a Capelania do Exército dos Estados Unidos e aos nossos vizinhos em Connecticut e mais além. Lisa Lynne Kirkpatrick deu uma colaboração especial para conectar o curso com a Grace Farms. Os agradecimentos também vão para Kate Parker-Burgard e Mark Davis por seu trabalho pioneiro com o curso na St. Luke's School, e a Rick Branson, Joan Edwards e Sharon Lauer por sua liderança em levar nossa abordagem à Associação das Escolas Independentes de Connecticut. Agradecimentos especiais a Katie Grosh por seu trabalho incansável, compassivo e criativo em levar o curso a todos esses públicos.

Obrigado também ao capelão Gerald Connors, da Instituição Correcional Federal de Danbury. E um agradecimento profundo aos homens que fizeram o curso naquele local, cujas ideias enriqueceram profundamente nossas reflexões sobre a natureza da boa vida.

Durante muito tempo quisemos compartilhar nossa paixão pela Pergunta fora da sala de aula. Mas só porque uma coisa funciona como uma matéria de faculdade não quer dizer que deveria virar um livro. Sempre há o risco de que o material fique sem graça quando passa da mesa de discussão para a página. Somos muito gratos a Alice Martell por nos ajudar e convencer os editores de que o risco valia a pena, a Meg Leder e à Penguin Life por assumirem esse risco, e a Maria Shriver por nos receber no The Open Field. Meg, Annika Karody e o restante da equipe realizaram um trabalho soberbo para transformar nossa ideia em realidade. Esperamos que esse trabalho tenha valido a pena!

Um número enorme de pessoas ajudou a moldar as ideias que estão por trás desta obra, mas devemos mencionar algumas que ajudaram com partes específicas do texto. Caleb Maskell forneceu um olhar atento de historiador à nossa discussão sobre Ida B. Wells. Steven Angle tem sido um professor de filosofia confuciana muito paciente. Quaisquer impropriedades que permaneçam em qualquer dos dois casos são resultado de má execução da nossa parte, não de má instrução por parte deles. Dan Ames nos ajudou a enxergar o texto pelos olhos de um cético simpático. Obrigado a Mohamad Hafez por sua incrível palestra no curso e por tirar um tempo para compartilhar um pouco mais da sua história conosco.

Por fim, nossa gratidão profunda a Drew Collins e Angela Williams Gorrell. Esperamos que não somente o curso mas também este livro reflitam a paixão, a energia, as ideias e o amor que vocês colocaram no Life Worth Living ao longo dos anos.

De Miroslav: Para expressar gratidão adequadamente precisaríamos citar todos os que colaboraram para tornar nossa vida e nossos projetos possíveis e agradáveis – e todos os modos pelos quais fizeram isso. Claro, isso é impossível, o que para mim é um lembrete de que muito do que sou e fiz não é mérito meu. Aqui só mencionarei quatro pessoas, e meramente uma fração do que recebi delas. As duas primeiras são os meus coautores. Matt e Ryan são intelectuais entusiasmados, educadores soberbos e maravilhosos membros de equipe; sem eles este livro não seria nem de longe tão bom nem tão empolgante de escrever. As outras duas são minha esposa, Jessica, e nossa filha, Mira. Não conheço ninguém que pense na vida com ideias tão cheias de nuances e tanta sensibilidade para suas muitas belezas e seus fardos frequentes quanto Jessica. E nada me traz mais alegria do que a animação inquisitiva, afetuosa e brincalhona de Mira.

De Matt: Ministrar esse curso e trabalhar com colegas inspiradores para levar essas conversas aos estudantes de Yale e mais além trouxeram ao meu senso pessoal de vocação uma unidade que eu não poderia imaginar anteriormente. Isso me levou a investir tempo e energia neste trabalho quase sem limites. Agradeço demais à minha família – minha esposa, Hannah, e minha filha, Junia, que me apoiaram enquanto eu investia esse tempo e essa energia. Com muita frequência parece que compartilhamos os custos, mas também muitas alegrias (apesar da sopa e dos *s'mores* no fim do semestre). Não é piada, Hannah, quando digo que você vive uma boa vida enquanto eu ensino sobre isso; você me inspira todos os dias. Junia, tudo que eu quero é que você prospere; me perdoe quando tenho uma visão distorcida ou estreita do que isso pode ser.

De Ryan: Sou eternamente grato aos cuidadores e educadores que dedicaram energia, amor e sabedoria à vida dos meus filhos nos últimos quatro anos, navegando através das incertezas, das dores e dos desafios do tempo de pandemia com habilidade, compromisso e uma quantidade surpreendente de bom humor. Entre eles estão Jessica McAnnally-Linz, Linda McAnnally, Janet McAnnally, Ross e Tammy Jutsum, Caitlyn Mack, Laura Carrillo, Abigail Roth, Jess Fressle; todos os maravilhosos educadores na Neighborhood Music School: Vandana Kant, Denise Nutile, Erica Sapp, Amber Canavan, Sharon Moss, Serena Hatch e Christine Missakian; e os professores e funcionários na Beecher Road School, especialmente Megan Cofrancesco, Barbara Ahern, Robin Gerber e Louise Golden. Obrigado, Grace e Gabriel, por serem tão *disparatadamente* maravilhosos, inquisitivos e carinhosos. Uma grande parte do que é mais significativo na minha vida vem de vocês! E, Heidi, obrigado por... bom, por tudo.

NOTAS

Todas as citações da Bíblia são da Nova Versão Internacional (NVI).

Introdução – Este livro pode desordenar sua vida

1. Ida B. Wells, *Crusade for Justice: The Autobiography of Ida B. Wells*, 2. ed. (Chicago: University of Chicago Press, 2020), 64.
2. Wells, *Crusade for Justice*, 62.
3. Frederick Douglass, *Narrative of the Life of Frederick Douglass, an American Slave, Written by Himself*, edição crítica, org. por John R. McKivigan, Peter P. Hinks e Heather L. Kaufman (New Haven: Yale University Press, 2016), 36-37.
4. C. S. Lewis, *The Four Loves* (Nova York: HarperOne, 2017 [1960]), 84. [Ed. bras.: *Os quatro amores*. Rio de Janeiro: Thomas Nelson Brasil, 2017.]
5. Como Hermann Hesse o imagina, Sidarta Gautama era, num aspecto muito importante, como uma pedra: "Se você joga uma pedra na água, ela pega o caminho mais rápido para o fundo. E Sidarta é assim quando tem um objetivo, quando toma uma decisão. Sidarta não faz nada, ele espera, pensa, jejua, mas passa pelas coisas do mundo como a pedra pela água, jamais agindo, jamais agitando. Ele é atraído, ele se deixa cair." (*Siddhartha*, trad. Joachim Neugroschel. Nova York: Penguin Compass, 2003, 56.) Mas mesmo se tivermos o ideal de ser como uma pedra, exatamente por *ter um ideal*, mostramos que, por natureza, somos muito diferentes das pedras.
6. Confúcio diz: "Podemos roubar um exército de seu comandante-chefe; não podemos privar o homem mais humilde de seu livre-arbítrio" (*Analects* 9, 26). Simon Leys observa que Epiteto afirma a mesma coisa: "O ladrão do seu livre-arbítrio não existe" (Epictetus II, 22, 105, citado por Marco Aurélio em *Meditações*, XI, 36). Leys diz: "Não é meramente uma elite de cavalheiros que não pode ser privada de seu livre-arbítrio (*zhi*). Esse privilégio irredutível e inalienável da humanidade pertence a todos, e até mesmo 'ao homem mais humilde' (*pifu*)." Simon Leys, *The Analects of Confucius* (Nova York: Norton, 1997), 163. [Ed. bras.: *Os Analectos*. São Paulo: Martins Fontes, 2005.]

7. Mateus 7:1.
8. As citações de Speer foram tiradas de sua autobiografia e da resposta que deu à pergunta da sua filha sobre como ele pôde colaborar com Hitler. Uma discussão sobre a vida de Speer e trechos e citações mais longos podem ser encontrados em Stanley Hauerwas, Richard Bondi e David B. Burrell, *Truthfulness and Tragedy: Further Investigations in Christian Ethics* (Notre Dame, IN: University of Notre Dame Press, 1977), 88-95, e em Miroslav Volf, *Exclusion and Embrace, Revised and Updated: A Theological Exploration of Identity, Otherness, and Reconciliation* (Nashville: Abingdon Press, 2019), 196. [Ed. bras.: *Exclusão e abraço*. São Paulo: Mundo Cristão, 2021.]

Capítulo 1 – O que vale a pena querer?

1. Platão, *Apology* 38a5-6, trad. de G. M. A. Grube, em *Plato: Complete Works*, org. por John M. Cooper (Indianapolis: Hackett, 1997), 17-36. (Há um conjunto-padrão de números de páginas para as obras de Platão que permitirá você encontrar uma determinada passagem em qualquer edição decente. É isso que significa "38a5-6" aqui.)
2. A metáfora da escada encostada na parede errada costuma ser atribuída a Stephen Covey ou (mais recentemente) Thomas Merton. Pelo que pudemos encontrar, a imagem remonta pelo menos a *Garthowen* (1900), de Anne Adalisa Puddicombe, publicado sob seu pseudônimo, Allen Raine. Na obra, um professor diz a seu ex-aluno: "Você pode chegar ao topo da escada e descobrir que ela não estava encostada na parede certa. Esse seria um sucesso ruim..." (107). Talvez muitos de nós devessem se preocupar mais com a possibilidade desse "sucesso ruim".
3. Ta-Nehisi Coates, *Entre o mundo e eu* (Rio de Janeiro: Objetiva, 2015).

Capítulo 2 – Onde estamos começando?

1. Avaliação global do mercado do bem-estar feita pela McKinsey & Company (8 de abril de 2021): Schaun Callaghan, Martin Lösch, Anna Pione e Warren Teichner, "Feeling Good: The Future of the $1.5 Trillion Wellness Market", 8 de abril de 2021, disponível em <mckinsey.com/industries/consumer-packaged-goods/our--insights/feeling-good-the-future-of-the-1-5-trillion-wellness-market>, acesso em 31 de julho de 2023.
2. Blaise Pascal, *Pensées* §181, trad. de Honor Levi, em *Pensées and Other Writings*, org. por Anthony Levi (Oxford: Oxford University Press, 1995), 51.
3. Martin Luther King Jr., "I've Been to the Mountaintop", em *A Call to Conscience: The Landmark Speeches of Dr. Martin Luther King, Jr.*, org. por Clayborne Carson

e Kris Shepherd (Nova York: Grand Central Publishing, 2001), 222-23. [Ed. bras.: *Um apelo à consciência*. Rio de Janeiro: Zahar, 2006.]
4. Joseph Wilson Fifer, citado em Michael Burlingame, *The Inner World of Abraham Lincoln* (Urbana, IL: University of Illinois Press, 1994), 93.
5. Citado em Burlingame, *Abraham Lincoln*, 105.
6. Sobre a vida de Constance Lytton, ver Lyndsey Jenkins, *Constance Lytton: Aristocrat, Suffragette, Martyr* (Londres: Silvertail Books, 2018) e também o livro autobiográfico de Lytton, *Prisons and Prisoners: Some Personal Experiences* (Londres: William Heinemann, 1914).

Capítulo 3 – A quem prestamos contas?

1. A palavra *Deus* é um tanto escorregadia. Por um lado, é claro que, mesmo entre os que acreditam em apenas um Deus (os monoteístas), há muitos relatos diferentes de como Deus é. Cada uma das tradições abraâmicas (judaísmo, cristianismo e islamismo) oferece seus relatos, assim como outras religiões monoteístas como o siquismo, os monoteísmos hindus e as tradições Baha'i. E existem relatos filosóficos de Deus, como o articulado por Platão. Cada um desses relatos é diferenciado de modo importante. Mas, para a maioria deles, parte de acreditar *em* apenas um Deus é acreditar que só *existe* um Deus, que é a realidade definitiva e, portanto, a fonte dos valores que deveriam dar forma à vida humana e ao mundo. E assim realmente não faz sentido os monoteístas especificarem "qual" Deus ou mesmo que relato de Deus eles têm em vista. Eles estão interessados em entender quem Deus é e como Deus é – em muitos casos eles se interessam especialmente por entender o conteúdo da autorrevelação de Deus. Quando usamos a palavra *Deus* neste livro, em geral nos referimos a Deus como a pessoa ou a tradição que estamos descrevendo O entende. Por outro lado, estamos falando do objeto de devoção e do tema de revelação que muitas religiões e tradições filosóficas disputam umas com as outras para descrever de modo mais ou menos adequado.
2. Ao leitor atento que reconhece "representante da prevenção de incêndios florestais" como a fraseologia peculiar do famoso comediante Mitch Hedberg, dizemos: muito bem!
3. Observe que, à medida que os exemplos se voltam para as artes, eles parecem menos absurdos. No mundo moderno os artistas são os exemplos primários da autoautenticação. De fato, enquanto ajudava a inventar o moderno ideal de autenticidade no início do século XIX, Friedrich Schleiermacher (1768-1834) apelava diretamente aos ideais artísticos românticos que estavam emergindo.
4. *Analects* 1.2 (Leys). Todas as traduções para o inglês d'*Os analectos* são de *The Analects of Confucius*, trad. de Simon Leys (Nova York: Norton, 1997); *Analects*, trad.

de Edward Slingerland (Indianapolis: Hackett, 2003); ou *The Analects of Confucius*, trad. de Burton Watson (Nova York: Columbia University Press, 2007).

5. Em parte para reconhecer até que ponto Confúcio não se enxergava inventando alguma coisa nova, muitos estudiosos contemporâneos de Confúcio e os que vieram depois dele usam o rótulo *Ruísmo*, baseado no caractere chinês *ru*, que os antigos estudiosos alinhados com Confúcio usavam para descrever a si mesmos (*confucionismo* foi um rótulo inventado por estudiosos ocidentais).

6. *Analects* 7.1 (Slingerland).

7. *Analects* 7.20 (Slingerland).

8. Boa parte do que temos a dizer sobre como as ideias de Confúcio sobre a tradição podem falar a uma audiência ocidental moderna tem sido profundamente propagada pelas obras de Philip J. Ivanhoe, em particular *Confucian Reflections: Ancient Wisdom for Modern Times* (Nova York: Routledge, 2013).

9. Ver *Analects*, 14.42.

10. Corão 96:1-2. As citações do Corão são extraídas de *The Study Quran: A New Translation and Commentary*, org. por Seyyed Hossein Nasr e outros (Nova York: HarperOne, 2015). A história do chamado do Profeta, extraída de um *hadith* antigo ("provérbios" do Profeta), é reproduzida na introdução à Sura 96 em *The Study Quran*.

11. Corão 7:172.

12. Ver o comentário sobre Corão 7:172 em *The Study Quran*, 466-68.

Capítulo 4 – Como é a sensação de uma boa vida?

1. Jeremy Bentham, *Codification Proposal*, parte I, §3 (Londres: Robert Heward, 1830), 12.

2. Jeremy Bentham, *The Rationale of Reward*, livro 3, cap. 1 (Londres: John and H. L. Hunt, 1825), 206.

3. Notas de filmes no rottentomatoes.com (até 12 de janeiro de 2022). Renda global de bilheterias obtida em boxofficemojo.com.

4. Todas as citações são de *Therīgāthā: Poems of the First Buddhist Women*, trad. Charles Hallisey (Cambridge, MA: Harvard University Press, 2015), versos 369-402.

5. Por exemplo, *Therīgāthā*, versos 188, 195, 203 e 235.

6. As palavras exatas do cartão de Queensberry são motivo de algum debate, já que a letra é difícil de ser lida. Poderia dizer "*ponce and Somdomite*" (*Ponce* se referia a um homem que vivia do dinheiro de sua amante ou um cafetão. Ver o *Oxford English Dictionary*, s.v. *Ponce* [1]). Queensberry disse que estava escrito "posing *as a* Somdomite (que posa de sondomita)", de modo que não acusava Wilde estritamente

de nenhum crime. De qualquer modo, *Sodomite* estava escrito errado, mas era obviamente a palavra que Queensberry queria usar.

7. Oscar Wilde, *De Profundis* (Mineola, NY: Dover, 1996), 45. [Ed. bras.: *De Profundis*. São Paulo: Tordesilhas, 2014.]
8. Oscar Wilde, *Lady Windermere's Fan*, ato 1.
9. Wilde, *De Profundis*, 54.
10. Wilde, *De Profundis*, 50.
11. Wilde, *De Profundis*, 69.
12. Wilde, *De Profundis*, 89.
13. Wilde, *De Profundis*, 52.
14. Wilde, *De Profundis*, 53. Claro, Subha e o Buda concordariam, de certo modo. A vida é *duhkha*. Essa é a verdade do mundo. Mas para eles essa verdade do "sofrimento" deveria nos indicar algo ainda mais profundamente verdadeiro: *esta vida* é sofrimento. Wilde não está disposto a olhar assim para além desta vida. Enquanto o ensinamento do Buda busca cultivar o desapego ao que provoca o sofrimento, Wilde nos encoraja a nos apoiarmos no sofrimento. A diferença nessas duas linhas de pensamento decorre da avaliação que elas fazem do próprio mundo – de seu entendimento do que chamamos de "o quadro realmente amplo" no Capítulo 8.
15. Wilde, *De Profundis*, 92.

Capítulo 5 – O que deveríamos esperar?

1. Ellen Bara Stolzenberg e outros, *The American Freshman: National Norms Fall 2017* (Los Angeles: Higher Education Research Institute, 2019), 40.
2. O excelente livro de Michael Sandel *What Money Can't Buy: The Moral Limits of Markets* (Nova York: Farrar, Straus and Giroux, 2012) explora como hoje em dia o dinheiro pode comprar coisas que antigamente eram consideradas fora dos limites das transações de mercado. [Ed. bras.: *O que o dinheiro não compra*. Rio de Janeiro: Civilização Brasileira, 2012.]
3. Hartmut Rosa, *Resonance: A Sociology of Our Relationship to the World*, trad. de James C. Wagner (Cambridge: Polity, 2019).
4. Rosa, "Available, Accessible, Attainable: The Mindset of Growth and the Resonance Conception of the Good Life", em *The Good Life beyond Growth: New Perspectives*, org. por Hartmut Rosa e Christoph Henning (Nova York: Routledge, 2018), 39-54.
5. O título dessa sessão é quase uma citação da tradução para o inglês de *Ética a Nicômaco – Nichomachean Ethics –* 1.8 1099b, de Aristóteles, por W. D. Ross, revisada por J. O. Urmson, no vol. 2 de *The Complete Works of Aristotle: The Revised Oxford Translation*, org. por Jonathan Barnes (Princeton: Princeton University

Press, 1984), 1737. Usamos essa tradução para todas as citações que fazemos da *Ética a Nicômaco*.

6. Usamos o trabalho seco, admiravelmente meticuloso de Carlo Natali (*Aristotle: His Life and School*, org. por D. S. Hutchinson. Princeton: Princeton University Press, 2013) para a maioria das informações biográficas sobre Aristóteles.
7. Ver Thomas R. Martin, *Ancient Greece: From Prehistoric to Hellenistic Times* (New Haven: Yale University Press, 2000), 174-90; Robin Osborne, "The Fourth Century: Political and Military Narrative", em *Classical Greece, 500-323 BC*, org. por Robin Osborne (Oxford: Oxford University Press, 2000), 197-219.
8. *Nicomachean Ethics* 1.6-7, 1097a-b. Muitos textos em inglês traduzem *eudemonia* para "felicidade", o que pode ter feito sentido no século XIX, mas hoje em dia realmente não ajuda, já que "felicidade" tem conotações emocionais avassaladoras, ao passo que *eudemonia* não tem.
9. Especificamente ele acha que prosperar é uma atividade da *alma* em conformidade com a *virtude*. Ver *Nicomachean Ethics* 1.7, 1098a.
10. *Nicomachean Ethics* 1.8, 1099a.
11. *Nicomachean Ethics* 1.10, 1100b.
12. *The Story of Gotama Buddha: The Nidānakathā of the Jātakatthakathā* §270, trad. de N. A. Jayawickrama (Oxford: Pali Text Society, 1990), 81.
13. *Gotama Buddha* §§288-90, 115-17.
14. *Gotama Buddha* §293, 123-24.
15. O único motivo para alguém se lembrar disso é que David Foster Wallace, um escritor mais conhecido atualmente, destroçou o ensaio/comercial de Conroy em seu clássico *A Supposedly Fun Thing I'll Never Do Again*.
16. Citado em Wallace, *A Supposedly Fun Thing I'll Never Do Again* (Nova York: Back Bay, 1997), 286.
17. É difícil encontrar informações confiáveis sobre as condições de trabalho nos navios de cruzeiro. Os números que citamos são de Katharina Wolff, Svein Larsen, Einar Marnburg e Torvald Øgaard, "Worry and Its Correlates Onboard Cruise Ships", *International Maritime Health* 64 (2013): 95.
18. Mark Matousek, "Carnival and Royal Caribbean Paid Their Median Employee Less Than $20,000 in 2018", *Business Insider*, 23 de junho de 2019, disponível em <businessinsider.com/carnival-royal-caribbean-norwegian-median-worker-pay-2019-6>, acesso em 31 de julho de 2023.
19. Friedrich Nietzsche, "The Greek State", em *The Genealogy of Morality*, org. por Keith Ansell-Pearson (Cambridge: Cambridge University Press, 2007), 166. [No Brasil, a obra de Nietzsche que contém o ensaio "O estado grego" é *Cinco prefácios para cinco livros não escritos*. Rio de Janeiro: 7 Letras, 2019.]

20. Atos 9:1-19.
21. Filipenses 1:23.
22. Romanos 9:3.
23. Romanos 14:17.
24. Karl Marx, "Economic and Philosophical Manuscripts", em *Karl Marx: Selected Writings*, 2. ed. (Oxford: Oxford University Press, 2000), 97. [Ed. bras.: *Manuscritos econômico-filosóficos*. São Paulo: Boitempo, 2004.]
25. "Inaugural Address of Harry S. Truman", 20 de janeiro de 1949, disponível em <avalon.law.yale.edu/20th_century/truman.asp>, acesso em 31 de julho de 2023.

Capítulo 6 – Como deveríamos viver?

1. Agradecemos a Mohamad Hafez por conversar com Ryan e Matt e nos dar permissão de escrever sobre sua história, além de falar como palestrante convidado no nosso curso em Yale.
2. Brett Sokol, "A Little Piece of Downtown Damascus in New Haven", *The New York Times*, 12 de outubro de 2017.
3. James Baldwin, "Notes of a Native Son", em *Collected Essays*, org. por Toni Morrison (Nova York: Library of America, 1998), 9. [Ed. bras.: *Notas de um filho nativo*. São Paulo: Companhia das Letras, 2020.]
4. James Madison, *O Federalista* 51, em *Os artigos federalistas* (Barueri: Avis Rara, 2021).
5. Aqui estamos pensando, por exemplo, em preocupações surgidas com regimes eleitos democraticamente nos Estados Unidos, no Brasil, na Hungria e na Índia.
6. National Minerals Information Center, "Iron Ore Statistics and Information", disponível em <usgs.gov/centers/nmic/iron-ore-statistics-and-information>, acesso em 18 maio 2022.
7. Justin Worland, "Here's How Many Trees Humans Cut Down Each Year", *Time*, 2 de setembro de 2015, disponível em <time.com/4019277/trees-humans-deforestation>, acesso em 31 de julho de 2023.
8. Nietzsche, "Of the Uses and Disadvantages of History for Life", §3, em *Untimely Meditations*, trad. de R. J. Hollingdale (Cambridge: Cambridge University Press, 1997), 76. [Ed. bras.: *Sobre a utilidade e a desvantagem da história para a vida*. São Paulo: Hedra, 2017.]
9. Nietzsche, *On the Genealogy of Morality* 2.11, trad. de Carol Diethe (Cambridge: Cambridge University Press, 2007), 50. [Ed. bras.: *Genealogia da moral*. São Paulo: Companhia de Bolso, 2009.]

10. Bhagavad Gita, 2.2. As citações do Gita são traduzidas livremente de *The Bhagavad-Gita: Krishna's Counsel in Time of War*, trad. de Barbara Stoler Miller (Nova York: Bantam Books, 1986).
11. Bhagavad Gita, 2.31.
12. Talvez, obviamente, fazer o que Deus diz e se tornar virtuoso não são coisas excludentes (Deus poderia ordenar que você se tornasse virtuoso!), mas vamos analisar uma opção de cada vez nas próximas sessões.
13. Gênesis 12:1, 4.
14. Êxodo 23:4-5.
15. *Pirkei Avot* 3.8, trad. do rabino Lord Jonathan Sacks (Jerusalém: Koren, 2015). Usamos essa tradução para o inglês para todas as citações que fazemos do *Pirkei Avot*.
16. Grace Aguilar, *The Spirit of Judaism*, em *Grace Aguilar: Selected Writings*, org. por Michael Galchinsky (Peterborough, Canadá: Broadview, 2003), 243.
17. A fala original do rabino Hanina (séculos I a II d.C.) é: "Maior é aquele que recebe a ordem de fazer um mitzva e o realiza do que aquele que não recebe a ordem de fazer um mitzva e o realiza." *B. Kiddushin* 31a. Um mitzva é um ato justo.
18. 1 Coríntios 7:19.
19. As tradições abraâmicas não estão sozinhas entre as tradições teístas (isto é, aquelas que incluem a crença em Deus ou em deuses) em defender o não consequencialismo. Krishna dá exatamente esse conselho a Arjuna no Gita: "Tenha como objetivo a ação, não os frutos da ação." A meta é "ser imparcial ao fracasso e ao sucesso". Bhagavad Gita, 2.47, 48.
20. Marcos 14:36.
21. Gênesis 22:2.
22. Ver *Mengzi* 2A6, 6A1, 6A7, trad. de Brian W. Van Norden (Indianapolis: Hackett, 2008).
23. Nossas traduções para esses termos são baseadas em vários estudiosos, entre eles Irene Bloom, Brian W. Van Norden e Philip J. Ivanhoe.
24. John Stuart Mill, *Utilitarianism*, cap. 5, em *On Liberty and Other Essays* (Oxford: Oxford University Press, 1998), 199. [Ed. bras.: *O utilitarismo*. São Paulo: Iluminuras, 2020.]
25. Peter Singer e Katarzyna de Lazari-Radek, "The Good Life: a Utilitarian Perspective", em *The Good Life in Comparative Perspective*, org. por Matthew Croasmun e Drew Collins (Waco, TX: Baylor University Press), a ser lançado.
26. Ver *The Ethics of Authenticity*, de Taylor (Cambridge, MA: Harvard University Press, 1991), 28-29. O livro é composto pelos textos ligeiramente editados de palestras que ele deu, imagine só, na rádio pública do Canadá.
27. A popularidade da frase de Frederick Buechner sobre a vocação tem muito a ver

com sua promessa de solucionar a tensão entre essas duas responsabilidades: "Vocação é o lugar onde nossa satisfação profunda encontra a necessidade profunda do mundo." *Wishful Thinking: a Seeker's ABC*, ed. rev. (São Francisco: Harper, 1993), 119. A esperança é de por acaso vivermos num universo em que se unam os objetivos de maximizar nossa responsabilidade utilitarista para com o mundo e maximizar nossa responsabilidade "ética da autenticidade" de nos realizarmos. Afora a base teológica de Buechner, talvez não exista nenhum motivo particular para supormos que vivemos num universo assim.

28. *Mengzi* 3B9.9, trad. de Van Norden.
29. *Analects* 13.18 (Slingerland).
30. A parábola do Bom Samaritano, como essa história é conhecida, é encontrada em Lucas 10:25-37.
31. United States Agency for International Development, "Guatemala: Nutrition Profile", junho de 2014, disponível em <usaid.gov/sites/default/files/documents/1864/USAID-Guatemala_NCP.pdf>, acesso em 31 de julho de 2023.

Capítulo 7 – O teste da receita

1. Aristóteles, *Nicomachean Ethics*, livro 8. Wollstonecraft dizia que a amizade é "a banda mais sagrada da sociedade" e "o sentimento mais sublime". Ver *A Vindication of the Rights of Woman*, caps. 2 e 4, em *A Vindication of the Rights of Men with A Vindication of the Rights of Woman and Hints*, org. por Sylvana Tomaselli (Cambridge: Cambridge University Press, 1995), 98, 151. [Ed. bras.: *Reivindicação dos direitos da mulher*. São Paulo: Boitempo, 2016.]
2. Ver Olga M. Klimecki, "The Plasticity of Social Emotions", *Social Neuroscience* 10 (2015): 466-73.
3. Miroslav e Matt sugeriram exatamente isso sobre a visão cristã de Paulo de Tarso sobre a boa vida em *For the Life of the World: Theology That Makes a Difference* (Grand Rapids, MI: Brazos, 2019), 182-85.
4. O livro de Crisipo foi perdido, mas essas palavras são citadas em Diógenes Laércio (180-240), *Lives of Eminent Philosophers* 7.7.189, que pode ser encontrado na edição da Loeb Classical Library, *Lives of Eminent Philosophers*, livros 6-10, trad. de R. D. Hicks (Cambridge, MA: Harvard University Press, 1925), 297.
5. Diógenes Laércio, *Lives of Eminent Philosophers* 7.5.173.
6. Cícero, *Tusculan Disputations* 3.30, citado em Martha Nussbaum, *The Therapy of Desire: Theory and Practice in Hellenistic Ethics* (Princeton, NJ: Princeton University Press, 1994), 363. Nem Cícero nem Anaxágoras eram estoicos, mas o objetivo de Cícero aqui é ilustrar uma postura que os estoicos admiram.

7. Deve ser dito que, no decorrer dos milênios, o estoicismo também encontrou uma audiência dedicada entre os que jamais precisaram se preocupar com as circunstâncias da vida – por exemplo, a elite imperial romana e a nobreza dos poderes coloniais europeus. Para esses, o estoicismo oferece conselhos poderosos sobre como não ser apanhado nas trivialidades da riqueza e do prazer em meio à da abundância.
8. Sêneca, o Jovem, *Epistles* 5.7, citado em Nussbaum, *Therapy*, 389.
9. Sêneca, o Jovem, *Epistles* 23.6, citado em Nussbaum, *Therapy*, 400.
10. Se é que isso vale alguma coisa, nem todos os utilitaristas colocam o prazer e a ausência da dor como definidores da boa vida. Pelo contrário, o que todos os utilitaristas compartilham é a convicção de que (a) existe algo em que todo o bem consiste e (b) a ação correta implica maximizar esse bem sem prejuízo a de onde (ou de quem) vem esse bem. "Utilitaristas hedonistas", como os que discutimos neste livro, consideram que o prazer e a ausência da dor são esse bem. Os "utilitaristas de preferência", pelo contrário, acham que esse bem é a "satisfação do desejo" ou a "realização da preferência" – basicamente obter o que você deseja. Assim, eles se preocupam em fazer com que o maior número possível de pessoas obtenha aquilo que prefere, independentemente do que seja. Os utilitaristas de preferência deixam muito mais espaço para as circunstâncias importarem por direito próprio.
11. O experimento é descrito em Robert Nozick, *Anarchy, State, and Utopia* (Cambridge, MA: Blackwell, 1974), 42-45; o texto citado está na página 43. [Ed. bras.: *Anarquia, Estado e utopia*. São Paulo: WMF Martins Fontes, 2011.]
12. Nozick, *Anarchy*, 44.
13. *Analects* 3.11 (Watson).
14. *Analects* 8.13. Nós sintetizamos as traduções de Slingerland e Leys.
15. *Analects* 4.2 (Leys).
16. *Analects*, 15.9 (Watson). Mêncio, o grande intérprete de Confúcio, diz algo semelhante usando uma encantadora analogia com as preferências de comidas do século IV a.C.: "Peixe é algo que eu desejo; pata de urso também é algo que eu desejo. Se eu não puder ter as duas coisas, abrirei mão do peixe e escolherei pata de urso. A vida é uma coisa que eu desejo; a justiça também é uma coisa que eu desejo. Se não puder ter as duas, abrirei mão da vida e escolherei a justiça. A vida é algo que eu desejo, mas existe algo que eu desejo mais do que a vida. Portanto não farei qualquer coisa para obtê-la. A morte é uma coisa que eu odeio, mas existe algo que eu odeio mais do que a morte. Portanto existem calamidades que eu não evito." (*Mengzi* 6A10.1-2).
17. Essa frase é adaptada de "All ability is temporary" (Toda capacidade é temporária), slogan predileto de Ben Bond, aluno da Yale Divinity School e codiretor da DivineAbilities, organização de estudantes com deficiências.

Capítulo 8 – O quadro realmente amplo

1. Daniel Markovits, *The Meritocracy Trap: How America's Foundational Myth Feeds Inequality, Dismantles the Middle Class, and Devours the Elite* (Nova York: Penguin, 2019), ix. [Ed. bras.: *A cilada da meritocracia*. Rio de Janeiro: Intrínseca, 2021.]
2. Norman Wirzba se concentra nessas duas perguntas para considerar o que significa ser uma criatura em *This Sacred Life: Humanity's Place in a Wounded World* (Cambridge: Cambridge University Press, 2021).
3. Juliana de Norwich, *Revelations of Divine Love*, texto longo §5, trad. de Elizabeth Spearing (Nova York: Penguin, 1998), 47. [Ed. bras.: *Revelações sobre o amor divino*. São Paulo: Companhia das Letras, 2023.]
4. Juliana, *Revelations*, texto longo §86.
5. Juliana, *Revelations*, texto longo §10, falando de Gênesis 1:27.
6. Juliana, *Revelations*, texto longo §10.
7. Juliana, *Revelations*, texto longo §31.
8. Para alguns esforços recentes: Miroslav Volf e Ryan McAnnally-Linz, *The Home of God: A Brief Story of Everything* (Grand Rapids, MI: Brazos, 2022); Miroslav Volf e Matthew Croasmun, *For the Life of the World: Theology That Makes a Difference* (Grand Rapids, MI: Brazos, 2019); Matthew Croasmun e Miroslav Volf, *The Hunger for Home* (Waco, TX: Baylor University Press, 2022).
9. Romanos 8:39.
10. 1 João 4:11.
11. As informações sobre a poluição do lago Onondaga são da Environmental Protection Agency, acessadas em 18 de maio de 2022; disponível em <cumulis.epa.gov/supercpad/SiteProfiles/index.cfm?fuseaction=second.Healthenv&id=0203382>, acesso em 31 de julho de 2023.
12. Robin Wall Kimmerer, *Braiding Sweetgrass: Indigenous Wisdom, Scientific Knowledge, and the Teachings of Plants* (Mineápolis: Milkweed Editions, 2013), 311. [Ed. bras.: *A maravilhosa trama das coisas*. Rio de Janeiro: Intrínseca, 2023.]
13. Para uma visão geral, ver David Andrew Nichols, *Peoples of the Inland Sea: Native Americans and Newcomers in the Great Lakes Region, 1600-1870* (Athens, OH: Ohio University Press, 2018); John P. Bowes, *Land Too Good for Indians: Northern Indian Removal* (Norman, OK: University of Oklahoma Press, 2016), 149-81; e R. David Edmunds, *The Potawatomis: Keepers of the Fire* (Norman, OK: University of Oklahoma Press, 1978).
14. Kimmerer, *Braiding Sweetgrass*, 7. Miroslav e Ryan argumentaram que os cristãos não deveriam contar a história de tudo de modo a levar a essa conclusão (Volf e McAnnally-Linz, *Home of God*).

15. Jurriaan M. De Vos e outros, "Estimating the Normal Background Rate of Species Extinction", *Conservation Biology* 29 (2015): 452-62.
16. Ver a narrativa dessa história feita por Kimmerer em *Braiding Sweetgrass*, 3-5. Ela trabalha a partir da versão de Joanne Shenandoah e Douglas M. George em *Skywoman: Legends of the Iroquois* (Santa Fe, NM: Clear Light, 1998), 7-14. Outras narrativas estão disponibilizadas por Keller George, membro do conselho da Nação Oneida, em oneidaindiannation.com/the-haudenosaunee-creation-story, e em Arthur C. Parker, *Seneca Myths and Folk Tales* (Buffalo, NY: Buffalo Historical Society, 1923), 411-16.
17. Kimmerer, *Braiding Sweetgrass*, 210.
18. Kimmerer, *Braiding Sweetgrass*, 15, 20, 21, 382.
19. Kimmerer, *Braiding Sweetgrass*, 207-11.
20. Kimmerer, *Braiding Sweetgrass*, 347.
21. Kimmerer, *Braiding Sweetgrass*, 384.
22. Carl Sagan, *Pale Blue Dot: A Vision of the Human Future in Space* (Nova York: Ballantine, 1994). [Ed. bras.: *Pálido ponto azul*. São Paulo: Companhia das Letras, 2019.]
23. Sagan, *Pale Blue Dot*, 3.
24. Sagan, *Pale Blue Dot*, 6-7.
25. E. O. Wilson, *The Meaning of Human Existence* (Nova York: Liveright, 2014), 33. As duas citações neste parágrafo são da mesma fonte. [Ed. bras.: *O sentido da existência humana*. São Paulo: Companhia das Letras, 2018.]
26. Wilson, *Human Existence*, 25. Ver também Wilson, *The Social Conquest of Earth* (Nova York: Liveright, 2012), 290 [Ed. bras.: *A conquista social da Terra*. São Paulo: Companhia das Letras, 2013].
27. Wilson, *Human Existence*, 27-28.
28. Wilson, *Social Conquest*, 288.
29. Wilson, *Human Existence*, 176.
30. "Não fomos criados por uma inteligência sobrenatural, e sim pelo acaso e pela necessidade como uma espécie dentre milhões de espécies na biosfera da Terra. [...] Parece que estamos completamente sozinhos." Wilson, *Human Existence*, 173.
31. Ray Kurzweil, *The Singularity Is Near: When Humans Transcend Biology* (Nova York: Viking, 2005), 14-21.
32. Kurzweil, *The Singularity*, 20.
33. Kurzweil, *The Singularity*, 374.
34. Kurzweil, *The Singularity*, 8.
35. Kurzweil, *The Singularity*, 371.
36. Kurzweil, *The Singularity*, 382, 386.

37. Kurzweil, *The Singularity*, 374.
38. O Buda apresenta as Quatro Nobres Verdades no que é considerado tradicionalmente seu primeiro sermão. Existem várias traduções disponíveis. Usamos Deepak Sarma, *Classical Indian Philosophy: A Reader* (Nova York: Columbia University Press, 2011), 16-19. Se desejar outras traduções, pode procurar o título original antigo em páli (*Dhammacakkappavattana Sutta*) ou a tradução em sânscrito (*Dharmacakrapravartana Sūtra*).

Capítulo 9 – Quando (inevitavelmente) fazemos besteira

1. Wilde, *De Profundis*, 47.
2. Wilde, *De Profundis*, 3.
3. Wilde, *De Profundis*, 4 (grifo nosso).
4. Além de *De Profundis*, ver seu ensaio anterior "The Soul of Man under Socialism", em *The Complete Works of Oscar Wilde*, org. por Ian Small, vol. 4, *Criticism: Historical Criticism, Intentions, the Soul of Man*, org. por Josephine M. Guy (Oxford: Oxford University Press, 2007), 231-68. [Ed. bras.: *A alma do homem sob o socialismo*. Porto Alegre: L&PM Pocket, 2003.]
5. Como veremos no Capítulo 14, Wilde achava que a arte é o modo por excelência que qualquer ser humano tem de realizar sua individualidade. Mas isso apenas intensificava seu senso de responsabilidade para com suas expressões artísticas.
6. Agradecemos a Michelle Ting por esse modo de pensar na dinâmica da negação.
7. Friedrich Nietzsche, *Twilight of the Idols*, "Arrows and Epigrams", §10, trad. de Judith Norman, em *The Anti-Christ, Ecce Homo, Twilight of the Idols, and Other Writings* (Cambridge: Cambridge University Press, 2005), 157. [Ed. bras.: *Crepúsculo dos ídolos*. São Paulo: Companhia de Bolso, 2017.]
8. Unicef, "Child Poverty", disponível em <unicef.org/social-policy/child-poverty>, acesso em 18 de maio de 2022.
9. *Pirkei DeRabbi Eliezer* 3.2 (tradução para o inglês de sefaria.org).
10. Maimônides, *Mishneh Torah*, livro. 1, seção 5, §7.6 (tradução para o inglês de sefaria.org).
11. Maimônides, *Mishneh Torah*, livro. 1, seção 5, §2.5.
12. Maimônides, *Mishneh Torah*, livro. 1, seção 5, §2.9.
13. *Babylonian Talmud Taanith* 16a (tradução para o inglês de sefaria.org). R. Adda compara confessar o pecado sem mudar de vida a segurar uma cobra morta enquanto se toma um banho purificador. O banho não vai purificar as impurezas que você está absorvendo enquanto está na água. A confissão não cuidará do pecado que você não se dispõe a deixar para trás.

14. Discussões clássicas sobre o impulso maligno no pensamento rabínico podem ser encontradas em Solomon Schechter, *Aspects of Rabbinic Theology* (Woodstock, VT: Jewish Lights, 1993 [1909]), 242-63, e Ephraim E. Urbach, *The Sages: Their Concepts and Beliefs*, trad. de Israel Abrahams (Jerusalém: Magnes Press, 1975), 471-83.
15. *Babylonian Talmud Sukkah* 52b.
16. Pema Chödrön, *When Things Fall Apart: Heart Advice for Difficult Times*, 2. ed. (Boulder, CO: Shambala, 2016), 124. [Ed. bras.: *Quando tudo se desfaz*. Rio de Janeiro: Gryphus, 2021.]
17. Pema Chödrön, *Start Where You Are: A Guide to Compassionate Living* (Boston: Shambala, 2001), 72. [Ed. bras.: *Comece onde você está*. Rio de Janeiro: Sextante, 2020.]
18. Chödrön, *When Things Fall Apart*, 27.
19. Chödrön, *When Things Fall Apart*, 93.
20. Chödrön, *Start Where You Are*, 73-74.
21. Chödrön, *Start Where You Are*, 74.
22. Miroslav escreveu um bocado, de uma perspectiva cristã, sobre a importância de estabelecer a verdade do mal causado no processo de perdão e reconciliação: *Free of Charge: Giving and Forgiving in a Culture Stripped of Grace* (Grand Rapids, MI: Zondervan, 2009); *Exclusion and Embrace, Revised and Updated: A Theological Exploration of Identity, Otherness, and Reconciliation* (Nashville: Abingdon Press, 2019).

Capítulo 10 – Quando a vida dói...

1. Jeremy Bentham, *An Introduction to the Principles of Morals and Legislation*, em *The Collected Works of Jeremy Bentham: An Introduction to the Principles of Morals and Legislation*, org. por J. H. Burns e H. L. A. Hart (Oxford: Clarendon, 1996), 11.
2. Paul Bloom, *The Sweet Spot: The Pleasures of Suffering and the Search for Meaning* (Nova York: Ecco, 2021), xxiv.
3. A história de Julia Wise foi contada em mais detalhes, mas talvez com um pouco de dramaticidade demais, em Larissa MacFarquhar, *Strangers Drowning: Impossible Idealism, Drastic Choices, and the Urge to Help* (Nova York: Penguin, 2015). [Ed. bras.: *A vida pelos outros*. São Paulo: Companhia das Letras, 2018.]
4. De centreforeffectivealtruism.org.
5. Peter Singer, "Famine, Affluence, and Morality", *Philosophy & Public Affairs* 1 (1972): 241.
6. Mary Wollstonecraft, *A Vindication of the Rights of Man*, em *A Vindication of the Rights of Woman and A Vindication of the Rights of Man* (Oxford: Oxford University Press, 1993), 59.

7. Wollstonecraft, *A Vindication of the Rights of Woman*, 225.
8. Wollstonecraft, *Rights of Man*, 57.
9. Wollstonecraft, *Rights of Woman*, 225.
10. Wollstonecraft, *Rights of Woman*, 101.
11. Wollstonecraft, *Rights of Woman*, 143.
12. Wollstonecraft, *Rights of Woman*, 262.
13. *Analects* 16.1 (Slingerland).
14. *Analects* 12.18 (Slingerland).
15. *Mengzi* 6B5.4.
16. *Mengzi* 4A17.3.
17. *Analects* 13.3 (Watson).
18. *Analects* 12.11 (Watson).
19. *Analects* 13.12 (Slingerland).
20. *Analects* 12.17 (Slingerland).
21. Ver *Mengzi* 1A3; 1A7; 3A3.13-20; 7A22.
22. *Analects* 2.21 (Slingerland).
23. Baldwin, "This Nettle, Danger...", em *Collected Essays*, 687.
24. Baldwin, "Notes of a Native Son", em *Collected Essays*, 84.
25. Baldwin, "Notes of a Native Son", 84.
26. Baldwin, "The Creative Process", em *Collected Essays*, 671 (grifo do original).
27. Baldwin, *The Fire Next Time*, em *Collected Essays*, 334.
28. Baldwin, *The Fire Next Time*, 337.
29. Baldwin, "As Much Truth as One Can Bear", em *The Cross of Redemption*, org. por Randall Kenan (Nova York: Vintage International, 2011), 42.
30. Baldwin, "Nothing Personal", em *Collected Essays*, 698.
31. Baldwin, "Freaks and the American Ideal of Manhood", em *Collected Essays*, 828.
32. Baldwin, "Nothing Personal", 706.

Capítulo 11 – ... e não há como consertar

1. Aśvaghosa, *The Life of the Buddha* 5.5-6, trad. de Patrick Olivelle (Nova York: New York University Press e JJC Foundation, 2008), 127-29.
2. Aśvaghosa, *Life of the Buddha* 5.35.
3. Aśvaghosa, *Life of the Buddha* 5.37.

4. *Dhammacakkappavattana Sutta*, citado em Damien Keown, *Buddhism: A Very Short Introduction*, 2. ed. (Oxford: Oxford University Press, 2013), 48.

5. Paul Bloom e Konika Banerjee, "Why Did This Happen to Me? Religious Believers' and Non-believers' Teleological Reasoning about Life Events", *Cognition* 133 (2014): 282, citado em Bloom, *The Sweet Spot*, 182.

6. Al-Ghazali, *Faith in Divine Unity and Trust in Divine Providence, Book XXXV of the Revival of the Religious Sciences*, trad. de David B. Burrell (Louisville, KY: Fons Vitae, 2001), 15.

7. Em árabe, esses nomes são: Al-Rahmān, Al-Rahīm, Al-'Adl, Al-Latīf, Al-Hakīm e Al-Barr. Nós usamos as traduções para o inglês de David Burrell e Nazih Daher de al-Ghazālī, *The Ninety-Nine Beautiful Names of God* (Cambridge: Islamic Texts Society, 1995), 49-51.

8. Al-Ghazali, *Faith in Divine Unity*, 45-46.

9. Al-Ghazali, *Faith in Divine Unity*, 46.

10. Al-Ghazali, *On Patience and Thankfulness, Book XXXII of the Revival of the Religious Sciences*, trad. de H. T. Littlejohn (Cambridge: Islamic Texts Society, 2011), 67.

11. Nasrin Rouzati, "Evil and Human Suffering in Islamic Thought: Towards a Mystical Theodicy", *Religions* 9 (2018): 4, disponível em <mdpi.com/2077-1444/9/2/47/htm>, acesso em 31 de julho de 2023; Brannon M. Wheeler, *Prophets in the Quran: An Introduction to the Quran and Muslim Exegesis* (Londres: Continuum, 2002), 157-60.

12. Al-Ghazali, *Faith in Divine Unity*, 47.

13. Nietzsche, *Twilight of the Idols*, "Arrows and Epigrams", §8.

14. Nietzsche, *Thus Spoke Zarathustra*, org. por Adrian Del Castro e Robert Pippin (Cambridge: Cambridge University Press, 2006), livro 1, "Zarathustra's Prologue", §5. [Ed. bras.: *Assim falou Zaratustra*. São Paulo: Companhia de Bolso, 2018.]

15. Nietzsche, *The Gay Science* §338, trad. de Josefine Nauckhoff (Cambridge: Cambridge University Press, 2001), 191. [Ed. bras.: *A gaia ciência*. São Paulo: Companhia de Bolso, 2012.]

16. "Considero que a própria vida é um instinto de crescimento, de poder: quando não há vontade de poder, há declínio." Nietzsche, *The Anti-Christ: A Curse on Christianity* §6, trad. de Judith Norman, em *The Anti-Christ, Ecce Homo, Twilight of the Idols, and Other Writings*, 6. [Ed. bras.: *O anticristo e Ditirambos de Dionísio*. São Paulo: Companhia de Bolso, 2016.]

17. Nietzsche, *Beyond Good and Evil* §225, trad. de Judith Norman (Cambridge: Cambridge University Press, 2002), 116. [Ed. bras.: *Além do bem e do mal*. São Paulo: Companhia de Bolso, 2005.]

18. Essas palavras são de um personagem de *Assim falou Zaratustra*, mas elas combinam

com sua avaliação negativa da piedade em suas obras. Nietzsche, *Thus Spoke Zarathustra*, pt. 4, "The Ugliest Human Being".
19. Nietzsche, *The Gay Science* §337.
20. Nietzsche, *Thus Spoke Zarathustra*, pt. 4, "The Sleepwalker Song", §10.
21. *Thus Spoke Zarathustra*, pt. 3, "On the Vision and the Riddle", §2, e *Ecce Homo*, "Why I Am So Wise", §3.
22. As teologias muçulmanas oferecem uma explicação para essas diferenças. Com o passar do tempo, dizem elas, as revelações de Deus aos profetas antes de Maomé foram corrompidas. Deus revelou essas corrupções a Maomé, com o Corão oferecendo a verdade definitiva em relação a Jó e também a figuras como Moisés e Jesus.
23. Jó 1:1.
24. Jó 42:7.
25. Jó 42:10.
26. Nietzsche observa: "Aquilo que sofremos de modo mais profundo e pessoal é incompreensível e inacessível para praticamente qualquer outra pessoa; aqui estamos escondidos de quem está mais próximo, mesmo se comermos da mesma panela." *The Gay Science* §338.
27. Angela Williams Gorrell, *The Gravity of Joy: A Story of Being Lost and Found* (Grand Rapids, MI: Eerdmans, 2021), 6.
28. Angela Williams Gorrell, palestra no curso Life Worth Living, em Yale, 25 de abril de 2019.

Capítulo 12 – Quando acaba

1. Platão, *Phaedo* 118a, trad. de G. M. A. Grube, em *Plato: Complete Works*. É bastante improvável que *Fédon*, de Platão, seja um relato totalmente acurado das conversas de Sócrates na prisão e de sua morte. A obra parece colocar um bocado das próprias visões de Platão nos lábios de seu mestre. Duas outras obras de Platão, *Apologia* e *Críton*, também se passam nos dias do julgamento e da morte de Sócrates. Elas pintam uma visão ligeiramente diferente, mas sobreposta.
2. Nietzsche, *The Gay Science* §340.
3. Ver Platão, *Phaedo* 82d.
4. Platão, *Phaedo* 67a.
5. Platão, *Gorgias* 523b, trad. de Donald J. Zeyl, em Platão, *Complete Works*, 865.
6. Platão, *Phaedo* 81a.
7. Thich Nhat Hanh, *No Death, No Fear: Comforting Wisdom for Life* (Nova York: Riverhead, 2002), 25.

8. Nhat Hanh, *No Death, No Fear*, 26.
9. Nhat Hanh, *No Death, No Fear*, 7.
10. Nhat Hanh, *No Death, No Fear*, 39.
11. Nhat Hanh, *No Death, No Fear*, 14.
12. Nhat Hanh, *No Death, No Fear*, 5.
13. Nhat Hanh, *No Death, No Fear*, 5.
14. William Shakespeare, *Hamlet*, 3.1, em *The Oxford Shakespeare: The Complete Works*, 2. ed., org. por Stanley Wells e Gary Taylor (Oxford: Clarendon, 2005), 697. [Tradução para o português disponível em <shakespearebrasileiro.org/pecas-2>.]
15. Nhat Hanh, *No Death, No Fear*, 13; ver também 47.
16. Nhat Hanh, *No Death, No Fear*, 71.
17. Nhat Hanh, *No Death, No Fear*, 83.
18. Nhat Hanh, *No Death, No Fear*, 100.
19. Martha Nussbaum, *The Therapy of Desire: Theory and Practice in Hellenistic Ethics* (Princeton, NJ: Princeton University Press, 1994), 206.
20. Nussbaum, *Therapy*, 209.
21. C. S. Lewis, *A Grief Observed* (São Francisco: HarperOne, 2004 [1961]), 15. [Ed. bras.: *A anatomia de um luto*. Rio de Janeiro: Thomas Nelson Brasil, 2021.]
22. Martin Hägglund, *This Life: Secular Faith and Spiritual Freedom* (Nova York: Anchor, 2020), 4.
23. Hägglund, *This Life*, 6.
24. Hägglund, *This Life*, 10.
25. Hägglund, *This Life*, 5.
26. Hägglund, *This Life*, 5.
27. Hägglund, *This Life*, 5.
28. Hägglund, *Dying for Time: Proust, Woolf, Nabakov* (Cambridge, MA: Harvard University Press, 2012), 11.
29. Hägglund, *This Life*, 9.
30. Hägglund, *This Life*, 207.
31. Inácio de Antioquia, *Epistle to the Romans* 6, em *The Apostolic Fathers: Greek Texts and English Translations*, 3. ed., org. por Michael Holmes (Grand Rapids, MI: Baker Academic, 2007), 233. A outra citação de Inácio nesse parágrafo vem da mesma fonte.
32. 1 Coríntios 15:26.
33. 1 Coríntios 15:53.

34. É assim que Hägglund descreve a reação adequada à perda de entes queridos. *This Life*, 62.
35. 1 Tessalonicenses 4:13.
36. É assim que o teólogo do século XVI João Calvino interpreta Paulo em seu comentário a 1 Tessalonicenses 4:13.
37. 1 Coríntios 15:45.
38. Citando as escrituras hebraicas, Paulo afirma: "Do Senhor é a terra e tudo que nela existe." 1 Coríntios 10:26, citando Salmos 24:1.
39. Como acontece com muitos textos antigos, a precisão histórica de *A paixão de Perpétua e Felicidade* tem sido posta em dúvida. Independentemente de essa história específica ser verdade, é incontestável que quem escreveu a narrativa e pessoas comuns por toda a história e por todo o mundo acharam que a coisa mais nobre era dar a vida em vez de trair sua visão da boa vida.

Capítulo 13 – Por acaso temos algum trabalho a fazer

1. Henry Wiencek, "The Dark Side of Thomas Jefferson", *Smithsonian Magazine*, outubro de 2012.
2. Andrew Levy, *The First Emancipator: The Forgotten Story of Robert Carter, the Founding Father Who Freed His Slaves* (Nova York: Random House, 2005), 93.
3. Levy, *First Emancipator*, 144.
4. Peter Singer, "Famine, Affluence, and Morality", 242.
5. Kimmerer, *Braiding Sweetgrass*, 383.
6. Kimmerer, *Braiding Sweetgrass*, 384.
7. Aristóteles, *Nicomachean Ethics* 2.2, 1103b.
8. *Pirkei Avot* 1:17.
9. *Pirkei Avot* 3.12.
10. *Pirkei Avot* 3:22.
11. Lucas 6:46-49.
12. *Analects* 2.9 (Leys).
13. Baldwin, "White Racism or World Community?", em *Collected Essays*, 752.
14. Kimmerer, *Braiding Sweetgrass*, 5.
15. Deuteronômio 8:18.
16. *Analects* 7:1 (Slingerland).

Capítulo 14 – A mudança é difícil

1. Richard H. Thaler e Cass R. Sunstein, *Nudge: The Final Edition* (New Haven, CT: Yale University Press, 2021), 52. [Ed. bras.: *Nudge: Como tomar melhores decisões sobre saúde, dinheiro e felicidade*. Rio de Janeiro: Objetiva, 2019.]
2. A alegoria da carruagem é encontrada em *Phaedrus* 246a-254e, de Platão.
3. Platão, *Laws* 626e, trad. de Trevor J. Saunders, em *Plato: Complete Works*.
4. O exemplo de Clocky, o despertador robótico, é descrito em Thaler e Sunstein, *Nudge*, 53-54.
5. Thaler e Sunstein, *Nudge*, 54-55.
6. Al-Ghazali narrou essa história depois do fato em sua autobiografia espiritual, *Deliverance from Error*. Para o relato tradicional da crise e da transformação de al-Ghazali, ver Eric Ormsby, *Ghazali: The Revival of Islam* (Londres: Oneworld Publications, 2008), 29-33, 106-10. Claro, a vida que vivemos e as histórias que contamos a nós mesmos sobre ela mais tarde podem ser duas coisas diferentes. O recente livro de Kenneth Garden, *The First Islamic Reviver: Abu Hamid al-Ghazali and His Revival of the Religious Sciences* (Nova York: Oxford University Press, 2013), levanta a questão de se a história que al-Ghazali conta em *Deliverance* é o melhor modo de entender o que aconteceu com ele em 1095. O fato de a história da partida radical de al-Ghazali de Bagdá persistir é um bom lembrete de que às vezes as histórias que contamos são mais duradouras do que nossa vida; devemos ter cuidado com as histórias que contamos – especialmente as que contamos a nós mesmos.
7. *Al-Ghazali's Path to Sufism: His Deliverance from Error*, trad. de R. J. McCarthy (Louisville, KY: Fons Vitae, 2000), 51.
8. "Sempre [...] que o intelecto negligencia a alma, encontra nela apenas deslealdade e a perda de capital – assim como o empregado desleal que, deixado livre, pode roubar o dinheiro." *Al-Ghazali, on Vigilance and Self-Examination*, trad. de Anthony F. Shaker (Cambridge: Islamic Text Society, 2015), 5.
9. *Al-Ghazali on Vigilance*, 7.
10. *Al-Ghazali on Vigilance*, 9. As outras citações nesse parágrafo são da mesma fonte.
11. *Al-Ghazali on Vigilance*, 17.
12. *Al-Ghazali on Vigilance*, 18.
13. Oscar Wilde, "Soul of Man", 239.
14. Wilde, "Soul of Man", 267.
15. Wilde, "Soul of Man", 240.
16. Wilde defendia um tipo de socialismo anárquico, que é o interesse central do seu ensaio "A alma do homem sob o socialismo". A esperança de Wilde era de que, sem

um governo opressivo (a parte anárquica) e com todas as nossas necessidades básicas atendidas (a parte do socialismo), todos estaríamos livres para realizar nosso eu mais autêntico numa expressão artística sem restrições.

17. Wilde, "Soul of Man", 263.
18. Wilde, "Soul of Man", 248.
19. Oscar Wilde, *De Profundis*, 52.
20. Marcos 10:17-22.
21. Lucas 16:13.
22. Marcos 10:23.
23. Marcos 10:24.
24. Marcos 10:25.
25. Marcos 10:26.
26. Marcos 10:27.
27. Marcos 10:18.

Capítulo 15 – Fazendo funcionar

1. *Alcoholics Anonymous: The Story of How Many Thousands of Men and Women Have Recovered from Alcoholism*, 4. ed. (Nova York: Alcoholics Anonymous World Services, 2001), 5.
2. *Alcoholics Anonymous*, 5.
3. *Alcoholics Anonymous*, 12.
4. *Alcoholics Anonymous*, 14.
5. *Alcoholics Anonymous*, 15, 16.
6. John F. Kelly, Keith Humphreys e Marica Ferri, "Alcoholics Anonymous and Other 12-Step Programs for Alcohol Use Disorder", *Cochrane Database of Systematic Reviews*, n. 3 (2020), CD012880, disponível em <doi.org/10.1002/14651858.CD012880>, acesso em 31 de julho de 2023.
7. Dalai Lama, *How to See Yourself as You Really Are*, trad. e org. por Jeffrey Hopkins (Nova York: Atria Books, 2006), 28.
8. Para uma discussão sobre a ilusão do "meu" e do "eu", ver *How to See Yourself*, 32-38. A ilusão do "eu" é uma coisa sutil no pensamento budista. O Dalai Lama força a linguagem (talvez de um modo útil!) para capturar a nuance afirmando: "Não é que os fenômenos *sejam* ilusão; é que eles são *como* ilusões." *How to See Yourself*, 176. [Ed. bras.: *Ver a nós mesmos como realmente somos*. São Paulo: Palas Athena, 2023.]

9. *How to See Yourself*, 31.
10. Ver Capítulo 4.
11. Dalai Lama, *How to See Yourself*, 236.
12. Joseph de Guibert, *The Jesuits: Their Spiritual Doctrine and Practice, a Historical Study*, org. por George E. Ganss, trad. de William J. Young (Chicago: Institute of Jesuit Sources, 1964), 23, citado em Christ Lowney, *Heroic Leadership* (Chicago: Loyola Press, 2003), 40. [Ed. bras.: *Liderança heroica*. Rio de Janeiro: Edições de Janeiro, 2015.]
13. Joseph A. Tetlow, *The Spiritual Exercises of Ignatius Loyola: With Commentary* (Nova York: Crossroad, 2009), 14.
14. Jules J. Toner, trad., "Deliberation of Our First Fathers", *Woodstock Letters: A Historical Journal of Jesuit Educational and Missionary Activities* 95 (1966): 328, em Lowney, *Heroic Leadership*, 49.
15. Devemos ter o cuidado de observar que os *Exercícios* não são um clássico literário. São as anotações de um praticante preparando com urgência trabalhadores para ordens divinas. Muito mais do que um livro (os *Exercícios*), o que chegou até nós são as próprias práticas (os exercícios).
16. Inácio, *Spiritual Exercises* §112. O número indica o parágrafo no texto de Inácio, não a página na tradução de Tetlow.
17. *Spiritual Exercises*, §235.
18. Adaptado de James Martin, *The Jesuit Guide to (Almost) Everything: A Spirituality for Real Life* (Nova York: HarperCollins, 2010), 97. [Ed. bras.: *A sabedoria dos jesuítas para (quase) tudo*. Rio de Janeiro: Sextante, 2013.]
19. Dorothy Day, *Duty of Delight: The Diaries of Dorothy Day* (Milwaukee: Marquette University Press, 2008), 129.
20. Martin, *Jesuit Guide*, 91.
21. Esse diálogo entre Yan Hui e Confúcio é encontrado em *Analects* 12.1. Estamos citando a partir da tradução de Edward Singerland. Existe alguma controvérsia sobre como entender o relacionamento entre conter o eu e retornar aos ritos, por um lado, e a bondade, por outro. Singerland sugere que os primeiros são simplesmente a substância do último. Existem bons motivos para achar que o relacionamento pode ser mais parecido com meios instrumentais para alcançar um fim. Roger Ames e Henry Rosemont Jr., em sua tradução filosófica dos *Analects* (Nova York: Ballantine, 1998), traduzem: "Através da autodisciplina e observando a adequação ritual nos tornamos dominantes sobre nossa própria conduta [*ren*]." A autodisciplina e a adequação ritual são os meios pelos quais estabelecemos nosso *ren*.
22. *Analects* 2.4 (Leys).

23. Nesse ponto existe alguma ressonância entre Confúcio e o teólogo cristão Agostinho de Hipona, que escreveu "Ame e faça o que você quer" em *Homilies on the First Epistle of John* 7.4.8, trad. de Boniface Ramsey (Hyde Park, NY: New City Press, 2008), 110. A ideia é de que os desejos decorrentes do amor verdadeiro e ordenado produzem ações boas e amorosas.
24. *Analects* 6.20 (Slingerland).
25. Kimmerer, *Braiding Sweetgrass*, 21.

CONHEÇA ALGUNS DESTAQUES DE NOSSO CATÁLOGO

- Augusto Cury: Você é insubstituível (2,8 milhões de livros vendidos), Nunca desista de seus sonhos (2,7 milhões de livros vendidos) e O médico da emoção
- Dale Carnegie: Como fazer amigos e influenciar pessoas (16 milhões de livros vendidos) e Como evitar preocupações e começar a viver
- Brené Brown: A coragem de ser imperfeito – Como aceitar a própria vulnerabilidade e vencer a vergonha (600 mil livros vendidos)
- T. Harv Eker: Os segredos da mente milionária (2 milhões de livros vendidos)
- Gustavo Cerbasi: Casais inteligentes enriquecem juntos (1,2 milhão de livros vendidos) e Como organizar sua vida financeira
- Greg McKeown: Essencialismo – A disciplinada busca por menos (400 mil livros vendidos) e Sem esforço – Torne mais fácil o que é mais importante
- Haemin Sunim: As coisas que você só vê quando desacelera (450 mil livros vendidos) e Amor pelas coisas imperfeitas
- Ana Claudia Quintana Arantes: A morte é um dia que vale a pena viver (400 mil livros vendidos) e Pra vida toda valer a pena viver
- Ichiro Kishimi e Fumitake Koga: A coragem de não agradar – Como se libertar da opinião dos outros (200 mil livros vendidos)
- Simon Sinek: Comece pelo porquê (200 mil livros vendidos) e O jogo infinito
- Robert B. Cialdini: As armas da persuasão (350 mil livros vendidos)
- Eckhart Tolle: O poder do agora (1,2 milhão de livros vendidos)
- Edith Eva Eger: A bailarina de Auschwitz (600 mil livros vendidos)
- Cristina Núñez Pereira e Rafael R. Valcárcel: Emocionário – Um guia lúdico para lidar com as emoções (800 mil livros vendidos)
- Nizan Guanaes e Arthur Guerra: Você aguenta ser feliz? – Como cuidar da saúde mental e física para ter qualidade de vida
- Suhas Kshirsagar: Mude seus horários, mude sua vida – Como usar o relógio biológico para perder peso, reduzir o estresse e ter mais saúde e energia

sextante.com.br